国家科学技术学术著作出版基金资助出版

"十四五"时期国家重点出版物出版专项规划项目·重大出版工程规划

中国工程院重大咨询项目成果文库

秦巴山脉区域绿色循环发展战略研究丛书（第二辑）

秦巴山脉区域绿色循环发展战略研究
（农业发展卷）

刘　旭　梅旭荣　杨世琦　杨正礼　著

科学出版社

北　京

内 容 简 介

"秦巴山脉区域农业经济绿色发展战略"课题属于中国工程院重大咨询项目"秦巴山脉绿色循环发展战略研究"的重要内容。基于课题研究报告，课题组编制了本书。全书分析了秦巴山脉区域农业经济、农民经济和农村经济状况，开展了"三农"经济综合评价，提出了秦巴山脉区域农业经济绿色发展战略并给出了重点工程建议。

本书可供从事秦巴山脉农业研究的工作人员及学生参考。

图书在版编目(CIP)数据

秦巴山脉区域绿色循环发展战略研究. 第二辑. 农业发展卷 / 刘旭等著. -- 北京：科学出版社，2024.7.
（中国工程院重大咨询项目成果文库）. -- ISBN 978-7-03-079052-1

Ⅰ. F127

中国国家版本馆 CIP 数据核字第 2024FV8611 号

责任编辑：徐　倩／责任校对：贾娜娜
责任印制：张　伟／封面设计：无极书装

科 学 出 版 社 出版
北京东黄城根北街 16 号
邮政编码：100717
http://www.sciencep.com
北京建宏印刷有限公司印刷
科学出版社发行　各地新华书店经销
*
2024 年 7 月第 一 版　开本：720×1000　1/16
2024 年 7 月第一次印刷　印张：14 3/4
字数：300 000
定价：198.00 元
（如有印装质量问题，我社负责调换）

"秦巴山脉区域绿色循环发展战略研究丛书"编委会名单

顾问（按姓氏拼音排序）

何季麟　邱冠周　任南琪　王　浩　王一德　王玉普　徐匡迪
杨志峰　殷瑞钰　周　济　左铁镛

主编

徐德龙　刘　旭

编委会成员（按姓氏拼音排序）

段宝岩　樊代明　傅志寰　侯立安　胡文瑞　金　涌　李　伟
李德仁　李佩成　刘　旭　刘炯天　陆大道　罗平亚　潘云鹤
彭苏萍　钱　锋　钱旭红　邱定蕃　舒德干　宋　健　孙永福
王基铭　王玉忠　吴丰昌　吴良镛　吴志强　谢和平　辛国斌
徐德龙　徐南平　薛群基　尹伟伦　张　炜　张国伟　张军扩
张寿荣　赵宪庚　钟志华

"秦巴山脉区域绿色循环发展战略研究（农业发展卷）"课题组成员名单

主 笔

刘　旭	中国工程院院士
梅旭荣	中国农业科学院农业环境与可持续发展研究所
杨世琦	中国农业科学院农业环境与可持续发展研究所
杨正礼	中国农业科学院农业环境与可持续发展研究所

成 员

冯永忠	西北农林科技大学农学院
韩新辉	西北农林科技大学农学院
刘　旭	中国工程院院士
刘宏元	山东省农业科学院湿地农业与生态研究所
龙在林	中国共产党重庆市奉节县委员会宣传部融媒体中心
梅旭荣	中国农业科学院农业环境与可持续发展研究所
邱　莉	陕西省安康市农业机械化与农村经营工作站
王惟帅	中国科学院遗传与发育生物学研究所农业资源研究中心
王永杰	中国农业大学资源与环境学院
颜　鑫	山东省曲阜市农业农村局
王永生	中国科学院地理科学与资源研究所
邢　磊	天津市第九十八中学
杨　珺	太原师范学院
杨　柱	陕西省安康市农业科学研究院
杨改河	西北农林科技大学农学院
杨世琦	中国农业科学院农业环境与可持续发展研究所
杨正礼	中国农业科学院农业环境与可持续发展研究所
张百忍	陕西省安康市农业科学研究院
张善平	陕西省安康市农业机械化与农村经营工作站
赵　凯	西北农林科技大学经济管理学院
韩　钰	中国农业科学院农业环境与可持续发展研究所
崔家馨	中国农业科学院农业环境与可持续发展研究所

丛 书 序

秦巴山脉地处我国陆地版图中心，是国家重点生物多样性生态功能区，被誉为中国的中央水库、生态绿肺和生物基因库，是中华民族的重要发祥地和中华文明的摇篮。秦巴山脉及周边城市地区在国家层面具有生态屏障、文化象征、经济平衡、总体安全等多方面的战略价值，是承东启西、连接南北的重要区域。认识秦巴、保护秦巴、振兴秦巴，坚持"绿水青山就是金山银山"，协同做好绿色发展这篇大文章，对于确保国家生态安全，推进高质量创新发展，以中国式现代化实现中华民族伟大复兴，具有重大意义。

2015年，中国工程院启动了"秦巴山脉区域绿色循环发展战略研究"重大研究与咨询项目，项目成果得到了良好的社会反响，促成了"秦巴论坛"等区域协同平台的设立，出版了"秦巴山脉区域绿色循环发展战略研究"系列丛书。为进一步深化对秦巴山脉区域的生态保护与绿色转型研究，2017年中国工程院启动了"秦巴山脉区域绿色循环发展战略研究（二期）"重大研究与咨询项目，项目前期由徐德龙院士任组长，后期由我接替组长。项目围绕秦巴山脉生态保护和价值转化、国家公园与自然保护地体系构建、山区快速交通体系、绿色农业发展、绿色林业发展、水资源保护与水经济可持续发展、传统产业转型、新兴产业培育、智慧人居体系建构、区域协同发展等方面提出了战略路径和对策建议。项目提交院士建议2份，形成研究报告12份，在《光明日报》等报纸和《中国工程科技》等学术期刊发表了项目核心理念文章及各课题相关学术研究成果。2019年10月，项目支撑中国工程院成功举办了"第302场中国工程科技论坛——第二届秦巴论坛"。

本丛书是"秦巴山脉区域绿色循环发展战略研究（二期）"重大研究与咨询项目成果的整体凝练，是众多院士和多部门多学科专家教授、企业工程技术人员及政府管理者辛勤劳动和共同努力的结果，在此向他们表示衷心的感谢，特别感谢项目顾问组的指导。

希望本丛书的出版，能够为实现秦巴山脉区域生态保护与高质量发展目标提供借鉴，能够为生态保护相关领域的学者提供参考，能够为新阶段、新征程从事生态环境管理工作的相关人员提供支撑。

刘旭

前　言

秦巴山脉是秦岭山脉与大巴山脉的合称，是指以汉水流域为腹地，毗邻秦岭与大巴山的自然区域，涉及五省一市，包括重庆市、陕西省、河南省、四川省、湖北省和甘肃省。广义秦岭是长江流域与黄河流域的分水岭，西起嘉陵江，东至伏牛山，全长约1500千米，南北宽100~150千米；大巴山是汉江流域与四川地理的分界线，西起嘉陵江谷，东至湖北武当山，绵延约560千米，南北宽约140千米。秦巴山脉群山毗连，峰峦重叠，森林茂密，千岩万壑，河流源远流长，山间镶嵌着大小盆地与谷地，大多土壤肥沃、气候温和、河流纵横、阡陌交错，成为秦岭山脉的主要农业生产区，其中，以汉江流域的盆地为最大，同时其也为秦巴最为富庶的农区。

秦巴山脉是我国南北气候带分界线，境内的群山起伏造就了相对独立的自然单元。随着国家多维度开发及一些重大工程建设，自然与社会的区位功能也发生了改变，对现有的社会生产方式做出了更高的要求，对农业、农民和农村经济发展提出了更为严格的挑战。秦巴山脉五省一市在生态与产业上总体呈现生态高地、一产平地、二产台地、三产凹地、地区生产总值总量优势与人均劣势；秦巴片区则呈现生态高地、一产台地、二产台地、三产凹地、地区生产总值总量劣势与人均劣势。秦巴片区的"三农"经济状况呈现农业产业经济凹地+农民经济凹地+农村集体经济凹地，农业产值总量微优势和人均劣势并存，农村居民收入水平总体较低，2017年，秦巴片区人均收入分别占五省一市与全国均值的81%和71%，五省一市人均收入是全国均值的88%；秦巴片区人均消费分别占五省一市与全国均值的77%和70%，五省一市人均消费占全国均值的92%；秦巴片区人均消费低于五省一市人均消费，食品与住房占到消费总量的50%~60%。秦巴片区农业经济产值分布格局基本上呈现周边及中心是高值区，西部及腹地为低值区；呈现三个高值带，即秦岭北沿农业产业带、秦巴交错区谷地农业产业带和大巴山南沿农业产业带。

"秦巴山脉区域农业经济绿色发展战略"课题属于中国工程院重大咨询项目"秦巴山脉绿色循环发展战略研究"项目（二期），是秦巴山脉实现可持续绿色发展的重要内容之一。基于课题研究报告，我们编制了本书。全书共包括七章与一个附录。第一章为秦巴山脉区域农业经济状况分析，包括：地区生产总值，第一产业产值，第二产业产值，第三产业产值，农牧渔服务业产值，农业（种植业）

分项产值及牧业分项产值等方面。第二章为秦巴山脉区域农民经济状况分析，包括农村居民人均收入与收入结构、农村居民人均消费与消费结构及农村居民人均收入与消费相关性分析等方面。第三章为秦巴山脉区域农村经济状况分析，包括秦巴片区私营企业状况、秦巴片区农村集体经济状况及其经济调研等方面。第四章为秦巴山脉区域"三农"经济综合评价，包括综合评价方法构建、评价指标体系构建与目标系统指标参考值、评价结果、主要结论。第五章为秦巴山脉区域农业经济绿色发展战略，包括秦巴山脉区域农业经济绿色发展战略目标、路径、保障措施等方面。第六章为秦巴山脉区域农业经济绿色发展重点工程，提出推动秦巴山脉区域农业经济实现绿色发展的十一个重要工程。第七章为主要结论。附录是农业组建议稿即关于成立"秦巴山脉区域国家农业（产业）经济绿色发展特区"的建议。

本书由中国工程院、中国农业科学院农业环境与可持续发展研究所、西北农林科技大学、中国科学院地理科学与资源研究所及安康市农业科学研究院等通力合作完成。

本书在编写过程中，引用了许多学者的研究成果，大多注明了出处并在书后附有参考文献，但因涉足资料浩瀚如海，参考文献也难免挂一漏万，不当之处，也敬请包容与海涵！由于时间仓促，只能针对重点与典型区域开展调研，资料收集、数据处理与综合分析不全面，加上作者能力有限，缺点与不足在所难免，敬请读者专家批评指正，作者不胜感谢！

刘旭　梅旭荣　杨世琦　杨正礼
2020 年 7 月于北京

目　录

第一章　秦巴山脉区域农业经济状况分析 ········· 1

第一节　地区生产总值比较 ········· 3
第二节　第一、第二、第三产业产值比较 ········· 7
第三节　农牧渔服务业总产值比较 ········· 20
第四节　农业（种植业）分项产值比较 ········· 40
第五节　牧业分项产值比较 ········· 55
第六节　本章小结 ········· 66

第二章　秦巴山脉区域农民经济状况分析 ········· 73

第一节　农村居民人均收入 ········· 73
第二节　农村居民人均收入结构 ········· 75
第三节　农村居民人均消费 ········· 85
第四节　农村居民人均消费结构 ········· 87
第五节　农村居民人均收入与消费相关性分析 ········· 103
第六节　本章小结 ········· 107

第三章　秦巴山脉区域农村经济状况分析 ········· 113

第一节　秦巴片区私营企业状况 ········· 113
第二节　秦巴片区农村集体经济状况 ········· 117
第三节　秦巴片区农村集体经济调研 ········· 139

第四章　秦巴山脉区域"三农"经济综合评价 ········· 170

第一节　综合评价方法构建 ········· 170
第二节　评价指标体系构建与目标系统指标参考值 ········· 172
第三节　评价结果 ········· 173
第四节　主要结论 ········· 178

第五章　秦巴山脉区域农业经济绿色发展战略 ········· 179

第一节　秦巴山脉区域农业经济绿色发展战略目标 ········· 179

第二节　秦巴山脉区域农业经济绿色发展战略路径·················· 181

　　第三节　秦巴山脉区域农业经济绿色发展战略保障措施·············· 193

第六章　秦巴山脉区域农业经济绿色发展重点工程 **201**

　　第一节　秦巴山脉区域农业面源污染控制工程······················ 201

　　第二节　秦巴山脉区域水土保持工程······························ 201

　　第三节　秦巴山脉区域有机农业工程······························ 202

　　第四节　秦巴山脉区域特色农产品工程···························· 203

　　第五节　秦巴山脉区域农村垃圾整治工程·························· 203

　　第六节　秦巴山脉区域农村厕所革命工程·························· 204

　　第七节　秦巴山脉区域农村土地流转工程·························· 204

　　第八节　秦巴山脉区域农村人才振兴工程·························· 205

　　第九节　秦巴山脉区域农村集体经济振兴工程······················ 205

　　第十节　秦巴山脉区域农村财政金融平台建设工程·················· 206

　　第十一节　秦巴山脉区域"国家农业产业绿色发展特区"工程········ 207

第七章　主要结论 **208**

　　第一节　秦巴山脉区域农业经济状况······························ 208

　　第二节　秦巴山脉区域农民经济状况······························ 210

　　第三节　秦巴山脉区域农村经济状况······························ 211

　　第四节　秦巴山脉区域农村经济绿色发展战略······················ 211

　　第五节　秦巴山脉区域农村经济绿色发展重点工程·················· 213

附录　农业组建议稿·· **214**

第一章

秦巴山脉区域农业经济状况分析

秦巴片区是秦岭和大巴山所在的地区。秦岭横亘于中国中部，东西绵延1500千米，南北宽达100~150千米，海拔多为1500~2500米。秦岭为黄河水系与长江水系的重要分水岭，北侧是肥沃的关中平原，南侧是狭窄的汉水谷地。秦岭腹地崇山峻岭，连绵不断的大山限制了交通，成为南北交流的天然屏障。秦岭山地对气流运行有明显阻滞作用，夏季使湿润的海洋气流不易深入西北，使北方气候干燥；冬季阻滞寒潮南侵，使汉中盆地、四川盆地少受冷空气侵袭。秦岭以南属亚热带气候，自然条件为南方型，以北属暖温带气候，自然条件为北方型。秦岭南北的农业生产特点也有显著的差异。因此，人们把秦岭看作中国南方和北方的地理分界线。

秦巴山脉的农业类型复杂多样，不同区域之间的农业差异性特征明显，主要体现在农作物的类型方面，全国大部分农作物均可以在该区域种植。与此同时，丰富的热量资源和充沛的降水资源为农作物生长提供了良好的气候条件，形成相对较高的农业生产力，和北方大部分区域相比具有较大的优势。因此，秦巴山脉的农业生产值得重视，农业产业经济潜力也不容忽视。秦巴山脉农业产业经济状况分析的总体思路见图1-1，以研究任务为出发点，从宏观、中观和微观三个层面，确立国家、省域和县市三个尺度，分析秦巴区域、秦巴片区及秦巴县市的农业经济状况。国家尺度主要目标是发现秦巴区域的整体优劣势，准确认识秦巴区域在国家的战略定位，为秦巴区域整体农业经济发展战略及方向的确立提供依据；省域尺度主要目标是发现五省一市（河南省、湖北省、重庆市、四川省、陕西省和甘肃省）秦巴片区的主要差距，为其制订发展规划及行动方案提供依据；县市尺度主要目标是发现问题，找准切入点，为落实行动方案提供保障措施。在每一个尺度下，农业经济状况分析是从农业经济（狭义的农业经济是指种养服经济）、农村经济、农民经济（以下简称"三农"经济）三个方面，引用国家官方统计指标，对每一个指标在两个尺度（平级尺度与上一级尺度）上进行分析，揭示其农业经济发展状况及存在的问题，为秦巴山脉区域农业经济绿色发展提供依据。

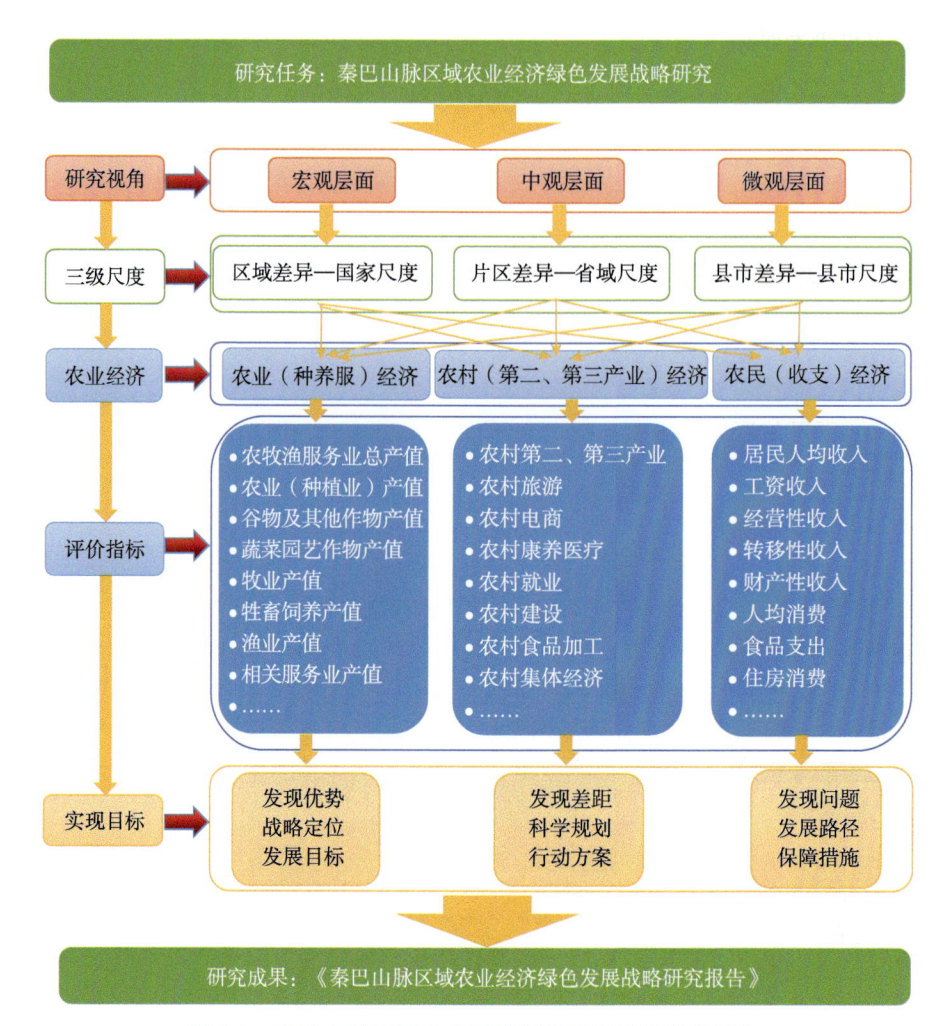

图 1-1 秦巴山脉区域农业经济绿色发展战略研究报告

农业经济状况分析用到的农业（种养服）经济指标及其含义具体如下：农牧渔服务业总产值＝农业（种植业）产值＋牧业产值＋渔业产值＋相关服务业产值。其中，农业（种植业）产值＝谷物及其他作物产值＋蔬菜园艺作物产值＋水果坚果茶叶与香料作物产值＋中药材产值。谷物及其他作物产值＝谷物产值＋薯类产值＋豆科产值＋油料产值＋棉花产值＋麻类产值＋糖料产值＋烟草产值＋其他作物产值。蔬菜园艺作物产值＝蔬菜产值＋花卉产值。牧业产值＝牲畜饲养产值＋猪的饲养产值＋家禽饲养产值＋狩猎捕捉与其他畜牧业产值。牲畜饲养产值＝牛产值＋羊产值＋其他产值＋奶产品产值＋毛绒产品产值。渔业产值＝渔业经济总产值。相关服务业产值＝种植服务业产值＋牧业服务业产值＋渔业服务业产值。农村（第二、第三产业）经济指标包括农村第二、第三产业、农村旅游、农村电商、农村康养医疗、农村就业等产值。农民（收支）经济指标包括农村居民人均收入、人均消费等指标。

第一节　地区生产总值比较

一、总体地区生产总值比较

五省一市（河南省、湖北省、重庆市、四川省、陕西省和甘肃省）地区生产总值占国内生产总值（gross domestic product，GDP）的20.11%（2016年数据，下同）；秦巴片区地区生产总值占全国GDP的2.35%，占五省一市地区生产总值的11.67%。河南省地区生产总值居于五省一市第一位，占比为27.05%。陕西秦巴片区地区生产总值在秦巴片区占比最高，为24.06%；四川秦巴片区地区生产总值占比为22.78%；河南秦巴片区与湖北秦巴片区地区生产总值基本相当，占比分别为20.01%和20.59%；重庆秦巴片区与甘肃秦巴片区地区生产总值基本相当，占比分别为5.87%和6.68%（表1-1、表1-2和图1-2）。五省一市土地面积占全国土

表1-1　全国和五省一市地区生产总值比较

地区	地区生产总值/亿元	占五省一市的比例	占全国的比例
河南省	40 471.79	27.05%	5.44%
湖北省	32 297.91	21.59%	4.34%
重庆市	17 559.25	11.74%	2.36%
四川省	32 680.50	21.84%	4.39%
陕西省	19 399.59	12.97%	2.61%
甘肃省	7 200.37	4.81%	0.97%
五省一市	149 609.41	100.00%	20.11%
全国	744 127.20	497.38%	100.00%

表1-2　五省一市秦巴片区地区生产总值比较

地区	地区生产总值/亿元	占秦巴片区的比例	占五省一市的比例
河南秦巴片区	3 494.67	20.01%	2.34%
湖北秦巴片区	3 594.79	20.59%	2.40%
重庆秦巴片区	1 025.58	5.87%	0.69%
四川秦巴片区	3 978.48	22.78%	2.66%
陕西秦巴片区	4 202.04	24.06%	2.81%
甘肃秦巴片区	1 166.91	6.68%	0.78%
秦巴片区	17 462.47	100.00%	11.67%
五省一市	149 609.41	856.75%	100.00%

地面积的 16.20%，耕地面积占全国耕地面积的 24.22%，人口占全国人口的 23.94%；秦巴片区土地面积占五省一市土地面积的 20.34%，耕地面积占五省一市耕地面积的 13.29%，人口占五省一市人口的 18.15%。以土地面积与人口为参照，五省一市地区生产总值在全国具有一定的优势，高于全国平均水平；秦巴片区地区生产总值则在五省一市处于平均水平之下，处于劣势。就片区之间的比较来看，河南秦巴片区、湖北秦巴片区、四川秦巴片区和陕西秦巴片区具有相对明显的优势，但从整体上看，秦巴片区是五省一市经济凹地。

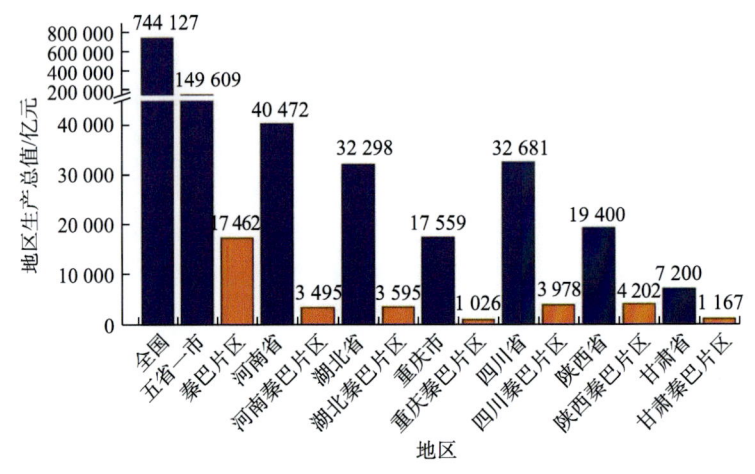

图 1-2　全国和五省一市及其秦巴片区地区生产总值比较

图中数据经四舍五入修约处理，只保留整数，下同。

二、人均地区生产总值比较

五省一市人均地区生产总值为 4.15 万元，比全国人均地区生产总值低 1.23 万元；秦巴片区人均地区生产总值为 2.58 万元，为五省一市人均地区生产总值的 62%。湖北省人均地区生产总值居于五省一市第一位，为五省一市人均地区生产总值的 1.27 倍；同时，湖北秦巴片区人均地区生产总值在秦巴片区中最高，为秦巴片区人均地区生产总值的 1.80 倍。五省一市人均地区生产总值均低于全国平均水平，湖北省与重庆市人均地区生产总值分别占全国人均地区生产总值的 98% 和 96%，陕西省人均地区生产总值占全国人均地区生产总值的 91%，河南省与四川省人均地区生产总值分别占全国人均地区生产总值的 70% 和 67%，最低的甘肃省人均地区生产总值是全国人均地区生产总值的 51%。就五省一市而言，只有湖北省、重庆市和陕西省人均地区生产总值超过五省一市平均水平，分别是五省一市人均地区生产总值的 1.27 倍、1.25 倍和 1.18 倍；河南省与四川省人均地区生产总值分别占五省一市人均地区生产总值的 90% 和 86%；最低的甘肃省人均地区生产总值占五省一市人均地区生产总值的 67%。由此可见，以人均地区生产总值为参照，五省一市总体人均地区生产总值低于全国平均水平，仅为全国人均地区生产总值的 77%，湖北省与重庆市人均地区生产总值接近全国平均水平，甘肃省人均地区生产总值约为全国平均水平的一半，河南省与四川省人均地区生产总值小于等于全国平均水平的 70%（表 1-3、图 1-3、表 1-4 和图 1-4）。总体而言，五省一市人均地区生产总值处于全国凹地。

表 1-3 全国和五省一市人均地区生产总值比较

地区	人均地区生产总值/万元	与五省一市的比值	与全国的比值
河南省	3.75	0.90	0.70
湖北省	5.25	1.27	0.98
重庆市	5.18	1.25	0.96
四川省	3.58	0.86	0.67
陕西省	4.90	1.18	0.91
甘肃省	2.76	0.67	0.51
五省一市	4.15	1.00	0.77
全国	5.38	1.30	1.00

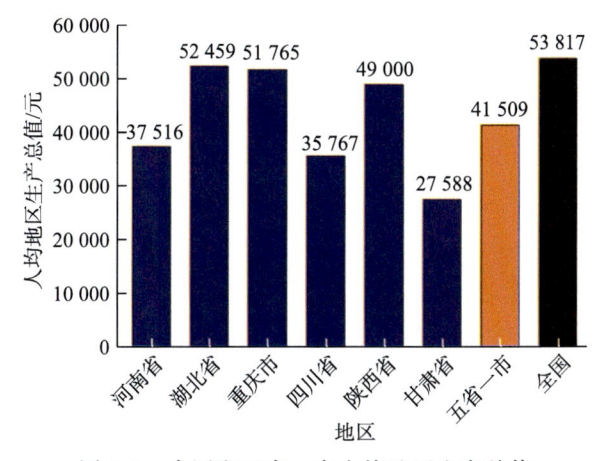

图 1-3 全国和五省一市人均地区生产总值

表 1-4 五省一市秦巴片区人均地区生产总值比较

地区	人均地区生产总值/万元	与秦巴片区的比值	与五省一市的比值
河南秦巴片区	3.00	1.16	0.72
湖北秦巴片区	4.65	1.80	1.12
重庆秦巴片区	1.85	0.72	0.45
四川秦巴片区	1.95	0.76	0.47
陕西秦巴片区	3.07	1.19	0.74
甘肃秦巴片区	1.33	0.52	0.32
秦巴片区	2.58	1.00	0.62
五省一市	4.15	1.61	1.00

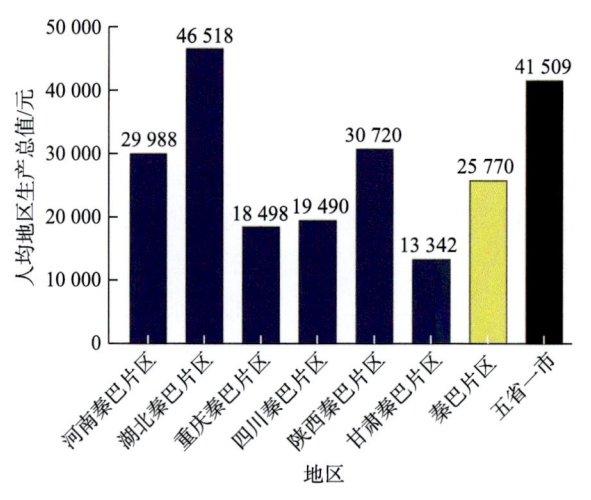

图1-4　五省一市秦巴片区人均地区生产总值

由图 1-5 可知，在各市级秦巴片区地区生产总值中，襄阳秦巴片区地区生产总值最高。同时可以看出，秦巴片区的东部和中部地区的地区生产总值要高于西部地区。在秦巴片区西部地区中，甘肃秦巴片区的四个城市地区生产总值明显偏低，主要原因可能是：地理位置偏僻，运输成本偏高；气候干旱少雨，沙尘暴肆虐；经济结构单一，以矿产资源为主；政策执行不到位，人才缺失，教育重视不够；

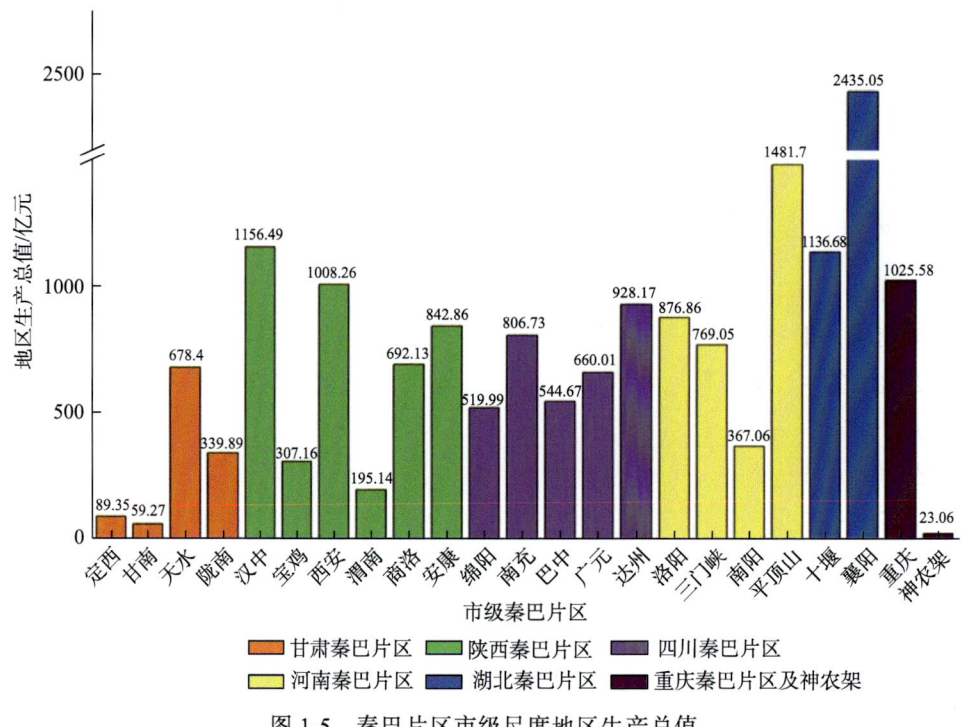

图1-5　秦巴片区市级尺度地区生产总值

等等。秦巴片区地处山区，固有的"穷山沟沟"观念是导致人才流失的主要原因。因此，各级地方政府和老百姓都应加强与先进地区文化经济思想交流的意识，努力提高人民素质，改变大众思维模式，吸引更多人才。湖北秦巴片区人均地区生产总值高，可以反映该片区的经济实力与市场规模优于其他省市秦巴片区。湖北省历来是中国的水陆交通运输枢纽，内河运输在省内占据重要地位，以长江、汉江为两大水运干线，全省一半以上县、市位于航运线上，是中国内河航运最发达的地区之一，加上铁路干线四通八达，优越的地理位置条件为当地的经济发展提供了有利因素。根据秦巴片区地区生产总值分布特点，要结合当地的资源优势，加强经济落后地区的交通、通信等基础设施建设，发挥经济发展核心地区对周围经济落后地区的拉动作用，促进区域经济发展。

秦巴片区各县市的地区生产总值情况是，东部和南部地区的地区生产总值高于西部和北部地区。此外，秦巴片区地区生产总值较高的县市和较低的县市基本上都在秦巴片区边缘区域，而在秦巴片区核心圈中的县市的地区生产总值基本上都处于中间水平。而且可以发现，地区生产总值较高的县市基本上都与经济较发达城市接壤，如靠近成都市区、重庆市区、武汉市区、西安市区等，这些经济实力相对较强的区域会发挥其核心优势带动周边县市经济发展。在秦巴片区西部地区，与其连接的地区经济落后，不仅不能带动当地经济发展，还可能会限制当地经济发展。从县级尺度总体分析地区生产总值可以看出，区域间的相互作用对当地经济发展影响较大。

第二节　第一、第二、第三产业产值比较

一、第一产业产值比较

由表1-5可知，五省一市第一产业产值占全国第一产业产值的24.89%。秦巴片区第一产业产值占全国第一产业产值的4.30%，占五省一市第一产业产值的17.26%。其中，河南省、四川省、湖北省第一产业产值分别居于五省一市前三位，分别占五省一市第一产业产值的27.04%、24.76%、23.09%，这反映了河南省、四川省和湖北省是我国重要的粮仓；陕西省、重庆市和甘肃省第一产业产值分别占五省一市第一产业产值的10.69%、8.22%和6.20%。五省一市耕地面积占全国耕地面积的24.22%，秦巴片区耕地面积占五省一市耕地面积的13.29%[①]。由此可见，以耕地面积为参照，五省一市第一产业产值略高于全国平均水平，秦巴片区第一产业产值高于五省一市平均水平。第一产业是传统产业经济理论中对产业划分的一个种

---

① 数据取自"秦巴山脉绿色循环发展战略研究"项目一期研究结果。

类,指各类职业农民和各类水生、土生等农业原始产品,如粮农、菜农、棉农、猪农、豆农、渔民、牧民、瓜农、茶农,以利用生物的自然生长和自我繁殖的特性,人为控制其生长和繁殖过程,生产出人类所需要的不必经过深度加工就可消费的产品或工业原料的一类行业。我国国家统计局规定第一产业包括农业、林业、牧业、渔业等。

表 1-5　全国和五省一市第一产业产值比较

地区	第一产业产值/亿元	占五省一市的比例	占全国的比例
河南省	4 286.21	27.04%	6.73%
湖北省	3 659.33	23.09%	5.75%
重庆市	1 303.24	8.22%	2.05%
四川省	3 924.08	24.76%	6.16%
陕西省	1 693.85	10.69%	2.66%
甘肃省	983.39	6.20%	1.54%
五省一市	15 850.10	100.00%	24.89%
全国	63 670.70	401.71%	100.00%

从表 1-6 和图 1-6 可知,在秦巴片区中,四川秦巴片区第一产业产值最高,占秦巴片区第一产业产值的 29.13%,陕西秦巴片区、湖北秦巴片区、河南秦巴片区、重庆秦巴片区和甘肃秦巴片区第一产业产值分别占秦巴片区第一产业产值的 21.34%、18.59%、18.37%、7.09%和 5.48%。四川秦巴片区、陕西秦巴片区、湖北秦巴片区、河南秦巴片区第一产业产值具有较明显的优势,尤其是四川秦巴片区,主要原因是四川秦巴片区、陕西秦巴片区、河南秦巴片区的第一产业产值贡献主要来自片区耕地面积。重庆秦巴片区、湖北秦巴片区、陕西秦巴片区、河南秦巴片区、四川秦巴片区和甘肃秦巴片区的耕地面积分别为 409.90 千公顷、421.50 千公顷、728.07 千公顷、1022.20 千公顷、770.89 千公顷和 565.75 千公顷,分别是秦巴片区耕地面积(3918.31 千公顷)的 10.46%、10.76%、18.58%、26.09%、19.67%和 14.44%。另外,五省一市的耕地面积为 29 482.94 千公顷。其中,重庆市的耕地面积为 2235.93 千公顷,占全国耕地面积的 1.84%,占五省一市耕地面积的 7.58%;湖北省的耕地面积为 4664.12 千公顷,占全国耕地面积的 3.83%,占五省一市耕地面积的 15.82%;陕西省的耕地面积为 4050.35 千公顷,占全国耕地面积的 3.33%,占五省一市耕地面积的 13.74%;河南省的耕地面积为 7926.37 千公顷,占全国耕地面积的 6.51%,占五省一市耕地面积的 26.88%;四川省的耕地面积为 5947.40 千公顷,占全国耕地面积的 4.89%,占五省一市耕地面积的 20.17%;甘肃省的耕地面积为 4658.77 千公顷,占全国耕地面积的 3.83%,占五省一市耕地面积的 15.80%。

第一章　秦巴山脉区域农业经济状况分析　　9

表 1-6　五省一市秦巴片区第一产业产值比较

地区	第一产业产值/亿元	占秦巴片区的比例	占五省一市的比例
河南秦巴片区	502.42	18.37%	3.17%
湖北秦巴片区	508.54	18.59%	3.21%
重庆秦巴片区	193.94	7.09%	1.22%
四川秦巴片区	796.77	29.13%	5.03%
陕西秦巴片区	583.63	21.34%	3.68%
甘肃秦巴片区	149.89	5.48%	0.95%
秦巴片区	2 735.19	100.00%	17.26%
五省一市	15 850.10	579.49%	100.00%

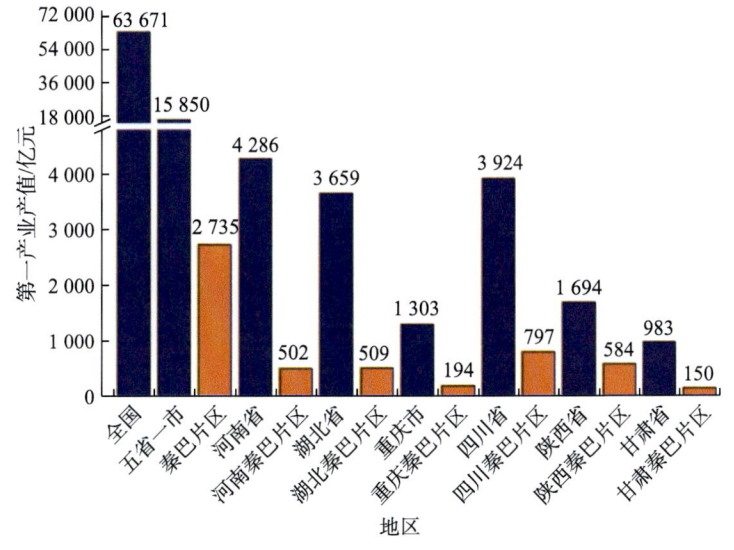

图 1-6　全国和五省一市及其秦巴片区第一产业产值
图中数据经四舍五入修约处理，只保留整数

五省一市人均第一产业产值为 0.44 万元，比全国人均第一产业产值低 0.02 万元；秦巴片区人均第一产业产值为 0.40 万元，占五省一市人均第一产业产值的 91%，占全国人均第一产业产值的 87%，这说明秦巴片区人均第一产业水平整体上低于五省一市和全国人均第一产业水平。在五省一市中，湖北省人均第一产业产值为 0.59 万元，分别为五省一市和全国人均第一产业产值的 1.34 倍、1.28 倍，湖北秦巴片区人均第一产业产值达到 0.66 万元。河南省、重庆市、四川省、陕西省、甘肃省人均第一产业产值分别占五省一市与全国人均第一产业产值的 91%与 87%、86%与 83%、98%和 93%、98%和 93%、86%和 83%。具体见表 1-7、图 1-7、表 1-8 和图 1-8。除了资源禀赋的条件优势外，当地的交通、气候、资源等条件也为第一产业提供了有利条件。而重庆市和甘肃省人均第一产业产值较低，一方面受耕地资源与气候条件的限制；另一方面，交通运输对物流有较大的限制，对第一产业有一定的影响。

表 1-7　全国和五省一市人均第一产业产值比较

地区	人均第一产业产值/万元	与五省一市的比值	与全国的比值
河南省	0.40	0.91	0.87
湖北省	0.59	1.34	1.28
重庆市	0.38	0.86	0.83
四川省	0.43	0.98	0.93
陕西省	0.43	0.98	0.93
甘肃省	0.38	0.86	0.83
五省一市	0.44	1.00	0.96
全国	0.46	1.05	1.00

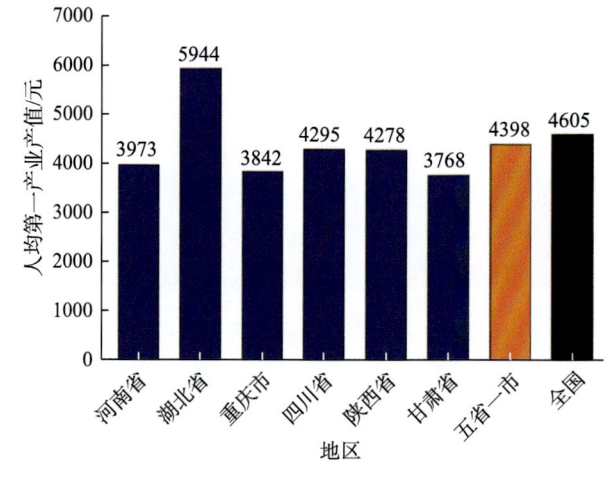

图 1-7　全国和五省一市人均第一产业产值

表 1-8　五省一市秦巴片区人均第一产业产值比较

地区	人均第一产业产值/万元	与秦巴片区的比值	与五省一市的比值
河南秦巴片区	0.43	1.08	0.98
湖北秦巴片区	0.66	1.65	1.50
重庆秦巴片区	0.35	0.88	0.80
四川秦巴片区	0.39	0.98	0.89
陕西秦巴片区	0.43	1.08	0.98
甘肃秦巴片区	0.17	0.43	0.39
秦巴片区	0.40	1.00	0.91
五省一市	0.44	1.10	1.00

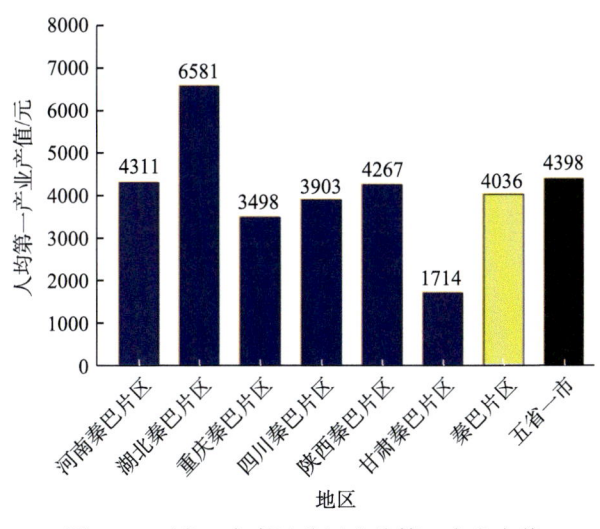

图 1-8 五省一市秦巴片区人均第一产业产值

二、第二产业产值比较

五省一市第二产业产值占全国第二产业产值的 22.73%；秦巴片区第二产业产值占全国第二产业产值的 2.73%，占五省一市第二产业产值的 12.02%。以土地面积为参照，五省一市第二产业产值高于全国平均水平，具有一定的优势；秦巴片区第二产业产值低于五省一市平均水平，不具有优势（五省一市土地面积占全国土地面积的 16.20%，秦巴片区土地面积占五省一市土地面积的 20.34%；五省一市人口占全国人口的 23.94%，秦巴片区人口占五省一市人口的 18.15%）。河南省、湖北省、重庆市、四川省、陕西省、甘肃省第二产业产值分别占五省一市与全国第二产业产值的 28.63%与 6.51%、21.35%与 4.85%、11.52%与 2.62%、20.68%与 4.70%、14.09%与 3.20%、3.74%与 0.85%，其中，河南省、湖北省与四川省第二产业产值具有较大的优势。河南秦巴片区、湖北秦巴片区、重庆秦巴片区、四川秦巴片区、陕西秦巴片区和甘肃秦巴片区第二产业产值分别占秦巴片区与五省一市第二产业产值的 20.59%与 2.48%、22.63%与 2.72%、5.46%与 0.66%、21.91%与 2.63%、25.56%与 3.07%、3.85%与 0.46%，其中，河南秦巴片区、湖北秦巴片区、四川秦巴片区和陕西秦巴片区第二产业具有明显的优势。具体见表 1-9、表 1-10 和图 1-9。第二产业包括各类专业工人和各类工业或产品，如注塑工、操作工、压铆工、缝纫工、焊工。第二产业是传统产业经济理论中的一个产业部门，指对第一产业和本产业提供的产品（原料）进行加工的产业部门。按三次产业分类法，第二产业被划分为采矿业，制造业，电力、燃气及水的生产和供应业，建筑业。

表 1-9　全国和五省一市第二产业产值比较

地区	第二产业产值/亿元	占五省一市的比例	占全国的比例
河南省	19 275.82	28.63%	6.51%
湖北省	14 375.13	21.35%	4.85%
重庆市	7 755.65	11.52%	2.62%
四川省	13 924.73	20.68%	4.70%
陕西省	9 490.72	14.09%	3.20%
甘肃省	2 515.56	3.74%	0.85%
五省一市	67 337.61	100.00%	22.73%
全国	296 236.00	439.93%	100.00%

表 1-10　五省一市秦巴片区第二产业产值比较

地区	第二产业产值/亿元	占秦巴片区的比例	占五省一市的比例
河南秦巴片区	1 666.68	20.59%	2.48%
湖北秦巴片区	1 832.18	22.63%	2.72%
重庆秦巴片区	442.24	5.46%	0.66%
四川秦巴片区	1 773.58	21.91%	2.63%
陕西秦巴片区	2 069.23	25.56%	3.07%
甘肃秦巴片区	311.84	3.85%	0.46%
秦巴片区	8 095.75	100.00%	12.02%
五省一市	67 337.61	831.76%	100.00%

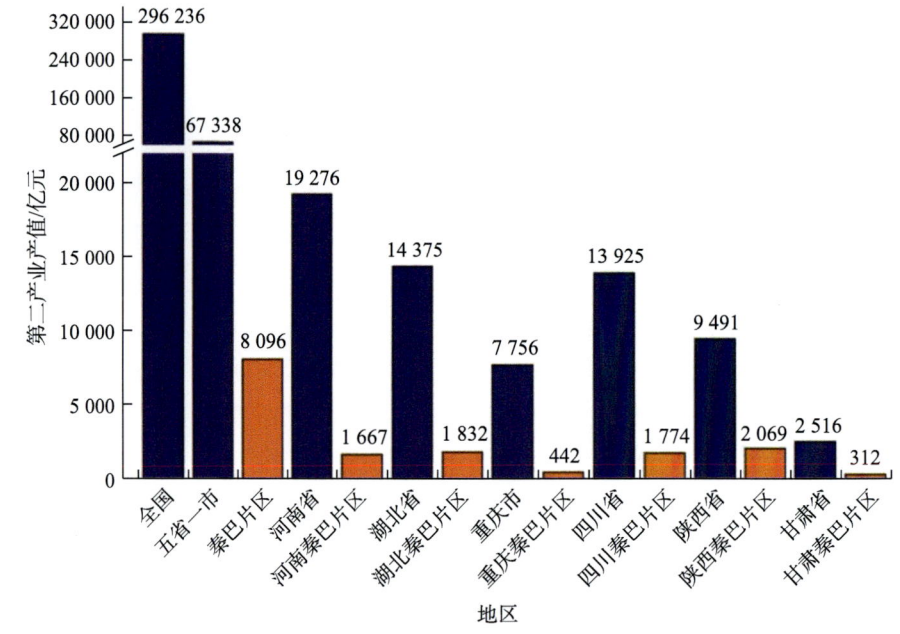

图 1-9　全国和五省一市及其秦巴片区第二产业产值

图中数据经四舍五入修约处理，只保留整数

五省一市人均第二产业产值为1.87万元，占全国人均第二产业产值的87%。河南省、湖北省、重庆市、四川省、陕西省、甘肃省人均第二产业产值分别是五省一市与全国人均第二产业产值的96%和84%、1.25倍和1.09倍、1.22倍和1.07倍、81%和71%、1.28倍和1.12倍、51%和45%；在省域尺度上，湖北省和陕西省人均第二产业产值具有明显的优势。河南秦巴片区、湖北秦巴片区、重庆秦巴片区、四川秦巴片区、陕西秦巴片区和甘肃秦巴片区人均第二产业产值分别是秦巴片区与五省一市人均第二产业产值的1.20倍和76%、1.99倍和1.27倍、67%和43%、73%和47%、1.27倍和81%、30%和19%，在秦巴片区尺度上，河南秦巴片区、湖北秦巴片区和陕西秦巴片区人均第二产业产值具有一定的优势。具体见表1-11、表1-12、图1-10和图1-11。

表1-11　全国和五省一市人均第二产业产值比较

地区	人均第二产业产值/万元	与五省一市的比值	与全国的比值
河南省	1.79	0.96	0.84
湖北省	2.33	1.25	1.09
重庆市	2.29	1.22	1.07
四川省	1.52	0.81	0.71
陕西省	2.40	1.28	1.12
甘肃省	0.96	0.51	0.45
五省一市	1.87	1.00	0.87
全国	2.14	1.14	1.00

表1-12　五省一市秦巴片区人均第二产业产值比较

地区	人均第二产业产值/万元	与秦巴片区的比值	与五省一市的比值
河南秦巴片区	1.43	1.20	0.76
湖北秦巴片区	2.37	1.99	1.27
重庆秦巴片区	0.80	0.67	0.43
四川秦巴片区	0.87	0.73	0.47
陕西秦巴片区	1.51	1.27	0.81
甘肃秦巴片区	0.36	0.30	0.19
秦巴片区	1.19	1.00	0.64
五省一市	1.87	1.57	1.00

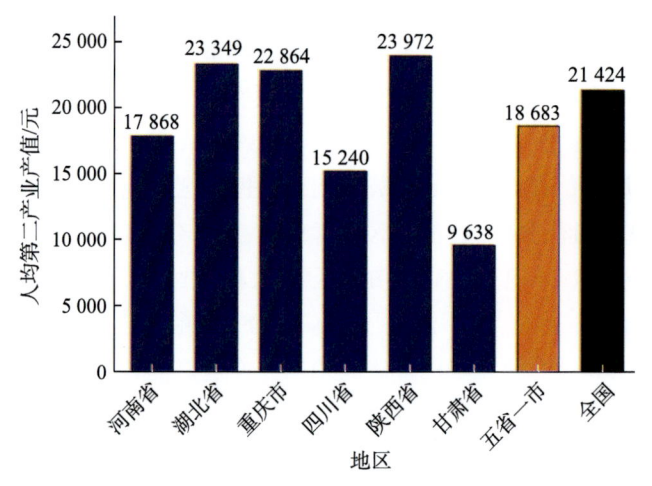

图 1-10　全国和五省一市人均第二产业产值

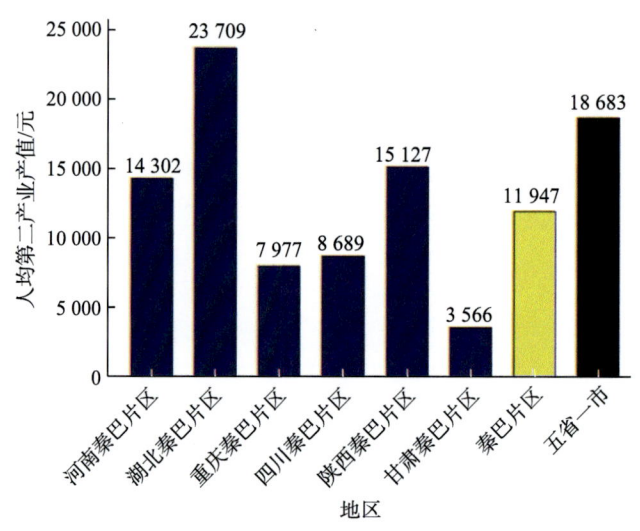

图 1-11　五省一市秦巴片区人均第二产业产值

三、第三产业产值比较

由表 1-13、表 1-14 和图 1-12 可知，五省一市第三产业产值占全国第三产业产值的 17.29%；秦巴片区第三产业产值占全国第三产业产值的 1.71%，占五省一市第三产业产值的 9.88%。五省一市土地面积占全国土地面积的 16.20%，秦巴片区土地面积占五省一市土地面积的 20.34%；五省一市人口占全国人口的 23.94%，秦巴片区人口占五省一市的 18.15%。因此，从人口总量上看，五省一市及其秦巴片区第三产业产值分别在全国及五省一市中处于产业劣势。河南省、湖北省、重庆市、四川省、陕西省、甘肃省第三产业产值分别占五省一市和全国第三产业产值的 25.46%和 4.40%、21.47%和 3.71%、12.80%和 2.21%、22.33%和 3.86%、12.37%和 2.14%、5.57%和 0.96%，在省域尺度上，河南省、湖北省、四川省第三产业产值具有一定的优势。河南秦巴片区、湖北秦巴片区、重庆秦巴片区、四川秦巴片区、陕西秦巴片区、甘肃秦巴片区第三产业产值分别占秦巴片区和五省一市第三产业产值的 20.20%和 2.00%、19.11%和 1.89%、5.93%和 0.59%、21.46%和 2.12%、23.61%和 2.33%、9.68%和 0.96%，在秦巴片区尺度上，河南秦巴片区、湖北秦巴片区、四川秦巴片区和陕西秦巴片区第三产业产值具有一定的优势。第三产业即各类服务或商品。公共服务业、个体商人服务业、综合服务业是经济产业的结构分类之一。我国根据《国民经济行业分类》（GB/T 4754—2017）划分的第三产业即服务业，是指除第一、第二产业以外的其他行业。

表 1-13　全国和五省一市第三产业产值比较

地区	第三产业产值/亿元	占五省一市的比例	占全国的比例
河南省	16 909.76	25.46%	4.40%
湖北省	14 263.45	21.47%	3.71%
重庆市	8 500.36	12.80%	2.21%
四川省	14 831.69	22.33%	3.86%
陕西省	8 215.72	12.37%	2.14%
甘肃省	3 701.42	5.57%	0.96%
五省一市	66 422.40	100.00%	17.29%
全国	384 220.50	578.45%	100.00%

表 1-14　五省一市秦巴片区第三产业产值比较

地区	第三产业产值/亿元	占秦巴片区的比例	占五省一市的比例
河南秦巴片区	1 325.60	20.20%	2.00%
湖北秦巴片区	1 254.07	19.11%	1.89%
重庆秦巴片区	389.39	5.93%	0.59%
四川秦巴片区	1 408.09	21.46%	2.12%
陕西秦巴片区	1 549.26	23.61%	2.33%
甘肃秦巴片区	635.18	9.68%	0.96%
秦巴片区	6 561.59	100.00%	9.88%
五省一市	66 422.40	1012.29%	100.00%

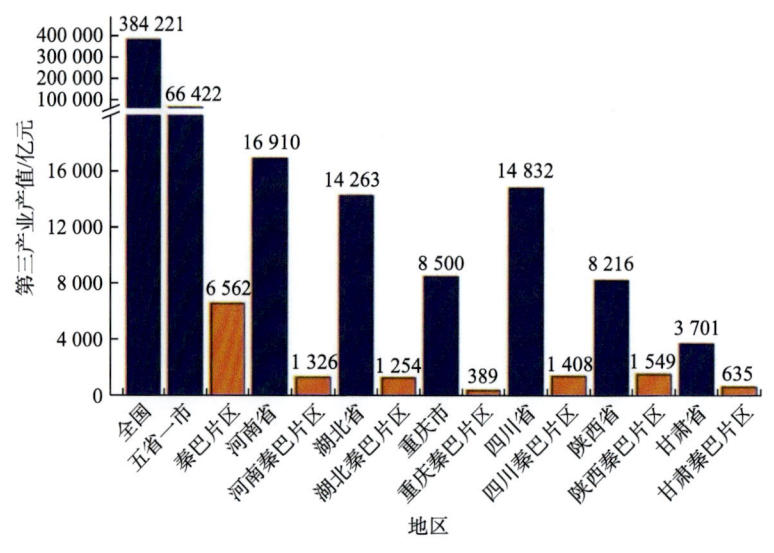

图 1-12 全国和五省一市及其秦巴片区第三产业产值
图中数据经四舍五入修约处理只保留整数

由表 1-15、表 1-16、图 1-13 和图 1-14 可知，五省一市人均第三产业产值为 1.84 万元，占全国人均产值 2.78 万元的 66%。河南省、湖北省、重庆市、四川省、陕西省、甘肃省人均第三产业产值分别是五省一市与全国人均第三产业产值的 85%和 56%、1.26 倍和 83%、1.36 倍和 90%、88%和 58%、1.13 倍和 75%、77%和 51%，在省域尺度上，湖北省、重庆市和陕西省人均第三产业产值具有明显的优势。河南秦巴片区、湖北秦巴片区、重庆秦巴片区、四川秦巴片区、陕西秦巴片区和甘肃秦巴片区人均第三产业产值分别占秦巴片区与五省一市人均第三产业产值的 1.18 倍和 62%、1.67 倍和 88%、72%和 38%、71%和 38%、1.16 倍和 61%、75%和 40%，在秦巴片区尺度上，河南秦巴片区、湖北秦巴片区和陕西秦巴片区人均第三产业产值具有一定的优势。

表 1-15 全国和五省一市人均第三产业产值比较

地区	人均第三产业产值/万元	与五省一市的比值	与全国的比值
河南省	1.57	0.85	0.56
湖北省	2.32	1.26	0.83
重庆市	2.51	1.36	0.90
四川省	1.62	0.88	0.58
陕西省	2.08	1.13	0.75
甘肃省	1.42	0.77	0.51
五省一市	1.84	1.00	0.66
全国	2.78	1.51	1.00

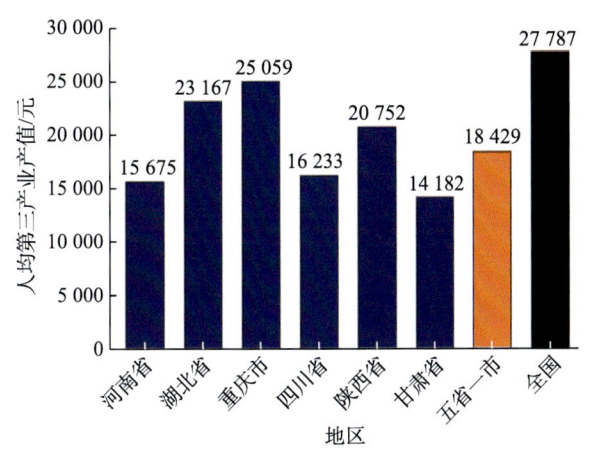

图 1-13　全国和五省一市人均第三产业产值

表 1-16　五省一市秦巴片区人均第三产业产值比较

地区	人均第三产业产值/万元	与秦巴片区的比值	与五省一市的比值
河南秦巴片区	1.14	1.18	0.62
湖北秦巴片区	1.62	1.67	0.88
重庆秦巴片区	0.70	0.72	0.38
四川秦巴片区	0.69	0.71	0.38
陕西秦巴片区	1.13	1.16	0.61
甘肃秦巴片区	0.73	0.75	0.40
秦巴片区	0.97	1.00	0.53
五省一市	1.84	1.90	1.00

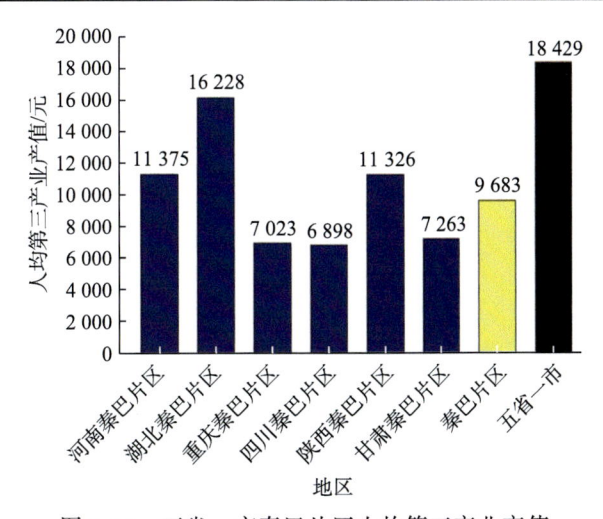

图 1-14　五省一市秦巴片区人均第三产业产值

四、第一、第二、第三产业结构比较

从三大产业结构看，五省一市第一、第二、第三产业结构比例为1∶4.2∶4.2，与全国第一、第二、第三产业结构比例（1∶4.7∶6.0）相比，第二、第三产业比例偏低，而且第三产业差距大于第二产业。其中，重庆市和陕西省第二产业比例超过全国平均水平（也超过五省一市平均水平）；只有重庆市第三产业比例超过全国平均水平（也超过五省一市平均水平），其他省第三产业比例都低于全国平均水平；河南省第二产业比例超过五省一市平均水平。秦巴片区第二、第三产业比例低于五省一市平均水平，而且与其有较大的差距；只有河南秦巴片区、湖北秦巴片区和陕西秦巴片区第二、第三产业比例均超过秦巴片区平均水平，重庆秦巴片区、四川秦巴片区第二、第三产业比例均低于秦巴片区平均水平（表1-17和表1-18）。

表1-17 全国和五省一市第一、第二、第三产业产值结构比较

地区	第一产业产值/亿元	第二产业产值/亿元	第三产业产值/亿元	三产结构比例
河南省	4 286.21	19 275.82	16 909.76	1∶4.5∶3.9
湖北省	3 659.33	14 375.13	14 263.45	1∶3.9∶3.9
重庆市	1 303.24	7 755.65	8 500.36	1∶6.0∶6.5
四川省	3 924.08	13 924.73	14 831.69	1∶3.5∶3.8
陕西省	1 693.85	9 490.72	8 215.72	1∶5.6∶4.9
甘肃省	983.39	2 515.56	3 701.42	1∶2.6∶3.8
五省一市	15 850.10	67 337.61	66 422.40	1∶4.2∶4.2
全国	63 670.70	296 236.00	384 220.50	1∶4.7∶6.0

表1-18 五省一市秦巴片区第一、第二、第三产业产值结构比较

地区	第一产业产值/亿元	第二产业产值/亿元	第三产业产值/亿元	三产结构比例
河南秦巴片区	502.42	1 666.68	1 325.60	1∶3.3∶2.6
湖北秦巴片区	508.54	1 832.18	1 254.07	1∶3.6∶2.5
重庆秦巴片区	193.94	442.24	389.39	1∶2.3∶2.0
四川秦巴片区	796.77	1 773.58	1 408.09	1∶2.2∶1.8
陕西秦巴片区	583.63	2 069.23	1 549.26	1∶3.5∶2.7
甘肃秦巴片区	149.89	311.84	635.18	1∶2.1∶4.2
秦巴片区	2 735.19	8 095.75	6 561.59	1∶3.0∶2.4
五省一市	15 850.10	67 337.61	66 422.40	1∶4.2∶4.2

2016年，我国第一、第二、第三产业结构比例为1∶4.7∶6.0，改革开放以来，我国的产业结构经历了比较大的变化，第一产业的比重呈不断下降的趋势；第二产业的比重呈先降后升的趋势，但总体上没有发生较大幅度的变化；第三产业的比重总体上呈上升趋势。我国产业结构持续优化，第一产业增长相对缓慢，第二产业增长快速，第三产业突破以商贸、餐饮为主的单一发展格局，加速了保险、

金融、研发等行业的发展。总体上看，第一产业比重有所下降，但我国国民经济还是十分依赖农业，而服务业相对比较落后。在发达国家 GDP 构成中，一般情况下，第一产业所占比重不超过 5%，第二产业所占比重不超过 30%，而第三产业所占比重在 65%以上。通过我国产业结构比例可以看出，较之于发达国家，我国的产业结构还有很大的优化空间。

由图 1-15 可知，除甘肃秦巴片区外，其他秦巴片区第二产业产值均占有最高比重，第一产业产值比重最低，但总体来看，第一产业比重仍过高。由此可以看出，我国秦巴片区第三产业比重较低，产业结构需要进一步优化。秦巴片区需要加快发展第三产业，随着经济规模的不断扩大，我国资源环境压力日益增大，亟须转变经济发展方式，秦巴片区应该将该区域经济工作着力点更多向第三产业转移，进一步促进第三产业持续健康发展。中国经济正在由原来的工业主导型经济向服务主导型经济转变，服务业超越制造业成为我国经济增长的主动力，将给经济增长、就业等各个方面带来深远的影响。

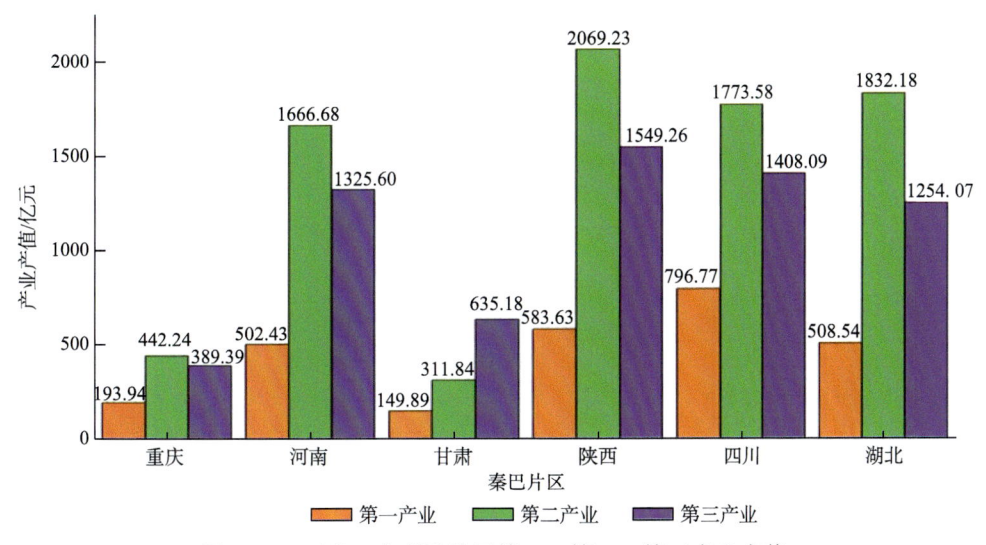

图 1-15 五省一市秦巴片区第一、第二、第三产业产值

由图 1-16 可知，在秦巴片区各市第一、第二、第三产业产值中，大部分市的秦巴片区第二产业占比最高；第三产业发展不足，占比较低。因为第二产业产值占比高，对地区生产总值起到一定决定性作用，所以其第二产业产值分布格局与地区生产总值基本一致。

秦巴片区第一产业产值较高的地区主要分布在四川和陕西秦巴片区，其中，陕西秦巴片区因为水果种植收益高，所以当地第一产业产值较其他秦巴片区高。而第一产业产值较低的地区主要分布在秦巴片区的边缘地带，除甘肃秦巴片区外，

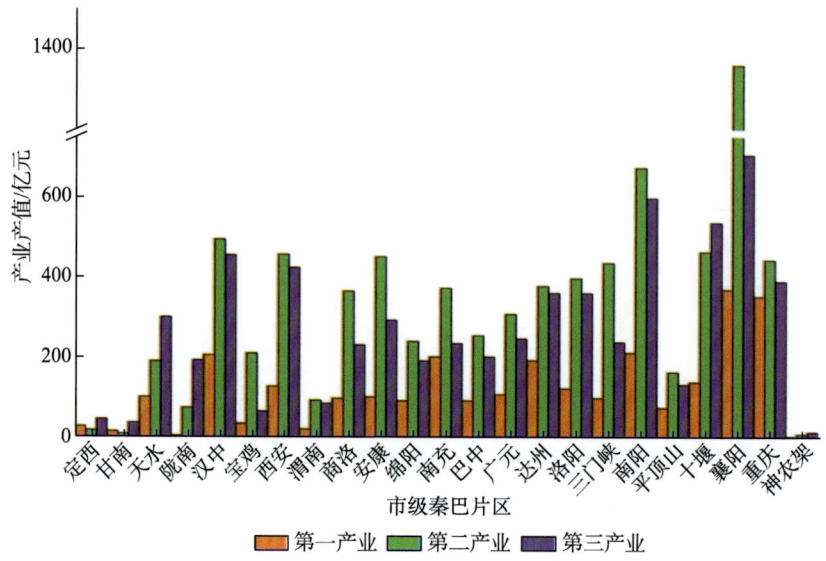

图 1-16　秦巴片区各市第一、第二、第三产业产值

其他第一产业产值较低的地区主要与较大城市接壤，缺少相互作用，这对这些片区的第一产业会有一定的影响作用。

除甘肃秦巴片区外，第一产业产值较高的县市其第二产业产值相对较低，同样，第一产业产值较低的县市其第二产业产值较高。也可以发现，除秦巴片区西部地区第二产业产值较低外，其余地区第二产业产值相对较高；且周围地区第二产业产值高于秦巴片区中心地区。

秦巴片区第三产业产值分布结构也呈现西部弱、中间弱的趋势，而东部和周边地区第三产业产值较高。第三产业产值总体趋势与第二产业产值情况相类似，但较之于第二产业产值，第三产业产值低、占比小。

第三节　农牧渔服务业总产值比较

由表 1-19、表 1-20 和图 1-17 可知，五省一市农牧渔服务业总产值占全国农牧渔服务业总产值的 24.66%；秦巴片区农牧渔服务业总产值占全国农牧渔服务业总产值的 3.90%，占五省一市农牧渔服务业总产值的 15.82%。河南省、湖北省、重庆市、四川省、陕西省、甘肃省农牧渔服务业总产值分别是五省一市和全国农牧渔服务业总产值的 28.22%和 6.96%、22.71%和 5.60%、7.12%和 1.76%、24.71%和 6.09%、10.80%和 2.66%、6.43%和 1.59%，在省域尺度上，河南省、湖北省、四川省农牧渔服务业总产值具有一定的优势。河南秦巴片区、湖北秦巴片区、重庆秦巴片区、四川秦巴片区、陕西秦巴片区、甘肃秦巴片区农牧渔服务业总产值分别是秦巴片区和五省一市农牧渔服务业总产值的 16.86%和 2.67%、15.27%和

2.42%、6.90%和1.09%、26.41%和4.18%、23.72%和3.75%、10.84%和1.71%。在秦巴片区尺度上，四川秦巴片区与陕西秦巴片区农牧渔服务业总产值具有明显的优势。

表1-19 全国和五省一市农牧渔服务业总产值比较

地区	农牧渔服务业总产值/亿元	占五省一市的比例	占全国的比例
河南省	7 799.67	28.22%	6.96%
湖北省	6 278.35	22.71%	5.60%
重庆市	1 968.28	7.12%	1.76%
四川省	6 831.08	24.71%	6.09%
陕西省	2 985.76	10.80%	2.66%
甘肃省	1 778.00	6.43%	1.59%
五省一市	27 641.14	100.00%	24.66%
全国	112 091.30	405.52%	100.00%

表1-20 五省一市秦巴片区农牧渔服务业总产值比较

地区	农牧渔服务业总产值/亿元	占秦巴片区的比例	占五省一市的比例
河南秦巴片区	737.28	16.86%	2.67%
湖北秦巴片区	667.84	15.27%	2.42%
重庆秦巴片区	302.00	6.90%	1.09%
四川秦巴片区	1 155.16	26.41%	4.18%
陕西秦巴片区	1 037.56	23.72%	3.75%
甘肃秦巴片区	474.00	10.84%	1.71%
秦巴片区	4 373.84	100.00%	15.82%
五省一市	27 641.14	631.97%	100.00%

如表1-21、图1-18、表1-22和图1-19所示，五省一市人均农牧渔服务业总产值为0.77万元，占全国人均农牧渔服务业总产值的95%；秦巴片区人均农牧渔服务业总产值为0.65万元，占五省一市人均农牧渔服务业总产值的84%，仅占全国人均农牧渔服务业总产值的80%。河南省、湖北省、重庆市、四川省、陕西省、甘肃省人均农牧渔服务业总产值分别是五省一市和全国人均农牧渔服务业总产值的94%和89%、1.32倍和1.26倍、75%和72%、97%和93%、97%和93%、88%和84%，在省域尺度上，只有湖北省人均农牧渔服务业总产值具有一定的优势。河南秦巴片区、湖北秦巴片区、重庆秦巴片区、四川秦巴片区、陕西秦巴片区、甘肃秦巴片区人均农牧渔服务业总产值分别是秦巴片区和五省一市人均农牧渔服务业总产值的97%和82%、1.32倍和1.12倍、83%和70%、88%和74%、1.17倍和99%、83%和70%，在秦巴片区尺度上，湖北秦巴片区与陕西秦巴片区人均农

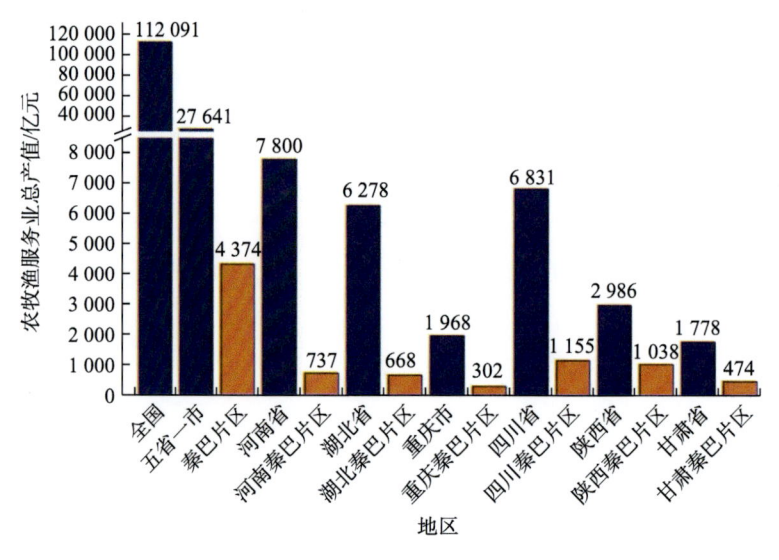

图 1-17　全国和五省一市及其秦巴片区农牧渔服务业总产值
图中数据经四舍五入修约处理只保留整数

牧渔服务业总产值具有一定的优势。在五省一市中，湖北省人均农牧渔服务业总产值较高，为全国人均农牧渔服务业总产值的 1.26 倍，湖北省渔业发达，有利的地理位置加上便利的交通条件，为湖北省的渔业带来无限生机；而重庆市人均农牧渔服务业总产值较低，主要受限于当地的地形，重庆市被称为山城，山路崎岖，发展农业、林业、渔业等有诸多阻碍，导致其人均农牧渔服务业总产值较低。在秦巴片区中，除了湖北秦巴片区外，陕西秦巴片区人均农牧渔服务业总产值较高，这主要是因为陕西省独特的气候条件为当地的水果产业提供了良好的环境因素，有利于农业发展，所以其人均农牧渔服务业总产值较高。

表 1-21　全国和五省一市人均农牧渔服务业总产值比较

地区	人均农牧渔服务业总产值/万元	与五省一市的比值	与全国的比值
河南省	0.72	0.94	0.89
湖北省	1.02	1.32	1.26
重庆市	0.58	0.75	0.72
四川省	0.75	0.97	0.93
陕西省	0.75	0.97	0.93
甘肃省	0.68	0.88	0.84
五省一市	0.77	1.00	0.95
全国	0.81	1.05	1.00

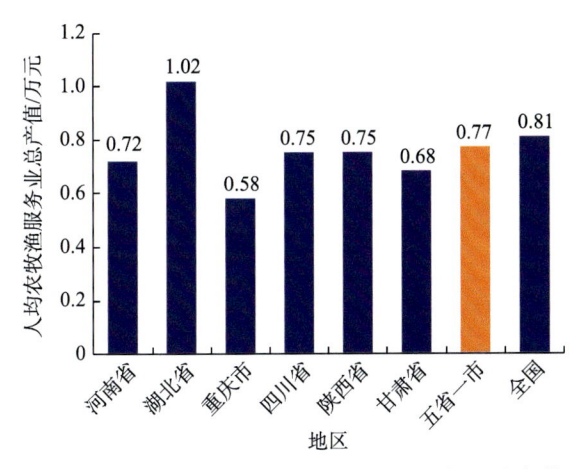

图 1-18　全国和五省一市人均农牧渔服务业总产值

表 1-22　五省一市秦巴片区人均农牧渔服务业总产值比较

地区	人均农牧渔服务业总产值/万元	与秦巴片区的比值	与五省一市的比值
河南秦巴区	0.63	0.97	0.82
湖北秦巴区	0.86	1.32	1.12
重庆秦巴区	0.54	0.83	0.70
四川秦巴区	0.57	0.88	0.74
陕西秦巴区	0.76	1.17	0.99
甘肃秦巴区	0.54	0.83	0.70
秦巴片区	0.65	1.00	0.84
五省一市	0.77	1.18	1.00

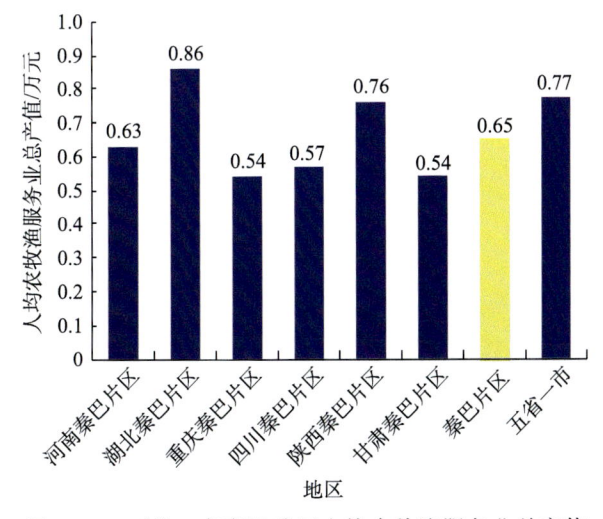

图 1-19　五省一市秦巴片区人均农牧渔服务业总产值

在秦巴片区人均农牧渔服务业总产值中，农业和牧业产值占主导地位，而渔业和相关服务业产值较低。这说明秦巴片区未能充分开发利用农牧渔服务业，这是秦巴片区未来的发展趋势之一，利用独特的地理位置和自然风光，大力发展农牧渔服务业，逐步改变农业发展状况。各市和各县区的情况也基本类似。

秦巴片区各市农牧渔服务业总产值见图1-20。由图1-21可知在秦巴片区各市中，甘肃秦巴片区的陇南秦巴片区、陕西秦巴片区的汉中秦巴片区、四川秦巴片区的南充秦巴片区以及湖北秦巴片区的襄阳秦巴片区的农牧渔服务业总产值较高。通过实地调研发现，这些地区位于秦岭之下，自然条件优厚，资源丰富，当地茶叶、养猪业、养蜂业十分发达，这些产业能够起到带动作用，为当地农户提供产业支持，对当地居民进行帮扶，让更多人投入经济建设中，所以当地的农牧渔服务业总产值高于其他秦巴片区；而湖北秦巴片区则依靠当地有利的地理位置，大力发展渔业，提高了当地的农牧渔服务业总产值。除湖北秦巴片区外，四川秦巴片区和重庆秦巴片区部分地区农牧渔服务业总产值也较高，但秦巴片区中部地区产值较低，这主要是因为秦巴山脉区域内部可能受地形、气候、资源等因素的影响，在农业、林业、牧业发展方面有一定阻碍，而且中部地区缺乏水资源，所以渔业发展相对落后。

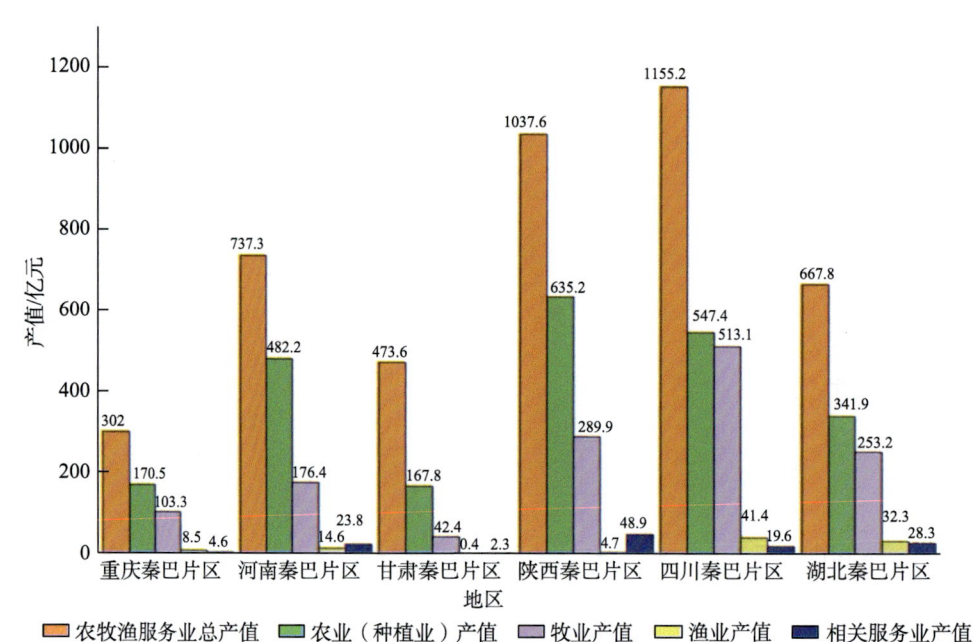

图1-20　五省一市秦巴片区农牧渔服务业总产值

图中数据经四舍五入修约处理只保留一位小数

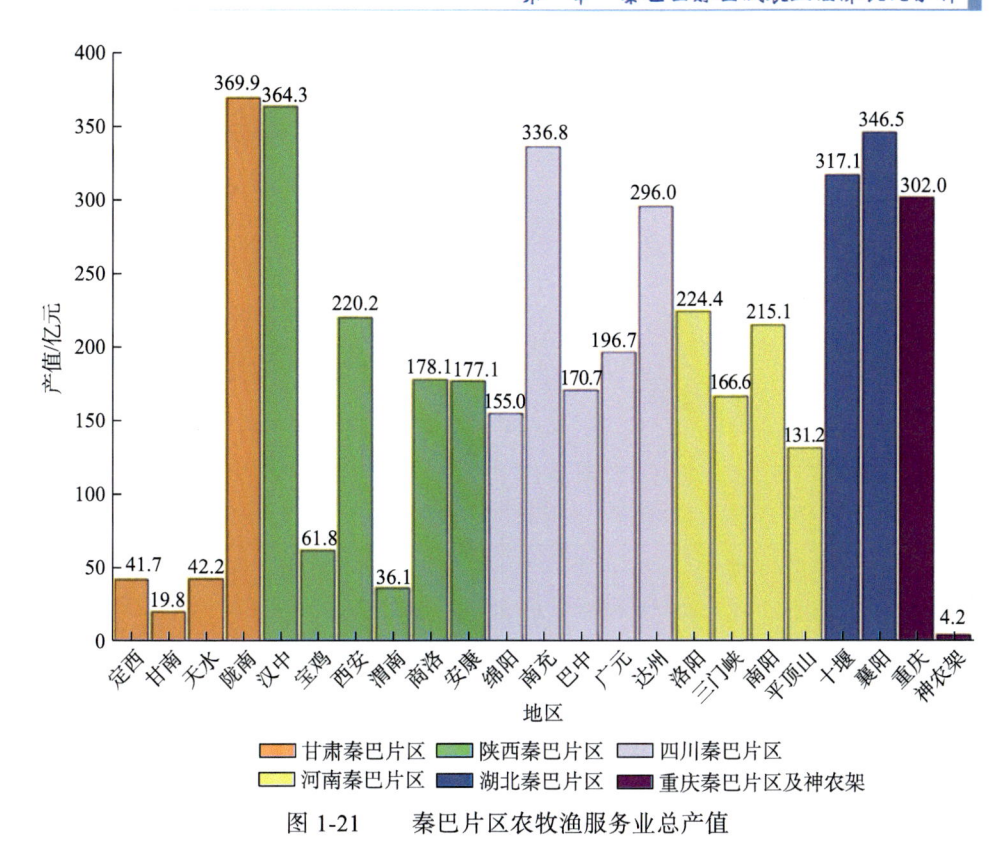

图 1-21　秦巴片区农牧渔服务业总产值

一、农业（种植业）产值比较

　　五省一市农业（种植业）产值在全国处于平均偏上水平，秦巴片区农业（种植业）产值在五省一市中也是如此。五省一市农业（种植业）产值占全国农业（种植业）产值的 26.42%；秦巴片区农业（种植业）产值占全国农业（种植业）产值的 3.96%，占五省一市农业（种植业）产值的 14.97%（五省一市耕地面积占全国耕地面积的 24.22%，秦巴片区耕地面积占五省一市耕地面积的 13.29%）。河南省、湖北省、重庆市、四川省、陕西省、甘肃省农业（种植业）产值分别是五省一市农业（种植业）产值的 29.22%、18.65%、7.35%、23.69%、12.94%和 8.14%，在省域尺度上，河南省、四川省农业（种植业）产值具有明显的优势，湖北省农业（种植业）产值具有一定的优势。河南秦巴片区、湖北秦巴片区、重庆秦巴片区、四川秦巴片区、陕西秦巴片区、甘肃秦巴片区农业（种植业）产值分别占秦巴片区和五省一市农业（种植业）产值的 20.56%和 3.08%、14.58%和 2.18%、7.27%和 1.09%、23.34%和 3.49%、27.09%和 4.06%、7.16%和 1.07%，在秦巴片区尺度上，河南秦巴片区、四川秦巴片区和陕西秦巴片区农业（种植业）产值具有相对明显的优势，尤其是陕西秦巴片区具有明显的优势（表 1-23、表 1-24 和图 1-22）。

表 1-23　五省一市农业（种植业）产值比较

地区	农业（种植业）产值/亿元	占五省一市的比例	占全国的比例
河南省	4 577.16	29.22%	7.72%
湖北省	2 921.27	18.65%	4.93%
重庆市	1 151.77	7.35%	1.94%
四川省	3 710.97	23.69%	6.26%
陕西省	2 027.56	12.94%	3.42%
甘肃省	1 274.71	8.14%	2.15%
五省一市	15 663.44	100.00%	26.42%
全国	59 287.80	378.51%	100.00%

表 1-24　五省一市秦巴片区农业（种植业）产值比较

地区	农业（种植业）产值/亿元	占秦巴片区的比例	占五省一市的比例
河南秦巴片区	482.18	20.56%	3.08%
湖北秦巴片区	341.88	14.58%	2.18%
重庆秦巴片区	170.49	7.27%	1.09%
四川秦巴片区	547.42	23.34%	3.49%
陕西秦巴片区	635.22	27.09%	4.06%
甘肃秦巴片区	167.83	7.16%	1.07%
秦巴片区	2 345.02	100.00%	14.97%
五省一市	15 663.44	667.94%	100.00%

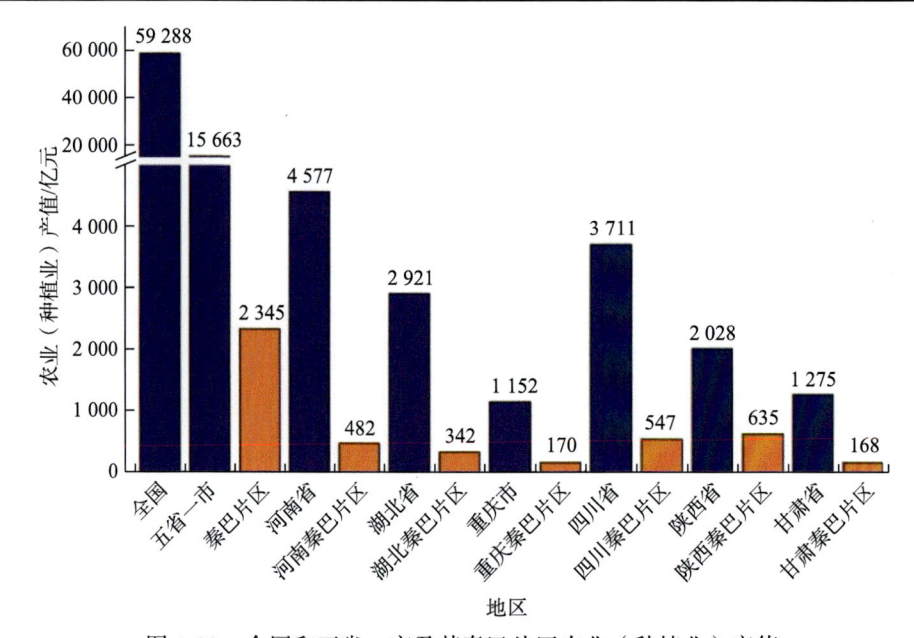

图 1-22　全国和五省一市及其秦巴片区农业（种植业）产值
图中数据经四舍五入修约处理只保留整数

秦巴片区人均农业（种植业）产值为3461元，比全国人均农业（种植业）产值（4288元）低827元，而五省一市人均农业（种植业）产值略高于全国人均农业（种植业）产值，是全国人均农业（种植业）产值的1.01倍。河南省、湖北省、重庆市、四川省、陕西省、甘肃省人均农业（种植业）产值分别是五省一市与全国人均农业（种植业）产值的98%和99%、1.09倍和1.11倍、78%和79%、93%和95%、1.18倍和1.19倍、1.12倍和1.14倍，在省域尺度上，湖北省、陕西省和甘肃省人均农业（种植业）产值具有较明显的优势。其中，河南省人均农业（种植业）产值略低于五省一市与全国平均水平。河南秦巴片区、湖北秦巴片区、重庆秦巴片区、四川秦巴片区、陕西秦巴片区、甘肃秦巴片区人均农业（种植业）产值分别是秦巴片区与五省一市人均农业（种植业）产值的1.20倍和95%、1.28倍和1.02倍、89%和71%、77%和62%、1.34倍和1.07倍、55%和44%，在秦巴片区尺度上，河南秦巴片区、湖北秦巴片区和陕西秦巴片区人均农业（种植业）产值具有较明显的优势。其中，湖北秦巴片区与陕西秦巴片区人均农业（种植业）产值还高于五省一市平均水平（表1-25、图1-23、表1-26和图1-24）。

表1-25　五省一市和全国人均农业（种植业）产值比较

地区	人均农业（种植业）产值/元	与五省一市的比值	与全国的比值
河南省	4243	0.98	0.99
湖北省	4745	1.09	1.11
重庆市	3395	0.78	0.79
四川省	4061	0.93	0.95
陕西省	5121	1.18	1.19
甘肃省	4884	1.12	1.14
五省一市	4346	1.00	1.01
全国	4288	0.99	1.00

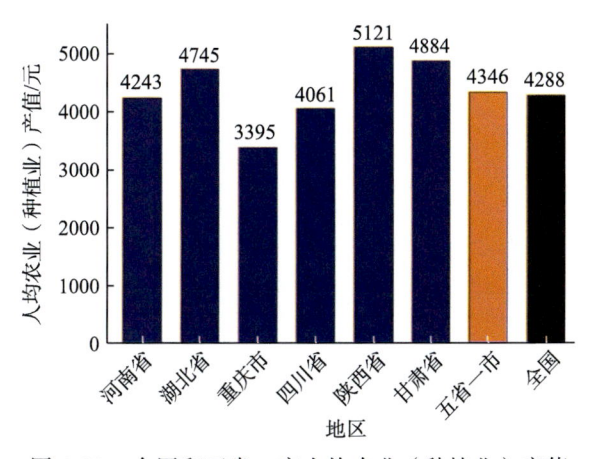

图1-23　全国和五省一市人均农业（种植业）产值

表 1-26　五省一市秦巴片区人均农业（种植业）产值比较

地区	人均农业（种植业）产值/元	与秦巴片区的比值	与五省一市的比值
河南秦巴片区	4138	1.20	0.95
湖北秦巴片区	4424	1.28	1.02
重庆秦巴片区	3075	0.89	0.71
四川秦巴片区	2682	0.77	0.62
陕西秦巴片区	4644	1.34	1.07
甘肃秦巴片区	1919	0.55	0.44
秦巴片区	3461	1.00	0.80
五省一市	4346	1.26	1.00

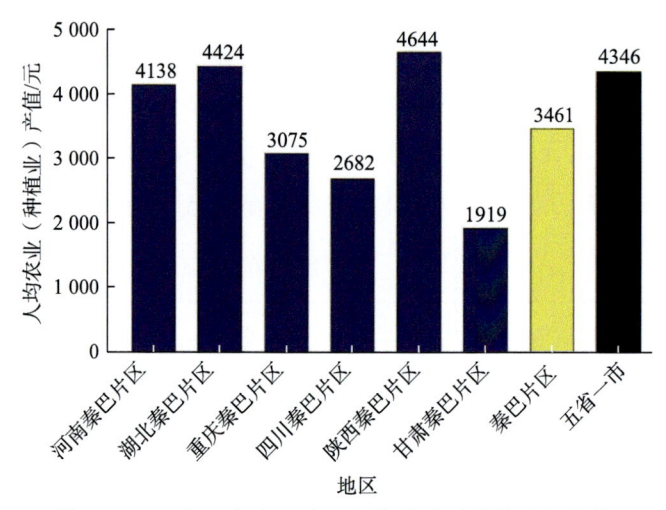

图 1-24　五省一市秦巴片区人均农业（种植业）产值

秦巴片区的耕地面积为 3918.31 千公顷，五省一市的耕地面积为 29 482.94 千公顷，秦巴片区耕地面积占五省一市耕地面积的 13.29%，如表 1-27 所示。

表 1-27　五省一市及其秦巴片区耕地面积及比例

地区	耕地面积/千公顷	占全国的比例	占秦巴片区的比例	占五省一市的比例
五省一市	29 482.94	24.22%	—	100%
秦巴片区	3 918.31	—	13.29%	13.29%
重庆市	2 235.93	1.84%	—	7.58%
重庆秦巴片区	409.90	—	10.46%	—
湖北省	4 664.12	3.83%	—	15.82%
湖北秦巴片区	421.50	—	10.76%	—
陕西省	4 050.35	3.33%	—	13.74%
陕西秦巴片区	728.07	—	18.58%	—

续表

地区	耕地面积/千公顷	占全国的比例	占秦巴片区的比例	占五省一市的比例
河南省	7 926.37	6.51%	—	26.88%
河南秦巴片区	1 022.20	—	26.09%	—
四川省	5 947.40	4.89%	—	20.17%
四川秦巴片区	770.89	—	19.67%	—
甘肃省	4 658.77	3.83%	—	15.80%
甘肃秦巴片区	565.75	—	14.44%	—

二、牧业产值比较

五省一市牧业产值在全国具有一定优势，而秦巴片区牧业产值在五省一市不具有优势。五省一市牧业产值占全国牧业产值的26.82%；秦巴片区牧业产值占全国牧业产值的4.35%，占五省一市牧业产值的16.21%（五省一市土地面积占全国土地面积的16.20%，人口占全国人口的23.94%；秦巴片区土地面积占五省一市土地面积的20.34%，秦巴片区农村人口、劳动力、农业从业人口分别占五省一市农村人口、劳动力、农业从业人口的19.27%、20.27%和19.90%）。河南省、湖北省、重庆市、四川省、陕西省、甘肃省牧业产值分别是五省一市牧业产值的30.72%、20.18%、7.38%、30.02%、8.19%、3.53%。在省域尺度上，河南省、湖北省和四川省牧业产值具有明显优势。其中，河南省和四川省牧业产值的比例均超过30%。河南秦巴片区、湖北秦巴片区、重庆秦巴片区、四川秦巴片区、陕西秦巴片区、甘肃秦巴片区牧业产值分别是秦巴片区和五省一市牧业产值的12.80%和2.08%、18.37%和2.98%、7.50%和1.22%、37.22%和6.04%、21.04%和3.41%、3.08%和0.50%。其中，四川秦巴片区牧业产值在秦巴片区具有明显优势，陕西秦巴片区和湖北秦巴片区牧业产值具有一定的优势（表1-28、表1-29和图1-25）。

表1-28 全国和五省一市牧业产值比较

地区	牧业产值/亿元	占五省一市的比例	占全国的比例
河南省	2 611.33	30.72%	8.24%
湖北省	1 715.18	20.18%	5.41%
重庆市	627.45	7.38%	1.98%
四川省	2 551.71	30.02%	8.05%
陕西省	695.93	8.19%	2.20%
甘肃省	299.75	3.53%	0.95%
五省一市	8 501.35	100.00%	26.82%
全国	31 703.20	372.92%	100.00%

表 1-29 五省一市秦巴片区牧业产值比较

地区	牧业产值/亿元	占秦巴片区的比例	占五省一市的比例
河南秦巴片区	176.44	12.80%	2.08%
湖北秦巴片区	253.20	18.37%	2.98%
重庆秦巴片区	103.32	7.50%	1.22%
四川秦巴片区	513.12	37.22%	6.04%
陕西秦巴片区	289.96	21.04%	3.41%
甘肃秦巴片区	42.42	3.08%	0.50%
秦巴片区	1378.46	100.00%	16.21%
五省一市	8501.35	616.73%	100.00%

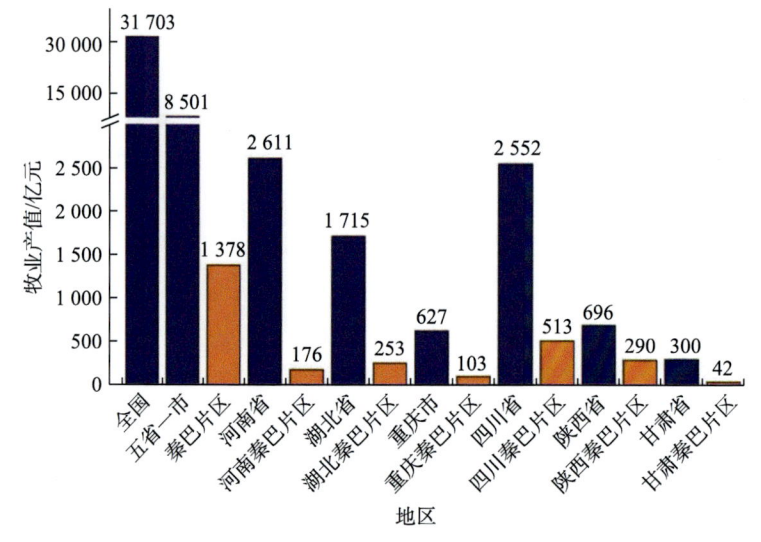

图 1-25 全国和五省一市及其秦巴片区牧业产值
图中数据经四舍五入修约处理只保留整数

秦巴片区人均牧业产值低于全国水平，为全国人均牧业产值的 88.70%；而五省一市人均牧业产值高于全国平均水平，为全国人均牧业产值的 1.03 倍。河南省、湖北省、重庆市、四川省、陕西省、甘肃省人均牧业产值分别是五省一市和全国人均牧业产值的 1.03 倍和 1.06 倍、1.18 倍和 1.22 倍、78%和 81%、1.18 倍和 1.22 倍、75%和 77%、49%和 50%。其中，河南省、湖北省、四川省人均牧业产值在五省一市具有一定的优势（五省一市平均水平高于全国平均水平）。河南秦巴片区、湖北秦巴片区、重庆秦巴片区、四川秦巴片区、陕西秦巴片区、甘肃秦巴片区人均牧业产值分别是秦巴片区与五省一市人均牧业产值的 74%和 64%、1.61 倍和 1.39 倍、92%和 79%、1.24 倍和 1.07 倍、1.04 倍和 90%、24%和 21%。其中，湖北秦巴片区、四川秦巴片区和陕西秦巴片区人均牧业产值在秦巴片区具有较大的优势，尤其是湖北秦巴片区和四川秦巴片区，其人均牧业产值在五省一市也具有一定的优势（表 1-30、图 1-26、表 1-31 和图 1-27）。

表 1-30　全国和五省一市人均牧业产值比较

地区	人均牧业产值/元	与五省一市的比值	与全国的比值
河南省	2421	1.03	1.06
湖北省	2786	1.18	1.22
重庆市	1850	0.78	0.81
四川省	2793	1.18	1.22
陕西省	1758	0.75	0.77
甘肃省	1148	0.49	0.50
五省一市	2359	1.00	1.03
全国	2293	0.97	1.00

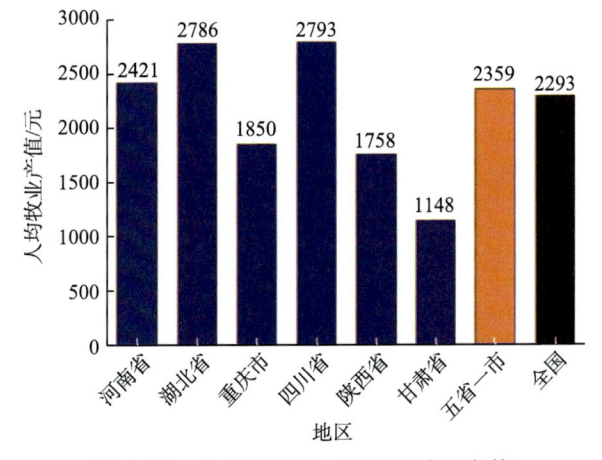

图 1-26　全国和五省一市人均牧业产值

表 1-31　五省一市秦巴片区人均牧业产值比较

地区	人均牧业产值/元	与秦巴片区的比值	与五省一市的比值
河南秦巴片区	1514	0.74	0.64
湖北秦巴片区	3277	1.61	1.39
重庆秦巴片区	1864	0.92	0.79
四川秦巴片区	2514	1.24	1.07
陕西秦巴片区	2120	1.04	0.90
甘肃秦巴片区	485	0.24	0.21
秦巴片区	2034	1.00	0.86
五省一市	2359	1.16	1.00

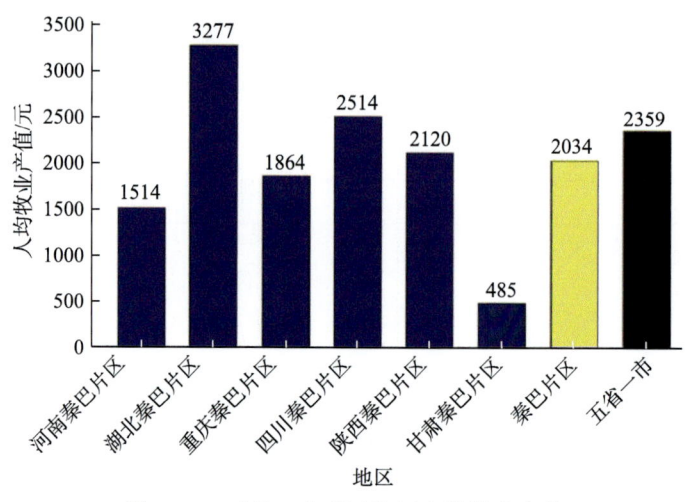

图 1-27　五省一市秦巴片区人均牧业产值

三、渔业产值比较

五省一市渔业产值在全国不具有优势，秦巴片区渔业产值在五省一市也不具有优势。五省一市渔业产值占全国渔业产值的 12.89%；秦巴片区渔业产值占全国渔业产值的 0.88%，占五省一市渔业产值的 6.81%。在五省一市中，湖北省渔业产值显著高于其他省市，占五省一市渔业产值的 68.85%，这说明湖北省当地得天独厚的渔业养殖条件为其农业经济发展提供了良好的基础。四川省和河南省渔业产值分别居于五省一市第二、第三位。在秦巴片区中，四川秦巴片区渔业产值最高，占秦巴片区渔业产值的 40.62%；而湖北秦巴片区渔业产值居于秦巴片区第二位，占秦巴片区渔业产值的 31.68%，由此可以说明湖北省渔业发达的地区并未集中在秦巴片区（表 1-32、表 1-33 和图 1-28）。

表 1-32　全国和五省一市渔业产值比较

地区	渔业产值/亿元	占五省一市的比例	占全国的比例
河南省	128.32	8.58%	1.11%
湖北省	1 030.01	68.85%	8.88%
重庆市	85.30	5.70%	0.74%
四川省	223.90	14.97%	1.93%
陕西省	26.25	1.75%	0.23%
甘肃省	2.17	0.15%	0.02%
五省一市	1 495.95	100.00%	12.89%
全国	11 602.90	775.62%	100.00%

表 1-33　五省一市秦巴片区渔业产值比较

地区	渔业产值/亿元	占秦巴片区的比例	占五省一市的比例
河南秦巴片区	14.64	14.37%	0.98%
湖北秦巴片区	32.28	31.68%	2.16%
重庆秦巴片区	8.55	8.39%	0.57%
四川秦巴片区	41.39	40.62%	2.77%
陕西秦巴片区	4.66	4.57%	0.31%
甘肃秦巴片区	0.38	0.37%	0.03%
秦巴片区	101.90	100.00%	6.81%
五省一市	1495.95	1468.06%	100.00%

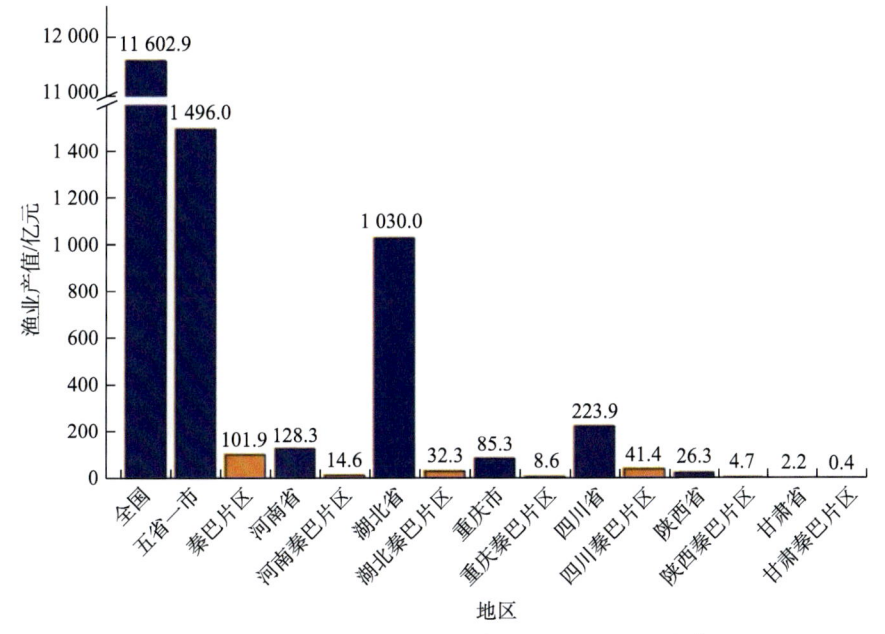

图 1-28　全国和五省一市及其秦巴片区的渔业产值
图中数据经四舍五入修约处理只保留一位小数

五省一市人均渔业产值为 415 元，占全国人均渔业产值的 49%；秦巴片区人均渔业产值为 150 元，占五省一市人均渔业产值的 36%。相比于人均农业（种植业）产值、人均牧业产值，人均渔业产值总体较低，其中，只有湖北省和湖北秦巴地区人均渔业产值相对较高，而甘肃省与甘肃秦巴地区人均渔业产值仅为 8 元和 4 元，由此可以看出甘肃省当地水资源匮乏，不适合发展渔业（表 1-34、图 1-29、表 1-35 和图 1-30）。

表 1-34 全国和五省一市人均渔业产值比较

地区	人均渔业产值/元	与五省一市的比值	与全国的比值
河南省	119	0.29	0.14
湖北省	1673	4.03	1.99
重庆市	251	0.60	0.30
四川省	245	0.59	0.29
陕西省	66	0.16	0.08
甘肃省	8	0.02	0.01
五省一市	415	1.00	0.49
全国	839	2.02	1.00

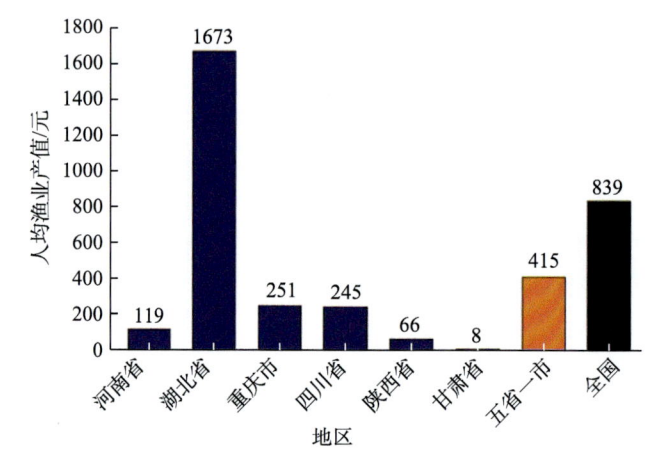

图 1-29 全国和五省一市人均渔业产值

表 1-35 五省一市秦巴片区人均渔业产值比较

地区	人均渔业产值/元	与秦巴片区的比值	与五省一市的比值
河南秦巴片区	126	0.84	0.30
湖北秦巴片区	418	2.79	1.01
重庆秦巴片区	154	1.03	0.37
四川秦巴片区	203	1.35	0.49
陕西秦巴片区	34	0.23	0.08
甘肃秦巴片区	4	0.03	0.01
秦巴片区	150	1.00	0.36
五省一市	415	2.77	1.00

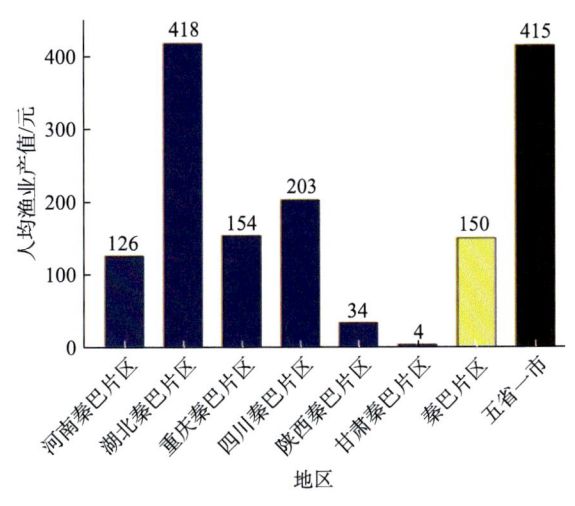

图 1-30 五省一市秦巴片区人均渔业产值

四、相关服务业产值比较

五省一市相关服务业产值在全国具有一定的优势，秦巴片区相关服务业产值在五省一市具有优势。五省一市相关服务业产值占全国相关服务业产值的25.62%；秦巴片区相关服务业产值占全国相关服务业产值的 2.62%，占五省一市相关服务业产值的10.24%。河南省、湖北省、重庆市、四川省、陕西省、甘肃省相关服务业产值分别占五省一市相关服务业产值的 29.00%、32.76%、2.43%、10.06%、12.07%、13.68%。其中，河南省和湖北省相关服务业产值在五省一市具有较大的优势。河南秦巴片区、湖北秦巴片区、重庆秦巴片区、四川秦巴片区、陕西秦巴片区和甘肃秦巴片区相关服务业产值分别占秦巴片区相关服务业产值的18.63%、22.20%、3.64%、15.38%、38.36%和 1.79%。其中，湖北秦巴片区和陕西秦巴片区相关服务业产值在秦巴片区具有较大的优势，尤其是陕西秦巴片区具有巨大的优势（表 1-36、表 1-37）。

表 1-36 全国和五省一市相关服务业产值比较

地区	相关服务业产值/亿元	占五省一市的比例	占全国的比例
河南省	361.58	29.00%	7.43%
湖北省	408.46	32.76%	8.39%
重庆市	30.32	2.43%	0.62%
四川省	125.41	10.06%	2.58%
陕西省	150.48	12.07%	3.09%
甘肃省	170.55	13.68%	3.51%
五省一市	1246.80	100.00%	25.62%
全国	4865.80	390.26%	100.00%

表 1-37　五省一市秦巴片区相关服务业产值比较

地区	相关服务业产值/亿元	占秦巴片区的比例	占五省一市的比例
河南秦巴片区	23.78	18.63%	1.91%
湖北秦巴片区	28.34	22.20%	2.27%
重庆秦巴片区	4.65	3.64%	0.37%
四川秦巴片区	19.63	15.38%	1.57%
陕西秦巴片区	48.97	38.36%	3.93%
甘肃秦巴片区	2.29	1.79%	0.18%
秦巴片区	127.66	100.00%	10.24%
五省一市	1246.80	976.66%	100.00%

五省一市人均相关服务业产值占全国人均相关服务业产值的 98%，秦巴片区人均相关服务业产值占五省一市人均相关服务业产值的 62%，由此可以看出秦巴片区的人均相关服务业产值相对较低，这也在一定程度上说明了秦巴片区农业经济发展相对落后。河南省、湖北省、重庆市、四川省、陕西省、甘肃省人均相关服务业产值分别是五省一市人均相关服务业产值的 97%、1.92 倍、26%、40%、1.10 倍、1.89 倍。五省一市人均相关服务业产值与全国平均水平接近且略低。其中，湖北省、陕西省和甘肃省人均相关服务业产值在五省一市具有优势，尤其是湖北省与甘肃省优势较大。河南秦巴片区、湖北秦巴片区、重庆秦巴片区、四川秦巴片区、陕西秦巴片区、甘肃秦巴片区人均相关服务业产值分别是秦巴片区与五省一市人均相关服务业产值的 95%和 59%、1.71 倍和 1.06 倍、39%和 24%、45%和 28%、2.28 倍和 1.42 倍、12%和 8%。其中，湖北秦巴片区、陕西秦巴片区在秦巴片区人均相关服务业产值具有显著的优势，其人均相关服务业产值与秦巴片区比值分别达到 1.71 倍和 2.28 倍（表 1-38、图 1-31、表 1-39 和图 1-32）。

表 1-38　全国和五省一市人均相关服务业产值比较

地区	人均相关服务业产值/元	与五省一市的比值	与全国的比值
河南省	335	0.97	0.95
湖北省	663	1.92	1.88
重庆市	89	0.26	0.25
四川省	137	0.40	0.39
陕西省	380	1.10	1.08
甘肃省	653	1.89	1.86
五省一市	346	1.00	0.98
全国	352	1.02	1.00

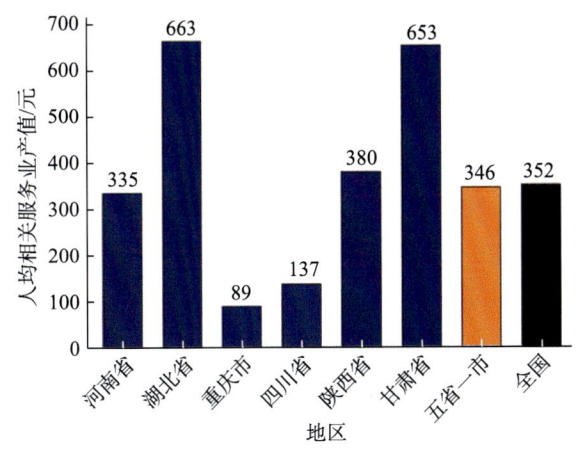

图 1-31　全国和五省一市人均相关服务业产值

表 1-39　五省一市秦巴片区人均相关服务业产值结构比较

地区	人均相关服务业产值/元	与秦巴片区的比值	与五省一市的比值
河南秦巴片区	204	0.95	0.59
湖北秦巴片区	367	1.71	1.06
重庆秦巴片区	84	0.39	0.24
四川秦巴片区	96	0.45	0.28
陕西秦巴片区	491	2.28	1.42
甘肃秦巴片区	26	0.12	0.08
秦巴片区	215	1.00	0.62
五省一市	346	1.61	1.00

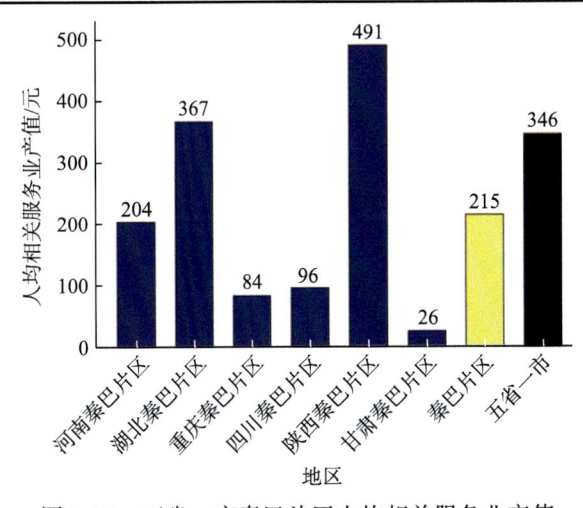

图 1-32　五省一市秦巴片区人均相关服务业产值

五、农牧渔服务业总产值结构比较

五省一市农牧渔服务业产值结构以农业（种植业）和牧业为主。河南省、重庆市、四川省、陕西省和甘肃省两项产值比例合计均超过 90.00%，其中，农业（种植业）产值比例均超过 50.00%，河南省、重庆市、陕西省和甘肃省农业（种植业）产值比例接近或超过 60.00%。全国农业（种植业）和牧业两项产值比例合计为 84.67%，五省一市两项产值比例合计为 89.81%，湖北省两项产值比例合计为 76.32%（表 1-40 和图 1-33）。秦巴片区两项产值比例合计均超过 90.00%，河南秦巴片区、重庆秦巴片区、四川秦巴片区、陕西秦巴片区、甘肃秦巴片区两项产值比例合计均接近或超过 95.00%。其中，河南秦巴片区、重庆秦巴片区、陕西秦巴片区和甘肃秦巴片区农业（种植业）产值比例接近或超过 60.00%（表 1-41 和图 1-34）。

表 1-40 全国和五省一市农牧渔服务业总产值结构比较

地区	农业（种植业）/亿元	牧业/亿元	渔业/亿元	相关服务业/亿元	结构比例
河南省	4 577.16	2 611.33	128.32	361.58	36∶20∶1∶2.8
湖北省	2 921.27	1 715.18	1 030.01	408.46	3∶2∶1∶0.4
重庆市	1 151.77	627.45	85.30	30.32	14∶7∶1∶0.4
四川省	3 710.97	2 551.71	223.90	125.41	17∶11∶1∶0.6
陕西省	2 027.56	695.93	26.25	150.48	77∶27∶1∶5.7
甘肃省	1 274.71	299.75	2.17	170.55	587∶138∶1∶78.6
五省一市	15 663.44	8 501.35	1 495.95	1 246.80	10∶6∶1∶0.8
全国	59 287.80	31 703.20	11 602.90	4 865.80	5∶3∶1∶0.4

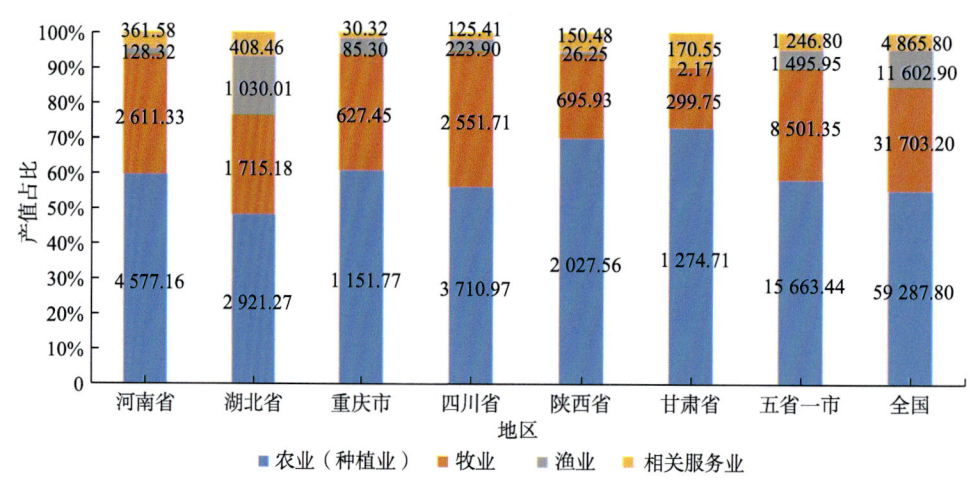

图 1-33 全国和五省一市农牧渔服务业总产值结构比较

在我国农牧渔服务业产业结构中，农业（种植业）、牧业、渔业和相关服务业产值比例为 5∶3∶1∶0.4，可以看出，农业（种植业）产值占比最高，而相关服务业产值占比较低，渔业发展相对来说较农林、林业落后。在五省一市中，甘

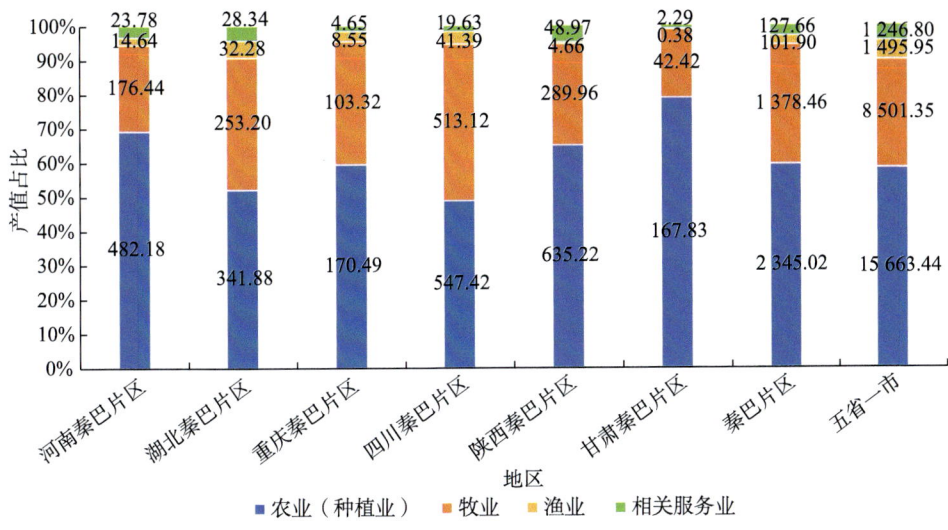

图 1-34　五省一市秦巴片区农牧渔服务业总产值结构比较

肃省渔业占比极低，比值差距明显；除甘肃省外，陕西省和河南省渔业产值占比也较低。农业（种植业）产值是农牧渔服务业总产值的主要来源，其中，陕西省和甘肃省农业产值占比较高。在秦巴片区中，渔业和相关服务业产值比例几乎为1∶1，与五省一市比例相近。同样，陕西秦巴片区和甘肃秦巴片区农业产值占比较高，而渔业产值占比较低。五省一市与其秦巴片区相比，农业（种植业）产值占比相对更低一些，这说明秦巴片区总体农业（种植业）发展比五省一市非秦巴片区要差一些。

秦巴片区农牧渔服务业总产值比例为 23∶14∶1∶1.3，农业（种植业）远高于五省一市相关服务业产值比例，充分表明秦巴片区以传统农业结构为主的特征，渔业和相关服务业相对落后，尤其是相关服务业。渔业落后主要受制于自然条件，但仍有较大潜力有待挖掘；相关服务业的发展空间很大，是秦巴片区农业经济发展的主要方向（表 1-41 和图 1-34）。

表 1-41　五省一市秦巴片区农牧渔服务业总产值比较

地区	农业(种植业)/亿元	牧业/亿元	渔业/亿元	相关服务业/亿元	结构比例
河南秦巴片区	482.18	176.44	14.64	23.78	33∶12∶1∶1.6
湖北秦巴片区	341.88	253.20	32.28	28.34	11∶8∶1∶0.9
重庆秦巴片区	170.49	103.32	8.55	4.65	20∶12∶1∶0.5
四川秦巴片区	547.42	513.12	41.39	19.63	13∶12∶1∶0.5
陕西秦巴片区	635.22	289.96	4.66	48.97	136∶62∶1∶10.5
甘肃秦巴片区	167.83	42.42	0.38	2.29	442∶112∶1∶6.0
秦巴片区	2 345.02	1 378.46	101.90	127.66	23∶14∶1∶1.3
五省一市	15 663.44	8 501.35	1 495.95	1 246.80	10∶6∶1∶0.8

由图 1-35 可以比较直观地看出地市级秦巴片区农业（种植业）、牧业、渔业和相关服务业的产值结构。整体来看，农业（种植业）产值占比最高，而四川秦巴片区的南充秦巴片区牧业产值更高。在秦巴片区东南区域，渔业产值占比较之于其他区域要高。由图 1-35 还可以看出，汉中秦巴片区农业（种植业）产值最高，南充秦巴片区牧业产值最高，十堰秦巴片区渔业产值最高，天水秦巴片区相关服务业产值最高。

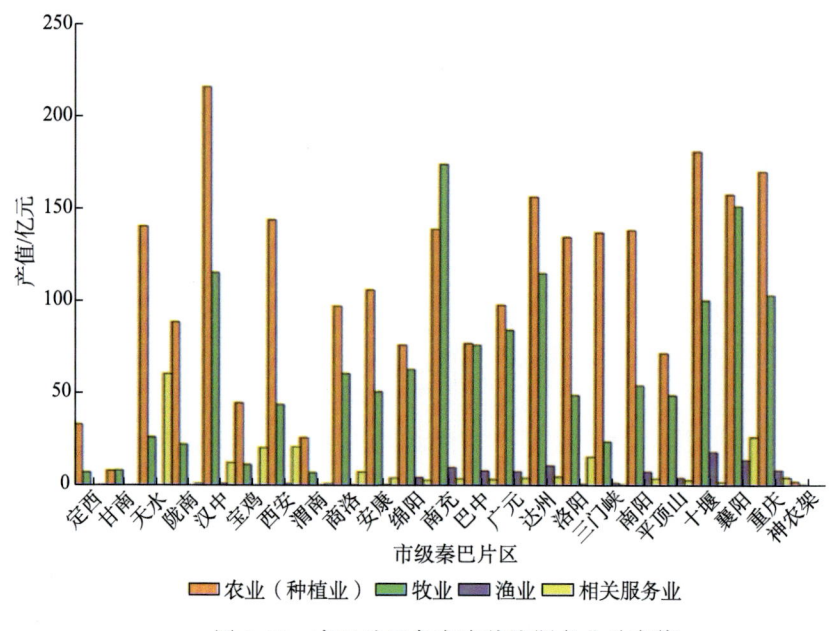

图 1-35 秦巴片区各市农牧渔服务业总产值

秦巴片区各县区农业（种植业）产值基本上呈现中间弱的状态。秦巴片区各县区牧业产值基本上呈现南部比北部高，东部比西部高的形势。由于地理位置等原因，四川省和湖北省的县区渔业产值明显高于其他县区。秦巴片区各县区相关服务业产值高低分布较为分散，没有明显的分布规律，但是，绝大多数县区有很大潜力增加该产值。

第四节　农业（种植业）分项产值比较

一、谷物及其他作物产值

五省一市谷物及其他作物产值占全国谷物及其他作物产值的 24.88%；秦巴片区谷物及其他作物产值占全国谷物及其他作物产值的 3.93%，占五省一市谷物及其他作物产值的 15.78%。河南省、湖北省、重庆市、四川省、陕西省、甘肃省谷物及其他作物产值分别占五省一市谷物及其他作物产值的 34.35%、18.58%、6.69%、23.75%、8.29%和 8.34%。其中，河南省、四川省和湖北省谷物及其他作物产值均居于五省一市前三位，这反映了河南省、四川省和湖北省在全国的粮食大省地位，尤其是河南省与四川省粮食地位显著。河南秦巴片区、湖北秦巴片区、重庆秦巴片区、四川秦巴片区、陕西秦巴片区和甘肃秦巴片区谷物及其他作物产值分别占秦巴片区与五省一市谷物及其他作物产值的 20.31%和3.21%、19.61%和3.10%、6.27%和0.99%、26.37%和4.16%、19.97%和3.15%、7.47%和1.18%。其中，河南秦巴片区、湖北秦巴片区、四川秦巴片区和陕西秦巴片区谷物及其他作物产值在秦巴片区具有一定的优势，尤其是四川秦巴片区谷物及其他作物产值具有显著优势（表 1-42、表 1-43 和图 1-36）。

表 1-42　全国和五省一市谷物及其他作物产值比较

地区	谷物及其他作物产值/亿元	占五省一市的比例	占全国的比例
河南省	1 862.50	34.35%	8.55%
湖北省	1 007.50	18.58%	4.62%
重庆市	362.46	6.69%	1.66%
四川省	1 287.40	23.75%	5.91%
陕西省	449.70	8.29%	2.06%
甘肃省	452.02	8.34%	2.07%
五省一市	5 421.58	100.00%	24.88%
全国	21 790.30	401.92%	100.00%

表 1-43　五省一市秦巴片区谷物及其他作物产值比较

地区	谷物及其他作物产值/亿元	占秦巴片区的比例	占五省一市的比例
河南秦巴片区	173.78	20.31%	3.21%
湖北秦巴片区	167.80	19.61%	3.10%
重庆秦巴片区	53.66	6.27%	0.99%
四川秦巴片区	225.65	26.37%	4.16%
陕西秦巴片区	170.87	19.97%	3.15%
甘肃秦巴片区	63.91	7.47%	1.18%
秦巴片区	855.67	100.00%	15.78%
五省一市	5421.58	633.61%	100.00%

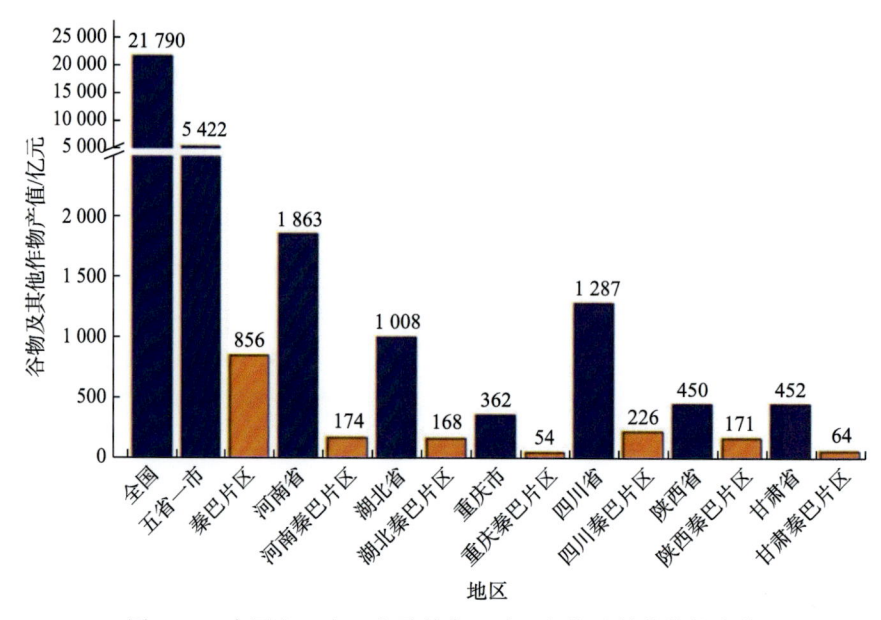

图 1-36　全国和五省一市及其秦巴片区谷物及其他作物产值
图中数据经四舍五入修约处理只保留整数

五省一市人均谷物及其他作物产值为 1504 元，占全国人均谷物及其他作物产值的 95%；秦巴片区人均谷物及其他作物产值占五省一市人均谷物及其他作物产值的 84%。河南省、湖北省、重庆市、四川省、陕西省、甘肃省人均谷物及其他作物产值分别是五省一市和全国人均谷物及其他作物产值的 1.15 倍和 1.10 倍、1.09 倍和 1.04 倍、71% 和 68%、94% 和 89%、76% 和 72%、1.15 倍和 1.10 倍，其中，河南省、湖北省和甘肃省的人均谷物及其他作物产值超过五省一市与全国平均水平。河南秦巴片区、湖北秦巴片区、重庆秦巴片区、四川秦巴片区、陕西秦巴片区和甘肃秦巴片区人均谷物及其他作物产值分别是秦巴片区与五省一市人均谷物及其他作物产值的 1.18 倍和 99%、1.72 倍和 1.44 倍、77% 和 64%、87% 和 73%、99% 和 83%、58% 和 49%。其中，河南秦巴片区和湖北秦巴片区人均谷物及其他作物产值超过秦巴片区平均水平，而甘肃秦巴片区人均谷物及其他作物产值最低，还不到五省一市平均水平的一半。具体见表 1-44、图 1-37、表 1-45 和图 1-38。

表 1-44　全国和五省一市人均谷物及其他作物产值比较

地区	人均谷物及其他作物产值/元	与五省一市的比值	与全国的比值
河南省	1726	1.15	1.10
湖北省	1636	1.09	1.04
重庆市	1069	0.71	0.68

续表

地区	人均谷物及其他作物产值/元	与五省一市的比值	与全国的比值
四川省	1409	0.94	0.89
陕西省	1136	0.76	0.72
甘肃省	1732	1.15	1.10
五省一市	1504	1.00	0.95
全国	1576	1.05	1.00

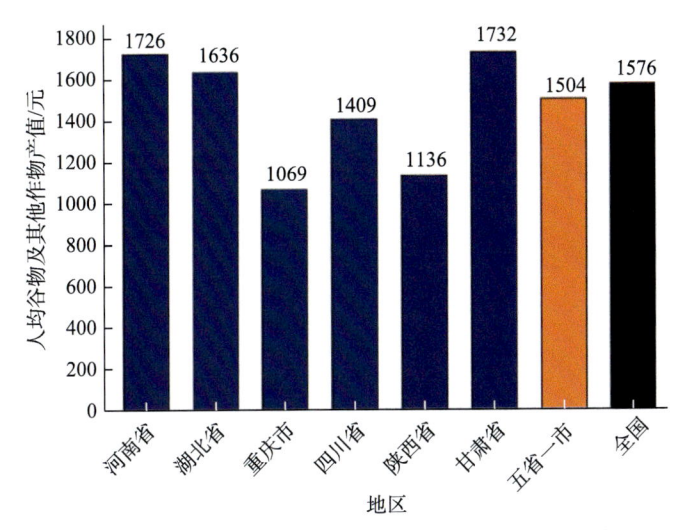

图 1-37　全国和五省一市人均谷物及其他作物产值

表 1-45　五省一市秦巴片区人均谷物及其他作物产值比较

地区	人均谷物及其他作物产值/元	与秦巴片区的比值	与五省一市的比值
河南秦巴片区	1491	1.18	0.99
湖北秦巴片区	2171	1.72	1.44
重庆秦巴片区	968	0.77	0.64
四川秦巴片区	1105	0.87	0.73
陕西秦巴片区	1249	0.99	0.83
甘肃秦巴片区	731	0.58	0.49
秦巴片区	1263	1.00	0.84
五省一市	1504	1.19	1.00

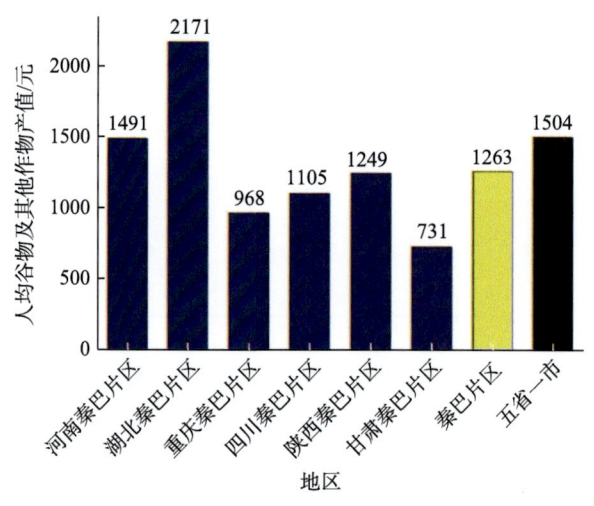

图 1-38　五省一市秦巴片区人均谷物及其他作物产值

二、蔬菜园艺作物产值

五省一市蔬菜园艺作物产值占全国蔬菜园艺作物产值的 25.54%；秦巴片区蔬菜园艺作物产值占全国蔬菜园艺作物产值的 3.36%，占五省一市蔬菜园艺作物产值的 13.17%。河南省、湖北省、重庆市、四川省、陕西省和甘肃省蔬菜园艺作物产值分别占五省一市蔬菜园艺作物产值的 27.33%、22.98%、8.27%、24.97%、9.94%和 6.51%。其中，河南省、湖北省和四川省蔬菜园艺作物产值具有较明显的优势。河南秦巴片区、湖北秦巴片区、重庆秦巴片区、四川秦巴片区、陕西秦巴片区和甘肃秦巴片区蔬菜园艺作物产值分别占秦巴片区蔬菜园艺作物产值的 21.57%、19.81%、9.30%、22.60%、20.09%和 6.62%。其中，河南秦巴片区、湖北秦巴片区、四川秦巴片区和陕西秦巴片区蔬菜园艺作物产值具有一定的优势（表 1-46、表 1-47 和图 1-39）。

表 1-46　全国和五省一市蔬菜园艺作物产值比较

地区	蔬菜园艺作物产值/亿元	占五省一市的比例	占全国的比例
河南省	1 698.50	27.33%	6.98%
湖北省	1 428.33	22.98%	5.87%
重庆市	514.23	8.27%	2.11%
四川省	1 551.70	24.97%	6.38%
陕西省	617.80	9.94%	2.54%
甘肃省	404.71	6.51%	1.66%
五省一市	6 215.27	100.00%	25.54%
全国	24 340.00	391.62%	100.00%

表 1-47　五省一市秦巴片区蔬菜园艺作物产值比较

地区	蔬菜园艺作物产值/亿元	占秦巴片区的比例	占五省一市的比例
河南秦巴片区	176.48	21.57%	2.84%
湖北秦巴片区	162.08	19.81%	2.61%
重庆秦巴片区	76.12	9.30%	1.22%
四川秦巴片区	184.96	22.60%	2.98%
陕西秦巴片区	164.43	20.09%	2.65%
甘肃秦巴片区	54.20	6.62%	0.87%
秦巴片区	818.27	100.00%	13.17%
五省一市	6215.27	759.56%	100.00%

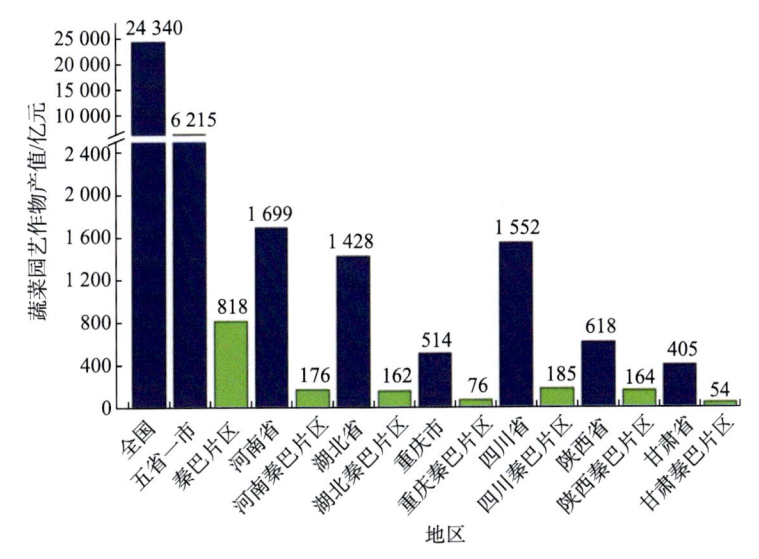

图 1-39　全国和五省一市及其秦巴片区蔬菜园艺作物产值
图中数据经四舍五入修约处理只保留整数

　　五省一市人均蔬菜园艺作物产值为1724元，占全国人均蔬菜园艺作物产值的98%；秦巴片区人均蔬菜园艺作物产值占五省一市人均蔬菜园艺作物产值的70%。五省一市人均蔬菜园艺作物产值与全国接近（略低）。其中，河南省、湖北省、重庆市、四川省、陕西省和甘肃省人均蔬菜园艺作物产值分别是五省一市人均蔬菜园艺作物产值的91%、1.35倍、88%、98%、90%和90%，除了湖北省人均蔬菜园艺作物产值高于五省一市平均水平外，其他省市之间差别不大。河南秦巴片区、湖北秦巴片区、重庆秦巴片区、四川秦巴片区、陕西秦巴片区和甘肃秦巴片区人均蔬菜园艺作物产值分别是秦巴片区人均蔬菜园艺作物产值的1.25倍、1.74倍、1.14倍、75%、100%和51%。其中，河南秦巴片区、湖北秦巴片区和重庆秦巴片区人均蔬菜园艺作物产值均高于秦巴片区人均蔬菜园艺作物产值，陕西秦巴片区与五省一市秦巴片区接近，甘肃秦巴片区人均蔬菜园艺作物产值约为秦巴片区人均蔬菜园艺作物产值的一半。这个结果说明湖北秦巴片区适宜种植蔬菜；甘肃秦巴片区和四川秦巴片区的人均蔬菜园艺作物产值非常低，居于秦巴片区末尾，尤其是甘肃秦巴片区，当地的气候、地形、温度等因素可能限制了蔬菜园艺作物的种植（表 1-48、图 1-40、表 1-49 和图 1-41）。

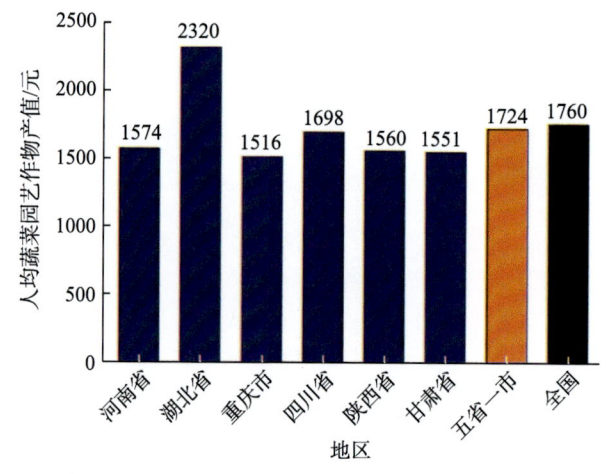

表 1-48 全国和五省一市人均蔬菜园艺作物产值比较

地区	人均蔬菜园艺作物产值/元	与五省一市的比值	与全国的比值
河南省	1574	0.91	0.89
湖北省	2320	1.35	1.32
重庆市	1516	0.88	0.86
四川省	1698	0.98	0.96
陕西省	1560	0.90	0.89
甘肃省	1551	0.90	0.88
五省一市	1724	1.00	0.98
全国	1760	1.02	1.00

图 1-40 全国和五省一市人均蔬菜园艺作物产值

表 1-49 五省一市秦巴片区人均蔬菜园艺作物产值比较

地区	人均蔬菜园艺作物产值/元	与秦巴片区的比值	与五省一市的比值
河南秦巴片区	1514	1.25	0.88
湖北秦巴片区	2097	1.74	1.22
重庆秦巴片区	1373	1.14	0.80
四川秦巴片区	906	0.75	0.53
陕西秦巴片区	1202	1.00	0.70
甘肃秦巴片区	620	0.51	0.36
秦巴片区	1208	1.00	0.70
五省一市	1724	1.43	1.00

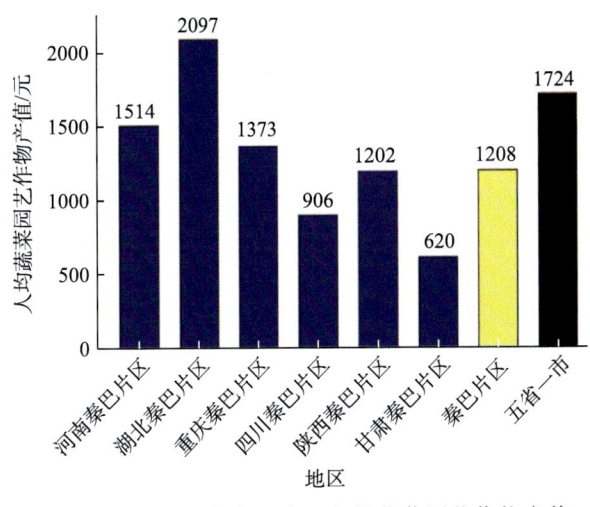

图 1-41 五省一市秦巴片区人均蔬菜园艺作物产值

三、水果坚果茶叶与香料作物产值

五省一市水果坚果茶叶与香料作物产值占全国水果坚果茶叶与香料作物产值的 31.20%，具有较大的优势；秦巴片区水果坚果茶叶与香料作物产值占全国水果坚果茶叶与香料作物产值的 4.66%，占五省一市水果坚果茶叶与香料作物产值的 14.49%。河南省、湖北省、重庆市、四川省、陕西省和甘肃省水果坚果茶叶与香料作物产值分别占五省一市水果坚果茶叶与香料作物产值的 23.76%、9.20%、6.98%、21.89%、27.76%和 10.40%。其中，河南省、四川省和陕西省水果坚果茶叶与香料作物产值具有较大的优势，尤其是陕西省具有显著优势。河南秦巴片区、湖北秦巴片区、重庆秦巴片区、四川秦巴片区、陕西秦巴片区和甘肃秦巴片区水果坚果茶叶与香料作物产值分别占秦巴片区水果坚果茶叶与香料作物产值的 11.89%、11.54%、6.92%、24.37%、36.12%和 9.16%。其中，四川秦巴片区和陕西秦巴片区水果坚果茶叶与香料作物产值具有明显的优势，尤其是陕西秦巴片区水果坚果茶叶与香料作物产值具有显著优势。具体见表 1-50 和表 1-51。

表 1-50 全国和五省一市水果坚果茶叶与香料作物产值比较

地区	水果坚果茶叶与香料作物产值/亿元	占五省一市的比例	占全国的比例
河南省	659.70	23.76%	7.41%
湖北省	255.40	9.20%	2.87%
重庆市	193.93	6.98%	2.18%
四川省	607.90	21.89%	6.83%
陕西省	770.80	27.76%	8.66%
甘肃省	288.78	10.40%	3.24%
五省一市	2776.51	100.00%	31.20%
全国	8900.40	320.56%	100.00%

表 1-51 五省一市秦巴片区水果坚果茶叶与香料作物产值比较

地区	水果坚果茶叶与香料作物产值/亿元	占秦巴片区的比例	占五省一市的比例
河南秦巴片区	49.32	11.89%	1.78%
湖北秦巴片区	47.86	11.54%	1.72%
重庆秦巴片区	28.71	6.92%	1.03%
四川秦巴片区	101.09	24.37%	3.64%
陕西秦巴片区	149.86	36.12%	5.40%
甘肃秦巴片区	38.02	9.16%	1.37%
秦巴片区	414.86	100.00%	14.94%
五省一市	2776.51	669.26%	100.00%

　　五省一市人均水果坚果茶叶与香料作物产值是全国人均水果坚果茶叶与香料作物产值的 1.37 倍，秦巴片区人均水果坚果茶叶与香料作物产值仅占五省一市人均水果坚果茶叶与香料作物产值的 69%。河南省、湖北省、重庆市、四川省、陕西省和甘肃省人均水果坚果茶叶与香料作物产值分别是五省一市人均水果坚果茶叶与香料作物产值的 69%、47%、65%、75%、2.20 倍和 1.25 倍。其中，陕西省与甘肃省人均水果坚果茶叶与香料作物产值具有较大的优势，尤其是陕西省具有显著优势。河南秦巴片区、湖北秦巴片区、重庆秦巴片区、四川秦巴片区、陕西秦巴片区和甘肃秦巴片区人均水果坚果茶叶与香料作物产值分别是秦巴片区和五省一市人均水果坚果茶叶与香料作物产值的 69%和 48%、1.01 倍和 70%、85%和 59%、81%和 56%、1.79 倍和 1.24 倍、71%和 49%。其中，陕西秦巴片区人均水果坚果茶叶与香料作物产值具有明显的优势，湖北秦巴片区人均水果坚果茶叶与香料作物产值基本上是五省一市的平均水平。在五省一市中，陕西省人均水果坚果茶叶与香料作物产值显著高于其他省市水果坚果茶叶与香料作物产值，这与陕西省种植水果面积大有密切关系；甘肃省和四川省人均水果坚果茶叶与香料作物产值分别居于五省一市第二、第三位。在秦巴片区中，除陕西秦巴片区外，其他秦巴片区人均水果坚果茶叶与香料作物产值均低于全国平均水平。由此可以看出，陕西省水果种植在全国有着较高的影响力。具体见表 1-52、图 1-42、表 1-53 和图 1-43。

表 1-52 全国和五省一市人均水果坚果茶叶与香料作物产值比较

地区	人均水果坚果茶叶与香料作物产值/元	与五省一市的比值	与全国的比值
河南省	612	0.69	0.95
湖北省	415	0.47	0.64
重庆市	572	0.65	0.89
四川省	665	0.75	1.03
陕西省	1947	2.20	3.02
甘肃省	1106	1.25	1.72
五省一市	883	1.00	1.37
全国	644	0.73	1.00

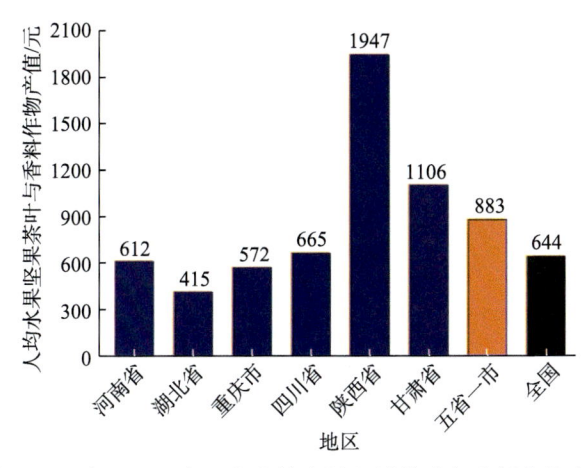

第一章　秦巴山脉区域农业经济状况分析

图 1-42　全国和五省一市人均水果坚果茶叶与香料作物产值

表 1-53　五省一市秦巴片区人均水果坚果茶叶与香料作物产值比较

地区	人均水果坚果茶叶与香料作物产值/元	与秦巴片区的比值	与五省一市的比值
河南秦巴片区	423	0.69	0.48
湖北秦巴片区	619	1.01	0.70
重庆秦巴片区	518	0.85	0.59
四川秦巴片区	495	0.81	0.56
陕西秦巴片区	1096	1.79	1.24
甘肃秦巴片区	435	0.71	0.49
秦巴片区	612	1.00	0.69
五省一市	883	1.44	1.00

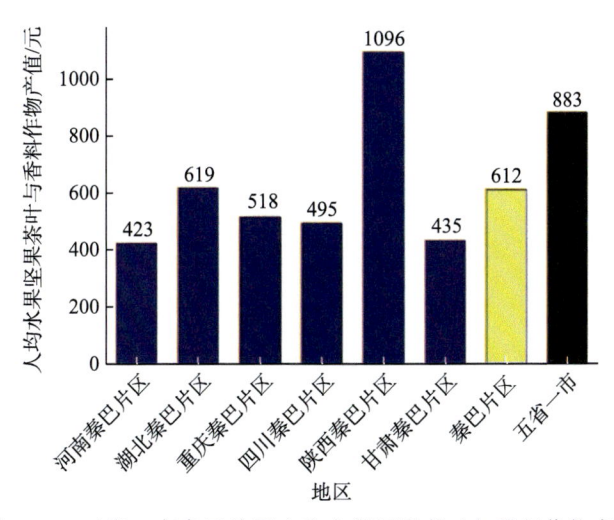

图 1-43　五省一市秦巴片区人均水果坚果茶叶与香料作物产值

四、中药材产值

五省一市中药材产值占全国中药材产值的 30.99%；秦巴片区中药材产值占全国中药材产值的 8.62%，占五省一市中药材产值的 27.81%。秦巴片区中药材产值在全国和五省一市均具有较大的优势。河南省、湖北省、重庆市、四川省、陕西省、甘肃省中药材产值分别占五省一市和全国中药材产值的 19.07%和 5.91%、11.54%和 3.58%、15.78%和 4.89%、14.68%和 4.55%、13.81%和 4.28%、25.12%和 7.79%。其中，河南省和甘肃省中药材产值具有较大的优势，尤其是甘肃省，其中药材产值约占到五省一市中药材产值的 1/4，接近全国中药材产值的 8.00%。河南秦巴片区、湖北秦巴片区、重庆秦巴片区、四川秦巴片区、陕西秦巴片区和甘肃秦巴片区中药材产值分别占秦巴片区和五省一市中药材产值的 10.40%和 2.89%、5.02%和 1.40%、8.40%和 2.34%、9.58%和 2.67%、37.49%和 10.43%、29.10%和 8.09%。其中，陕西秦巴片区和甘肃秦巴片区中药材产值具有明显的优势，其中药材产值分别占秦巴片区中药材产值的 37.49%和 29.10%，尤其是陕西秦巴片区，其中药材产值超过五省一市中药材产值的 1/10。具体见表 1-54、表 1-55 和图 1-44。

表 1-54　全国和五省一市中药材产值比较

地区	中药材产值/亿元	占五省一市的比例	占全国的比例
河南省	98.10	19.07%	5.91%
湖北省	59.36	11.54%	3.58%
重庆市	81.14	15.78%	4.89%
四川省	75.50	14.68%	4.55%
陕西省	71.00	13.81%	4.28%
甘肃省	129.19	25.12%	7.79%
五省一市	514.29	100.00%	30.99%
全国	1659.40	322.66%	100.00%

表 1-55　五省一市秦巴片区中药材产值比较

地区	中药材产值/亿元	占秦巴片区的比例	占五省一市的比例
河南秦巴片区	14.88	10.40%	2.89%
湖北秦巴片区	7.18	5.02%	1.40%
重庆秦巴片区	12.01	8.40%	2.34%
四川秦巴片区	13.71	9.58%	2.67%
陕西秦巴片区	53.63	37.49%	10.43%
甘肃秦巴片区	41.63	29.10%	8.09%
秦巴片区	143.04	100.00%	27.81%
五省一市	514.29	359.54%	100.00%

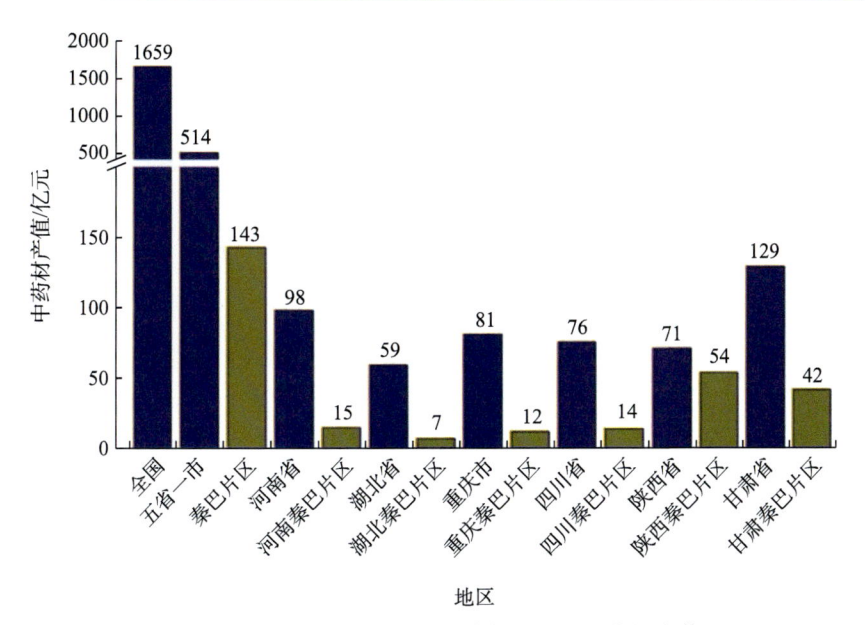

第一章 秦巴山脉区域农业经济状况分析

图 1-44 全国和五省一市及其秦巴片区中药材产值
图中数据经四舍五入修约处理只保留整数

　　五省一市人均中药材产值为 143 元，是全国人均中药材产值的 1.19 倍；秦巴片区人均中药材产值是全国人均中药材产值的 1.76 倍，是五省一市人均中药材产值的 1.48 倍，这说明秦巴片区的中药材种植是当地的特色产业。河南省、湖北省、重庆市、四川省、陕西省、甘肃省人均中药材产值分别是五省一市和全国人均中药材产值的 64%和 76%、67%和 80%、1.67 倍和 1.99 倍、58%和 69%、1.25 倍和 1.49 倍、3.46 倍和 4.13 倍。其中，重庆市、陕西省和甘肃省人均中药材产值具有较大的优势，尤其是甘肃省，其人均中药材产值接近五省一市人均中药材产值的 3.5 倍，且是全国人均中药材产值的 4 倍多。河南秦巴片区、湖北秦巴片区、重庆秦巴片区、四川秦巴片区、陕西秦巴片区、甘肃秦巴片区人均中药材产值分别是秦巴片区和五省一市人均中药材产值的 61%和 90%、44%和 65%、1.03 倍和 1.52 倍、32%和 47%、1.86 倍和 2.74 倍、2.26 倍和 3.33 倍。其中，重庆秦巴片区、陕西秦巴片区和甘肃秦巴片区人均中药材产值具有明显的优势，尤其是陕西秦巴片区和甘肃秦巴片区，其人均中药材产值在秦巴片区与五省一市均具有明显的优势。在五省一市中，甘肃省人均中药材产值最高，同样，甘肃秦巴片区人均中药材产值在秦巴片区也居于第一位。虽然甘肃省在其他方面产值大都低于其他省市，但中药材产值却有突出优势。四川省人均中药材产值较低。具体见表 1-56、图 1-45、表 1-57 和图 1-46。

表 1-56　全国和五省一市人均中药材产值比较

地区	人均中药材产值/元	与五省一市的比值	与全国的比值
河南省	91	0.64	0.76
湖北省	96	0.67	0.80
重庆市	239	1.67	1.99
四川省	83	0.58	0.69
陕西省	179	1.25	1.49
甘肃省	495	3.46	4.13
五省一市	143	1.00	1.19
全国	120	0.84	1.00

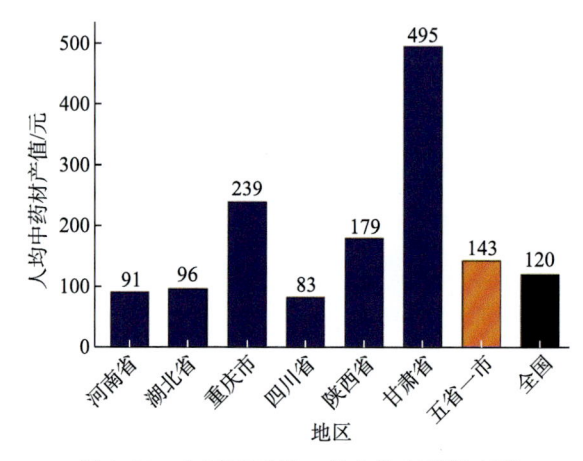

图 1-45　全国和五省一市人均中药材产值

表 1-57　五省一市秦巴片区人均中药材产值比较

地区	人均中药材产值/元	与秦巴片区的比值	与五省一市的比值
河南秦巴片区	128	0.61	0.90
湖北秦巴片区	93	0.44	0.65
重庆秦巴片区	217	1.03	1.52
四川秦巴片区	67	0.32	0.47
陕西秦巴片区	392	1.86	2.74
甘肃秦巴片区	476	2.26	3.33
秦巴片区	211	1.00	1.48
五省一市	143	0.68	1.00

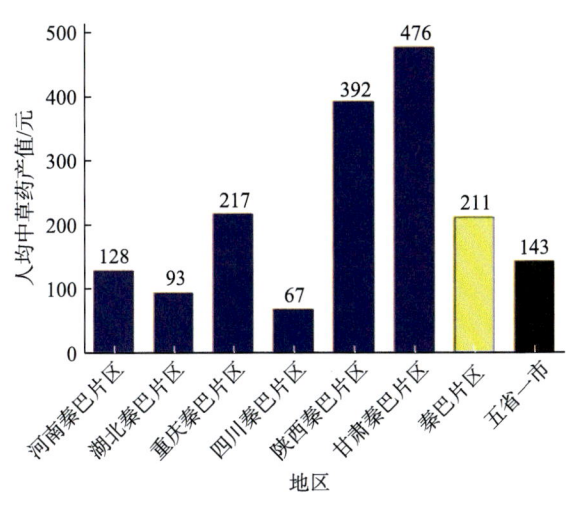

图 1-46　五省一市秦巴片区人均中药材产值

五、农业（种植业）产值结构

全国谷物及其他作物产值、蔬菜园艺作物产值、水果坚果茶叶与香料作物产值、中药材产值的结构比例为 13∶15∶5∶1，从结构比例中可以看出，我国农业（种植业）产值主要来源于蔬菜园艺作物和谷物及其他作物，而水果坚果茶叶与香料作物和中药材产值占比相对较小。在五省一市中，除河南省和甘肃省外，其他省市均是蔬菜园艺作物产值占比最高，这也突出了河南省的粮食大省地位。甘肃省四项产值差距比其他省市小得多，这主要是因为甘肃省谷物、蔬菜等作物种植并不发达。在甘肃秦巴片区，这四个分项产值结构比例为 2∶1∶1∶1，突出了甘肃秦巴片区中药材种植的相对优势。在秦巴片区，这四个分项产值结构比例为 6∶6∶3∶1，相比于五省一市的产值结构比例 11∶12∶5∶1，秦巴片区中药材种植的比例更大，应该把握这种优势，可以发展中药材的种植，而对水果坚果茶叶与香料作物产业来说，应在如陕西省这样的地区大力发展，并带动周边秦巴片区充分利用当地的自然条件，提高该分项产值。具体见表 1-58 和表 1-59。

五省一市的农业（种植业）产值结构主要体现为谷物及其他作物和蔬菜园艺作物两部分，大多数省市的蔬菜园艺作物产值已经超过谷物及其他作物产值，包括五省一市的总量也是如此，只有河南省和甘肃省例外。全国的谷物及其他作物与蔬菜园艺作物两项产值总和接近农业（种植业）产值的 82%，河南省和四川省的两项产值和全国平均水平相近，湖北省的两项产值占比则接近 90%，最低的陕西省的两项产值占比只有 55.91%。谷物及其他作物产值比例，河南省约为 43%，全国为 38%，湖北省与四川省为 37%，甘肃省与五省一市约为 36%，重庆市为 31%，陕西省为 24%。蔬菜园艺作物产值比例，河南省为 39%，湖北省为 52%，重庆市

表 1-58　全国和五省一市农业（种植业）产值结构比较

地区	谷物及其他作物/亿元	蔬菜园艺作物/亿元	水果坚果茶叶与香料作物/亿元	中药材/亿元	结构比例
河南省	1 862.50	1 698.50	659.70	98.10	19∶17∶7∶1
湖北省	1 007.50	1 428.33	255.40	59.36	17∶24∶4∶1
重庆市	362.46	514.23	193.93	81.14	4∶6∶2∶1
四川省	1 287.40	1 551.70	607.90	75.50	17∶21∶8∶1
陕西省	449.70	617.80	770.80	71.00	6∶9∶11∶1
甘肃省	452.02	404.71	288.78	129.19	3∶3∶2∶1
五省一市	5 421.58	6 215.27	2 776.51	514.29	11∶12∶5∶1
全国	21 790.30	24 340.00	8 900.40	1 659.40	13∶15∶5∶1

表 1-59　五省一市秦巴片区农业（种植业）产值结构比较

地区	谷物及其他作物/亿元	蔬菜园艺作物/亿元	水果坚果茶叶与香料作物/亿元	中药材/亿元	结构比例
河南秦巴片区	173.78	176.48	49.32	14.88	12∶12∶3∶1
湖北秦巴片区	167.80	162.08	47.86	7.18	23∶23∶7∶1
重庆秦巴片区	53.66	76.12	28.71	12.01	4∶6∶2∶1
四川秦巴片区	225.65	184.96	101.09	13.71	16∶13∶7∶1
陕西秦巴片区	170.87	164.43	149.86	53.63	3∶3∶3∶1
甘肃秦巴片区	63.91	54.20	38.02	41.63	2∶1∶1∶1
秦巴片区	855.67	818.27	414.86	143.04	6∶6∶3∶1
五省一市	5421.58	6215.27	2776.51	514.29	11∶12∶5∶1

为45%，四川省为44%，陕西省为32%，甘肃省为32%，五省一市为42%，全国为43%。陕西省的水果坚果茶叶与香料作物产值占到农业（种植业）产值的40%，为五省一市最高；湖北省的水果坚果茶叶与香料作物产值比例最低，为农业（种植业）产值的9%。甘肃省中药材产值为农业（种植业）产值的10%，为五省一市最高；河南省、湖北省、四川省、陕西省、五省一市、全国的中药材产值比例基本相似，分别为农业（种植业）产值的2%~4%；重庆市为7%。

五省一市秦巴片区的农业（种植业）产值结构主要体现为谷物及其他作物和蔬菜园艺作物两部分，大多数省市秦巴片区的蔬菜园艺作物产值没有超过谷物及其他作物产值，只有重庆秦巴片区例外。河南秦巴片区这两项产值合计比例为85%，湖北秦巴片区为86%，重庆秦巴片区为76%，四川秦巴片区为78%，陕西秦巴片区为62%，甘肃秦巴片区为60%，秦巴片区为75%，五省一市为78%。河南秦巴片区水果坚果茶叶与香料作物产值占农业（种植业）产值的12%，湖北秦巴片区占比为12%，重庆秦巴片区占比为17%，四川秦巴片区占比为19%，陕西秦巴片区占比为28%，甘肃秦巴片区占比为19%，秦巴片区占比为19%，五省一市占比为19%。河南秦巴片区中药材产值占到农业（种植业）产值的4%，湖北秦巴片区占比为 2%，重庆秦巴片区占比为 7%，四川秦巴片区占比为 3%，陕西秦巴片区占比为 10%，甘肃秦巴片区占比为 21%，秦巴片区占比为 6%，五省一市占比为 3%。

在秦巴片区农业（种植业）分项产值中，谷物及其他作物产值和蔬菜园艺作物产值占据主导地位。其中，四川秦巴片区蔬菜园艺作物产值很好，陕西秦巴片区和河南秦巴片区的相对较高；对于水果坚果茶叶与香料作物产值，陕西秦巴片区和四川秦巴片区表现出相对较高的地位。各市和各县区的分布与此类似。

秦巴片区谷物及其他作物产值较高的地区主要集中在其四川秦巴片区、河南秦巴片区和部分湖北秦巴片区，而在甘肃秦巴片区各县市谷物及其他作物产值较低。蔬菜园艺作物产值呈现由西向东、由北向南逐渐增加的趋势，其中，河南秦巴片区和四川秦巴片区产值高于其他秦巴片区。

水果坚果茶叶与香料作物产值在地区间差异较大，陕西秦巴片区的北部县区优势较突出，同样，四川秦巴片区南部也有部分县区该产值较高，而重庆秦巴片区该项产值明显低于其他秦巴片区。

中药材产值最高的区域为甘肃省岷县，当地素有"千年药乡"和"中国当归之乡"之称，是我国有名的道地中药材主产区；陕西秦巴片区的部分县区中药材产值优势也是较突出的，而湖北秦巴片区和四川秦巴片区中药材种植较少。

第五节　牧业分项产值比较

一、牲畜饲养产值

五省一市牲畜饲养产值占全国牲畜饲养[①]产值的 24.72%；秦巴片区牲畜饲养产值占全国牲畜饲养产值的 2.98%，占五省一市牲畜饲养产值的 12.06%。河南省、湖北省、重庆市、四川省、陕西省、甘肃省牲畜饲养产值分别占五省一市牲畜饲养产值的 42.79%、15.44%、2.85%、17.04%、12.98%、8.90%。其中，河南省牲畜饲养产值具有绝对的优势，其牲畜饲养产值占到全国牲畜饲养产值的 10.58%。河南秦巴片区、湖北秦巴片区、重庆秦巴片区、四川秦巴片区、陕西秦巴片区和甘肃秦巴片区牲畜饲养产值分别占秦巴片区牲畜饲养产值的 13.63%、18.90%、4.61%、17.40%、35.01%、10.45%。其中，陕西秦巴片区牲畜饲养产值具有绝对的优势，而湖北秦巴片区与四川秦巴片区牲畜饲养产值大体上是秦巴片区的平均稍弱水平（平均水平按 20% 计）。在五省一市中，河南省、四川省和湖北省牲畜饲养产值均居于五省一市前三位。在秦巴片区中，陕西秦巴片区牲畜饲养产值最高，占秦巴片区牲畜饲养产值的 35.01%（表 1-60 和表 1-61）。

---

① 牲畜饲养包括牛的饲养、羊的饲养、其他牲畜饲养、奶产品和毛绒产品等。

表 1-60　全国和五省一市牲畜饲养产值比较

地区	牲畜饲养产值/亿元	占五省一市的比例	占全国的比例
河南省	857.30	42.79%	10.58%
湖北省	309.40	15.44%	3.82%
重庆市	57.12	2.85%	0.70%
四川省	341.40	17.04%	4.21%
陕西省	260.10	12.98%	3.21%
甘肃省	178.39	8.90%	2.20%
五省一市	2003.71	100.00%	24.72%
全国	8105.10	404.50%	100.00%

表 1-61　五省一市秦巴片区牲畜饲养产值比较

地区	牲畜饲养产值/亿元	占秦巴片区的比例	占五省一市的比例
河南秦巴片区	32.93	13.63%	1.64%
湖北秦巴片区	45.67	18.90%	2.28%
重庆秦巴片区	11.13	4.61%	0.56%
四川秦巴片区	42.03	17.40%	2.10%
陕西秦巴片区	84.57	35.01%	4.22%
甘肃秦巴片区	25.25	10.45%	1.26%
秦巴片区	241.58	100.00%	12.06%
五省一市	2003.71	829.42%	100.00%

　　五省一市人均牲畜饲养产值为 556 元，占全国人均牲畜饲养产值的 95%；秦巴片区人均牲畜饲养产值仅占五省一市人均牲畜饲养产值的 64%，占全国人均牲畜饲养产值的 61%。河南省、湖北省、重庆市、四川省、陕西省、甘肃省人均牲畜饲养产值分别是五省一市人均牲畜饲养产值的 1.43 倍、90%、30%、67%、1.18 倍、1.23 倍。其中，河南省、陕西省和甘肃省人均牲畜饲养产值均高于五省一市与全国平均水平，且河南省人均牲畜饲养产值的优势很大。河南秦巴片区、湖北秦巴片区、重庆秦巴片区、四川秦巴片区、陕西秦巴片区和甘肃秦巴片区人均牲畜饲养产值分别是秦巴片区和五省一市人均牲畜饲养产值的 79%和 51%、1.66 倍和 1.06 倍、56%和 36%、58%和 37%、1.73 倍和 1.11 倍、81%和 52%。其中，湖北秦巴片区和陕西秦巴片区人均牲畜饲养产值均高于秦巴片区与五省一市平均水平，陕西秦巴片区人均牲畜饲养产值具有绝对的优势，湖北秦巴片区人均牲畜饲养产值的优势也很强，四川秦巴片区牲畜饲养产值尽管有总量优势，但人均优势不强。在五省一市中，河南省、甘肃省和陕西省人均牲畜饲养产值居于五省一市前三位，且均高于全国平均水平。而在秦巴片区，只有陕西秦巴片区和湖北秦巴片区人均牲畜饲养产值高于全国平均水平（表 1-62 和表 1-63）。

表1-62　全国和五省一市人均牲畜饲养产值比较

地区	人均牲畜饲养产值/元	与五省一市的比值	与全国的比值
河南省	795	1.43	1.36
湖北省	503	0.90	0.86
重庆市	168	0.30	0.29
四川省	374	0.67	0.64
陕西省	657	1.18	1.12
甘肃省	684	1.23	1.17
五省一市	556	1.00	0.95
全国	586	1.05	1.00

表1-63　五省一市秦巴片区人均牲畜饲养产值比较

地区	人均牲畜饲养产值/元	与秦巴片区的比值	与五省一市的比值
河南秦巴片区	283	0.79	0.51
湖北秦巴片区	591	1.66	1.06
重庆秦巴片区	201	0.56	0.36
四川秦巴片区	206	0.58	0.37
陕西秦巴片区	618	1.73	1.11
甘肃秦巴片区	289	0.81	0.52
秦巴片区	357	1.00	0.64
五省一市	556	1.56	1.00

二、猪的饲养产值

五省一市猪的饲养产值占全国猪的饲养产值29.91%；秦巴片区猪的饲养产值占全国猪的饲养产值的5.23%，占五省一市猪的饲养产值的17.48%。五省一市猪的饲养产值在全国具有一定的优势，而秦巴片区猪的饲养产值在五省一市的优势不大。河南省、湖北省、重庆市、四川省、陕西省和甘肃省猪的饲养产值分别占五省一市猪的饲养产值的28.92%、24.45%、7.91%、29.39%、7.00%和2.34%。其中，河南省、湖北省和四川省猪的饲养产值具有显著的优势，都是名副其实的养猪大省，在全国占比均超过7%。河南秦巴片区、湖北秦巴片区、重庆秦巴片区、四川秦巴片区、陕西秦巴片区和甘肃秦巴片区猪的饲养产值分别占秦巴片区猪的饲养产值的9.32%、20.64%、6.68%、48.47%、12.99%和1.90%。其中，湖北秦巴片区和四川秦巴片区猪的饲养产值具有绝对的优势，四川秦巴片区猪的饲养产值接近秦巴片区猪的饲养产值的一半，但秦巴片区猪的饲养产值在五省一市的占比优势不大。在五省一市中，四川省、河南省和湖北省猪的饲养产值居五省一市前三位。在秦巴片区中，四川秦巴片区猪的饲养产值最高（表1-64和表1-65）。

表 1-64　全国和五省一市猪的饲养产值比较

地区	猪的饲养产值/亿元	占五省一市的比例	占全国的比例
河南省	1 242.60	28.92%	8.65%
湖北省	1 050.50	24.45%	7.31%
重庆市	339.77	7.91%	2.36%
四川省	1 262.90	29.39%	8.79%
陕西省	300.60	7.00%	2.09%
甘肃省	100.75	2.34%	0.70%
五省一市	4 297.12	100.00%	29.91%
全国	14 368.50	334.38%	100.00%

表 1-65　五省一市秦巴片区猪的饲养产值比较

地区	猪的饲养产值/亿元	占秦巴片区的比例	占五省一市的比例
河南秦巴片区	70.00	9.32%	1.63%
湖北秦巴片区	155.08	20.64%	3.61%
重庆秦巴片区	50.21	6.68%	1.17%
四川秦巴片区	364.20	48.47%	8.48%
陕西秦巴片区	97.58	12.99%	2.27%
甘肃秦巴片区	14.26	1.90%	0.33%
秦巴片区	751.33	100.00%	17.48%
五省一市	4297.12	571.94%	100.00%

五省一市人均猪的饲养产值为 1192 元，是全国人均猪的饲养产值的 1.15 倍；秦巴片区人均猪的饲养产值占五省一市人均猪的饲养产值的 93%，但略高于全国人均猪的饲养产值。在五省一市中，湖北省、四川省和河南省人均猪的饲养产值居五省一市前三位，且均高于全国平均水平；而甘肃省人均猪的饲养产值只有 386 元，仅为五省一市人均猪的饲养产值的 32%。在秦巴片区中，湖北秦巴片区的人均猪饲养产值为 2007 元，高于湖北省的人均猪的饲养产值（表 1-66 和表 1-67）。

表 1-66　全国和五省一市人均猪的饲养产值比较

地区	人均猪的饲养产值/元	与五省一市的比值	与全国的比值
河南省	1152	0.97	1.11
湖北省	1706	1.43	1.64
重庆市	1002	0.84	0.96
四川省	1382	1.16	1.33
陕西省	759	0.64	0.73
甘肃省	386	0.32	0.37
五省一市	1192	1.00	1.15
全国	1039	0.87	1.00

表 1-67 五省一市秦巴片区人均猪的饲养产值比较

地区	人均猪的饲养产值/元	与秦巴片区的比值	与五省一市的比值
河南秦巴片区	601	0.54	0.50
湖北秦巴片区	2007	1.81	1.68
重庆秦巴片区	906	0.82	0.76
四川秦巴片区	1784	1.61	1.50
陕西秦巴片区	713	0.64	0.60
甘肃秦巴片区	163	0.15	0.14
秦巴片区	1109	1.00	0.93
五省一市	1192	1.07	1.00

三、家禽饲养产值

五省一市家禽饲养产值占全国家禽饲养产值的 25.67%；秦巴片区家禽饲养产值占全国家禽饲养产值的 3.24%，占五省一市家禽饲养产值的 12.61%。五省一市家禽饲养产值在全国有一定的优势，而秦巴片区家禽饲养产值在五省一市处于平均偏下水平。河南省、湖北省、重庆市、四川省、陕西省和甘肃省家禽饲养产值分别占五省一市家禽饲养产值的 22.88%、17.75%、10.24%、42.79%、5.39%和 0.94%，其中，河南省与四川省家禽饲养产值具有较大的优势，四川省家禽饲养产值占全国家禽饲养产值的比例超过 10%，湖北省家禽饲养产值处于五省一市平均水平。河南秦巴片区、湖北秦巴片区、重庆秦巴片区、四川秦巴片区、陕西秦巴片区与甘肃秦巴片区家禽饲养产值分别占秦巴片区家禽饲养产值的 10.84%、20.79%、13.38%、39.45%、14.48%和 1.06%。其中，湖北秦巴片区与四川秦巴片区家禽饲养产值具有较大的优势，尤其是四川秦巴片区，其家禽饲养产值接近全秦巴片区家禽饲养产值的 40.00%。在五省一市中，四川省、河南省和湖北省家禽饲养产值居五省一市前三位。在秦巴片区中，四川秦巴片区家禽饲养产值最高，占秦巴片区家禽饲养产值的 39.45%（表 1-68 和表 1-69）。

表 1-68 全国和五省一市家禽饲养产值比较

地区	家禽饲养产值/亿元	占五省一市的比例	占全国的比例
河南省	447.60	22.88%	5.87%
湖北省	347.27	17.75%	4.56%
重庆市	200.34	10.24%	2.63%
四川省	837.00	42.79%	10.99%
陕西省	105.40	5.39%	1.38%
甘肃省	18.41	0.94%	0.24%
五省一市	1956.02	100.00%	25.67%
全国	7619.10	389.52%	100.00%

表 1-69　五省一市秦巴片区家禽饲养产值比较

地区	家禽饲养产值/亿元	占秦巴片区的比例	占五省一市的比例
河南秦巴片区	26.72	10.84%	1.37%
湖北秦巴片区	51.26	20.79%	2.62%
重庆秦巴片区	32.99	13.38%	1.69%
四川秦巴片区	97.28	39.45%	4.97%
陕西秦巴片区	35.71	14.48%	1.83%
甘肃秦巴片区	2.61	1.06%	0.13%
秦巴片区	246.57	100.00%	12.61%
五省一市	1956.02	793.29%	100.00%

五省一市人均家禽产值为 543 元，占全国人均家禽产值的 99%；秦巴片区人均家禽饲养产值为 364 元，占五省一市人均家禽饲养产值的 67%。河南省、湖北省、重庆市、四川省、陕西省、甘肃省人均家禽饲养产值分别是五省一市和全国人均家禽饲养产值的 76% 和 75%、1.04 倍和 1.02 倍、1.09 倍和 1.07 倍、1.69 倍和 1.66 倍、49% 和 48%、13% 和 13%。湖北省、重庆市和四川省人均家禽饲养产值具有一定的优势。其中，四川省人均家禽饲养产值具有较大的优势，其人均家禽饲养产值超过五省一市人均家禽饲养产值 69 个百分点。河南秦巴片区、湖北秦巴片区、重庆秦巴片区、四川秦巴片区、陕西秦巴片区、甘肃秦巴片区人均家禽饲养产值分别是秦巴片区和五省一市人均家禽饲养产值的 63% 和 42%、1.82 倍和 1.22 倍、1.63 倍和 1.10 倍、1.31 倍和 88%、72% 和 48%、8% 和 6%。湖北秦巴片区、重庆秦巴片区和四川秦巴片区人均家禽饲养产值具有较大的优势。其中，湖北秦巴片区人均家禽饲养产值最高，超过秦巴片区人均家禽饲养产值 82 个百分点。在五省一市中，四川省、重庆市和湖北省人均家禽饲养产值居五省一市前三位。其中，四川省人均家禽饲养产值较突出，而甘肃省人均家禽饲养产值仅为 71 元，仅占五省一市人均家禽饲养产值的 13%。在秦巴片区中，湖北秦巴片区人均家禽饲养产值最高，已经高于湖北省人均家禽饲养产值（表 1-70 和表 1-71）。

表 1-70　全国和五省一市人均家禽饲养产值比较

地区	人均家禽饲养产值/元	与五省一市的比值	与全国的比值
河南省	415	0.76	0.75
湖北省	564	1.04	1.02
重庆市	591	1.09	1.07
四川省	916	1.69	1.66
陕西省	266	0.49	0.48
甘肃省	71	0.13	0.13
五省一市	543	1.00	0.99
全国	551	1.01	1.00

表 1-71 五省一市秦巴片区人均家禽饲养产值比较

地区	人均家禽饲养产值/元	与秦巴片区的比值	与五省一市的比值
河南秦巴片区	229	0.63	0.42
湖北秦巴片区	663	1.82	1.22
重庆秦巴片区	595	1.63	1.10
四川秦巴片区	477	1.31	0.88
陕西秦巴片区	261	0.72	0.48
甘肃秦巴片区	30	0.08	0.06
秦巴片区	364	1.00	0.67
五省一市	543	1.49	1.00

四、狩猎捕捉与其他畜牧业产值

五省一市狩猎捕捉与其他畜牧业产值占全国狩猎捕捉与其他畜牧业产值的15.23%；秦巴片区狩猎捕捉与其他畜牧业产值占全国狩猎捕捉与其他畜牧业产值的3.54%，占五省一市狩猎捕捉与其他畜牧业产值的23.27%。河南省、湖北省、重庆市、四川省、陕西省、甘肃省狩猎捕捉与其他畜牧业产值分别占五省一市狩猎捕捉与其他畜牧业产值的26.11%、3.27%、12.35%、45.16%、12.20%、0.90%。其中，河南省与四川省狩猎捕捉与其他畜牧业产值具有较大的优势，且四川省狩猎捕捉与其他畜牧业产值优势明显。河南秦巴片区、湖北秦巴片区、重庆秦巴片区、四川秦巴片区、陕西秦巴片区与甘肃秦巴片区狩猎捕捉与其他畜牧业产值分别占秦巴片区狩猎捕捉与其他畜牧业产值的44.79%、2.07%、15.82%、16.87%、19.90%和0.54%，其中，河南秦巴片区狩猎捕捉与其他畜牧业产值具有绝对的优势，陕西秦巴片区狩猎捕捉与其他畜牧业产值处于五省一市平均水平。在五省一市中，四川省、河南省和重庆市狩猎捕捉与其他畜牧业产值分别居于五省一市前三位。在秦巴片区中，河南秦巴片区狩猎捕捉与其他畜牧业产值最高，占秦巴片区狩猎捕捉与其他畜牧业产值的44.79%（表1-72和表1-73）。

表 1-72 全国和五省一市狩猎捕捉与其他畜牧业产值比较

地区	狩猎捕捉与其他畜牧业产值/亿元	占五省一市的比例	占全国的比例
河南省	63.83	26.11%	3.98%
湖北省	8.00	3.27%	0.50%
重庆市	30.20	12.35%	1.88%
四川省	110.41	45.16%	6.88%
陕西省	29.83	12.20%	1.86%
甘肃省	2.20	0.90%	0.14%
五省一市	244.47	100.00%	15.23%
全国	1605.50	656.73%	100.00%

表 1-73　五省一市秦巴片区狩猎捕捉与其他畜牧业产值比较

地区	狩猎捕捉与其他畜牧业产值/亿元	占秦巴片区的比例	占五省一市的比例
河南秦巴片区	25.48	44.79%	10.42%
湖北秦巴片区	1.18	2.07%	0.48%
重庆秦巴片区	9.00	15.82%	3.68%
四川秦巴片区	9.60	16.87%	3.93%
陕西秦巴片区	11.32	19.90%	4.63%
甘肃秦巴片区	0.31	0.54%	0.13%
秦巴片区	56.89	100.00%	23.27%
五省一市	244.47	429.72%	100.00%

五省一市人均狩猎捕捉与其他畜牧业产值为 68 元，占全国人均狩猎捕捉与其他畜牧业产值的 59%；秦巴片区人均狩猎捕捉与其他畜牧业产值为 84 元，是五省一市狩猎捕捉与其他畜牧业产值的 1.24 倍。河南省、湖北省、重庆市、四川省、陕西省和甘肃省人均狩猎捕捉与其他畜牧业产值分别是五省一市人均狩猎捕捉与其他畜牧业产值的 87%、19%、1.31 倍、1.78 倍、1.10 倍和 12%。其中，重庆市、四川省和陕西省人均狩猎捕捉与其他畜牧业产值具有优势，且四川省人均狩猎捕捉与其他畜牧业产值优势明显。河南秦巴片区、湖北秦巴片区、重庆秦巴片区、四川秦巴片区、陕西秦巴片区和甘肃秦巴片区人均狩猎捕捉与其他畜牧业产值分别是秦巴片区人均狩猎捕捉与其他畜牧业产值的 2.61 倍、18%、1.93%、56%、99% 和 5%。其中，河南秦巴片区和重庆秦巴片区人均狩猎捕捉与其他畜牧业产值具有绝对的优势，这说明秦巴片区狩猎捕捉与其他畜牧业比五省一市发展相对好一些。在五省一市中，只有四川省人均狩猎捕捉与其他畜牧业产值高于全国人均水平；而在秦巴片区中，河南秦巴片区和重庆秦巴片区人均狩猎捕捉与其他畜牧业产值均较高，分别居于秦巴片区第一、第二位。具体见表 1-74 和表 1-75。

表 1-74　全国和五省一市人均狩猎捕捉与其他畜牧业产值比较

地区	人均狩猎捕捉与其他畜牧业产值/元	与五省一市的比值	与全国的比值
河南省	59	0.87	0.51
湖北省	13	0.19	0.11
重庆市	89	1.31	0.77
四川省	121	1.78	1.04
陕西省	75	1.10	0.65
甘肃省	8	0.12	0.07
五省一市	68	1.00	0.59
全国	116	1.71	1.00

表 1-75　五省一市秦巴片区人均狩猎捕捉与其他畜牧业产值比较

地区	人均狩猎捕捉与其他畜牧业产值/元	与秦巴片区的比值	与五省一市的比值
河南秦巴片区	219	2.61	3.22
湖北秦巴片区	15	0.18	0.22
重庆秦巴片区	162	1.93	2.38
四川秦巴片区	47	0.56	0.69
陕西秦巴片区	83	0.99	1.22
甘肃秦巴片区	4	0.05	0.06
秦巴片区	84	1.00	1.24
五省一市	68	0.81	1.00

五、牧业产值结构

我国牲畜饲养、猪的饲养、家禽饲养和狩猎捕捉与其他畜牧业产值四个分项产业结构比例为 5∶9∶5∶1，从该结构中可以看出，我国牧业产值主要来源于猪的饲养。除甘肃省外，其他省市均符合该结构。五省一市的产业结构与全国十分相似，但五省一市的猪的饲养产值比例更高，所以五省一市的猪的饲养发展较其他更好。同样，秦巴片区的猪的饲养产值占比更高，由此可以看出秦巴片区的猪的饲养产业发展更好（表 1-76）。

表 1-76　全国和五省一市牧业产值结构比较

地区	牲畜饲养/亿元	猪的饲养/亿元	家禽饲养/亿元	狩猎捕捉与其他畜牧业/亿元	结构比例
河南省	857.30	1 242.60	447.60	63.83	13∶19∶7∶1
湖北省	309.40	1 050.50	347.27	8.00	39∶131∶43∶1
重庆市	57.12	339.77	200.34	30.20	2∶11∶7∶1
四川省	341.40	1 262.90	837.00	110.41	3∶11∶8∶1
陕西省	260.10	300.60	105.40	29.83	9∶10∶4∶1
甘肃省	178.39	100.75	18.41	2.20	81∶46∶8∶1
五省一市	2 003.71	4 297.12	1 956.02	244.47	8∶18∶8∶1
全国	8 105.10	14 368.50	7 619.10	1 605.50	5∶9∶5∶1

从五省一市牧业产值结构看，五省一市以猪的饲养为主，家禽饲养与牲畜饲养产值比例差别不大。河南省、湖北省、重庆市、四川省、陕西省、甘肃省、五省一市和全国猪的饲养产值分别占牧业产值的 48%、61%、54%、49%、43%、34%、51% 和 45%；家禽饲养产值分别占牧业产值的 17%、20%、32%、33%、15%、6%、23% 和 24%；牲畜饲养产值分别占牧业产值的 33%、18%、9%、13%、37%、60%、

24%和26%。湖北省与重庆市猪的饲养产值比例较高，均超过其牧业产值的一半；河南省与四川省猪的饲养产值均接近其牧业产值的一半；陕西省猪的饲养产值占比为其牧业产值的43%；甘肃省猪的饲养产值占比约为其牧业产值的1/3。河南省、陕西省和甘肃省牲畜饲养产值占比较高，尤其是甘肃省，其牲畜饲养产值达到60%。重庆市与四川省的家禽饲养产值占比较高且相近，约占其牧业产值的1/3。五省一市的牧业产值结构与全国基本相似，猪的饲养产值比例为34%～61%，牲畜饲养产值比例为9%～60%，家禽饲养产值比例为6%～33%（图1-47）。

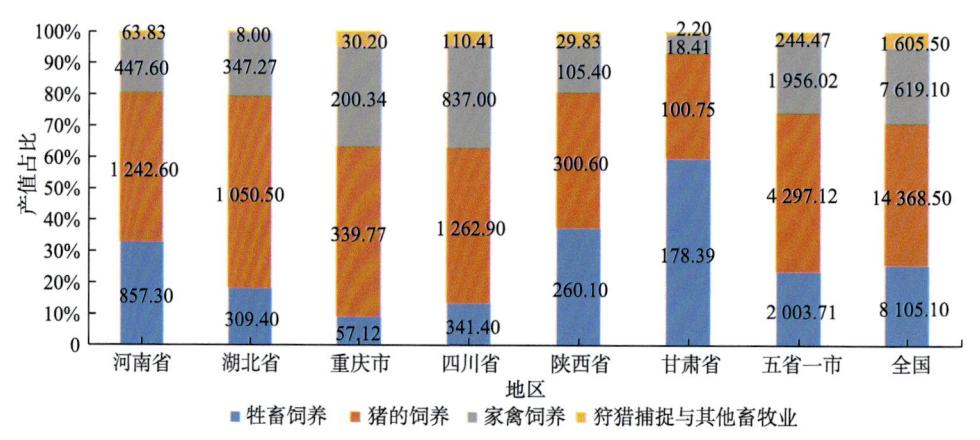

图1-47 全国和五省一市牧业产值结构比较

从五省一市秦巴片区牧业产值结构看，秦巴片区以猪的饲养为主，家禽饲养与牲畜饲养产值比例差别不大。河南秦巴片区、湖北秦巴片区、重庆秦巴片区、四川秦巴片区、陕西秦巴片区、甘肃秦巴片区与秦巴片区猪的饲养产值分别占其牧业产值的45%、61%、49%、71%、43%、34%和58%；家禽饲养产值分别占其牧业产值的17%、20%、32%、19%、16%、6%和19%；牲畜饲养产值分别占其牧业产值的21%、18%、11%、8%、37%、60%和19%。四川秦巴片区猪的饲养产值比例高达71%，最低的甘肃秦巴片区猪的饲养产值比例也达到34%。重庆秦巴片区家禽饲养产值最高，占其牧业产值的32%；除甘肃秦巴片区家禽饲养产值比例最低外，其余四个秦巴片区的家禽饲养产值比例差距较小。甘肃秦巴片区牲畜饲养产值比例最高，为60%；其次为陕西秦巴片区牲畜饲养产值，比例为37%；最低的四川秦巴片区牲畜饲养产值比例为8%。秦巴片区的猪的饲养、家禽饲养和牲畜饲养产值比例分别为58%、19%和19%。除甘肃秦巴片区外，其他秦巴片区的猪的饲养产值占主导地位，尤其四川秦巴片区，猪的饲养产值有较突出贡献，且远远高于该省秦巴片区牧业产值其他分项产值（表1-77）。

表 1-77　五省一市秦巴片区牧业产值比较

地区	牲畜饲养/亿元	猪的饲养/亿元	家禽饲养/亿元	狩猎捕捉与其他畜牧业/亿元	结构比例
河南秦巴片区	32.93	70.00	26.72	25.48	1∶3∶1∶1
湖北秦巴片区	45.67	155.08	51.26	1.18	39∶131∶43∶1
重庆秦巴片区	11.13	50.21	32.99	9.00	1∶6∶4∶1
四川秦巴片区	42.03	364.20	97.28	9.60	4∶38∶10∶1
陕西秦巴片区	84.57	97.58	35.71	11.32	7∶9∶3∶1
甘肃秦巴片区	25.25	14.26	2.61	0.31	81∶46∶8∶1
秦巴片区	241.58	751.33	246.57	56.90	4∶13∶4∶1
五省一市	2003.71	4297.12	1956.02	244.47	8∶18∶8∶1

由图 1-48 可知，地市级秦巴片区畜牧业分项产值与省级秦巴片区比例相差不多。可以看出，甘肃秦巴片区各市分项产值都较低，很明显低于秦巴片区其他区域。

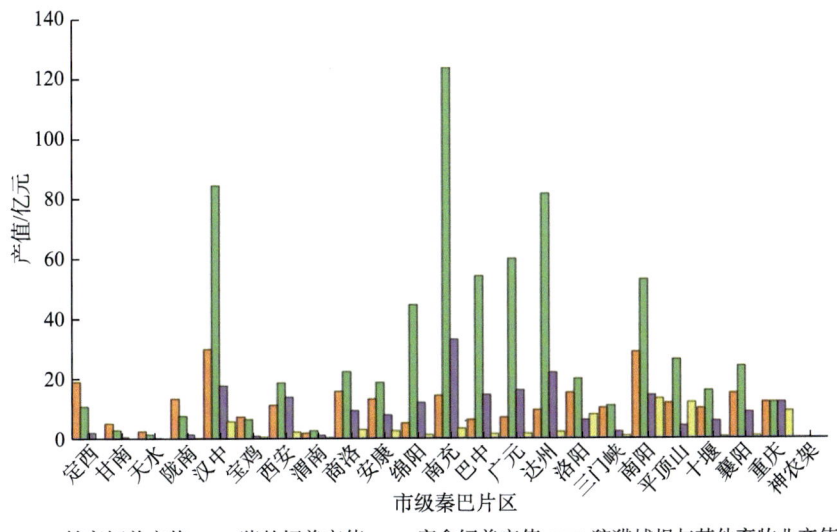

图 1-48　秦巴片区各市畜牧业分项产值

秦巴片区牲畜饲养产值较高的地区主要在陕西秦巴片区、湖北秦巴片区、四川秦巴片区。秦巴片区猪的饲养产值较高的区域主要在四川秦巴片区，而甘肃秦巴片区整体猪的饲养产值较低。秦巴片区家禽饲养产值较高的区域主要在四川秦巴片区，而甘肃秦巴片区整体家禽饲养产值较低。秦巴片区狩猎捕捉与其他畜牧业产值较高的区域主要集中在河南秦巴片区，而湖北秦巴片区和甘肃秦巴片区该产值都较低。

第六节 本章小结

一、第一、第二、第三产业经济总体定位

（1）以土地面积为参照（五省一市土地面积占全国土地面积的16.20%，秦巴片区土地面积占五省一市土地面积的20.34%），五省一市地区生产总值占全国GDP的20.11%，在全国具有一定的优势，高于全国平均水平；秦巴片区地区生产总值（占五省一市地区生产总值的11.67%）低于五省一市平均水平，处于劣势。就五省一市秦巴片区之间比较来看，河南秦巴片区、湖北秦巴片区、四川秦巴片区和陕西秦巴片区地区生产总值具有相对明显的优势，但在整体上反映了秦巴山脉区域是五省一市经济凹地的特征。以人均地区生产总值为参照（全国人均GDP为5.38万元，五省一市人均地区生产总值为4.15万元，秦巴片区人均地区生产总值为2.58万元），五省一市人均地区生产总值低于全国平均水平，仅为全国人均地区生产总值的77%。其中，湖北省与重庆市人均地区生产总值接近全国平均水平，甘肃省人均地区生产总值约为全国平均水平的一半，河南省与四川省人均地区生产总值小于等于全国平均水平的70%。

（2）以耕地面积为参照（五省一市耕地面积占全国耕地面积的24.22%，秦巴片区耕地面积占五省一市耕地面积的13.29%），五省一市第一产业产值占全国第一产业产值的24.89%，略高于全国平均水平，秦巴片区第一产业产值占五省一市第一产业产值的17.26%，高于五省一市平均水平。四川秦巴片区、陕西秦巴片区、湖北秦巴片区、河南秦巴片区第一产业产值具有较明显的优势，尤其是四川秦巴片区。以人均第一产业产值为参照，秦巴片区人均第一产业产值低于五省一市和全国人均第一产业产值，五省一市人均第一产业产值为0.44万元，比全国人均第一产业产值低0.02万元；秦巴片区人均第一产业产值为0.40万元，占五省一市人均第一产业产值的91%，占全国人均第一产业产值的87%。

（3）以土地面积为参照（五省一市土地面积占全国土地面积的16.20%，秦巴片区土地面积占五省一市土地面积的20.34%；五省一市人口占全国人口的23.94%，秦巴片区人口占五省一市人口的18.15%），五省一市第二产业产值高于全国平均水平，具有一定的优势；秦巴片区第二产业产值低于五省一市平均水平，不具有优势。河南省、湖北省与四川省第二产业产值具有较明显的优势，河南秦巴片区、湖北秦巴片区、四川秦巴片区和陕西秦巴片区第二产业产值在五省一市具有较明显的产业经济总量优势。在省域尺度上，湖北省和陕西省人均第二产业产值具有明显的产业经济优势；在秦巴片区尺度上，河南秦巴片区、湖北秦巴片

区和陕西秦巴片区人均第二产业产值具有一定的产业经济优势。

（4）以土地面积为参照（五省一市土地面积占全国土地面积的16.20%，秦巴片区土地面积占五省一市土地面积的20.34%；五省一市人口占全国人口的23.94%，秦巴片区人口占五省一市人口的18.15%），五省一市第三产业产值低于全国平均水平。在总量上，五省一市及其秦巴片区在全国及五省一市中处于产业劣势。在省域尺度上，河南省、湖北省、四川省第三产业产值具有一定的优势；在秦巴片区尺度上，河南秦巴片区、湖北秦巴片区、四川秦巴片区和陕西秦巴片区第三产业产值具有一定的优势。在省域尺度上，湖北省、重庆市和陕西省人均第三产业产值具有明显的优势；在秦巴片区尺度上，河南秦巴片区、湖北秦巴片区和陕西秦巴片区人均第三产业产值具有一定的产业经济优势。

（5）从三大产业结构看，五省一市第一、第二、第三产业结构比例为1∶4.2∶4.2，与全国产业结构比例（1∶4.7∶6.0）相比，第二、第三产业比例偏低，且第三产业差距大于第二产业。其中，重庆市和陕西省第二产业比例超过全国平均水平（也超过五省一市平均水平）；只有重庆市第三产业比例超过全国平均水平（也超过五省一市平均水平），其他省第三产业比例都低于全国平均水平；河南省第二产业比例超过五省一市平均水平。秦巴片区第二、第三产业比例低于五省一市平均水平，而且与其有较大的差距；只有河南秦巴片区、湖北秦巴片区和陕西秦巴片区第二、第三产业比例均超过秦巴片区平均水平，重庆秦巴片区、四川秦巴片区第二、第三产业比例均低于秦巴片区平均水平。

二、农牧渔服务业产值总体定位

（1）五省一市农牧渔服务业总产值基本上处于全国平均水平，秦巴片区农牧渔服务业总产值在五省一市具有一定的优势。五省一市农牧渔服务业总产值占全国农牧渔服务业总产值的24.66%，秦巴片区农牧渔服务业总产值占五省一市农牧渔服务业总产值的15.82%（五省一市耕地面积占全国耕地面积的24.22%，秦巴片区耕地面积占五省一市耕地面积的13.29%）。在省域尺度上，河南省、湖北省、四川省农牧渔服务业总产值具有一定的优势；在秦巴片区尺度上，四川秦巴片区与陕西秦巴片区农牧渔服务业总产值具有明显的优势，河南秦巴片区和湖北秦巴片区农牧渔服务业总产值略低于秦巴片区平均水平。在省域尺度上，只有湖北省人均农牧渔服务业总产值具有一定的优势；在秦巴片区尺度上，湖北秦巴片区与陕西秦巴片区人均农牧渔服务业总产值具有一定的优势。

（2）五省一市农业（种植业）产值在全国处于平均偏上水平，秦巴片区农业（种植业）产值在五省一市也是如此。五省一市农业（种植业）产值占全国农业（种植业）产值的26.42%，秦巴片区农业（种植业）产值占五省一市农业（种植业）产值的 14.97%（五省一市耕地面积占全国耕地面积的 24.22%，秦巴片区耕地面积占五省一市耕地面积的 13.29%）。在省域尺度上，河南省与四川省农业（种植业）产值具有明显的优势，湖北省农业（种植业）产值具有一定的优势；在秦巴片区尺度上，河南秦巴片区、四川秦巴片区和陕西秦巴片区农业（种植业）产值具有相对明显的优势，尤其是陕西秦巴片区具有明显的优势。湖北省、陕西省和甘肃省人均农业（种植业）产值在五省一市具有较明显的优势，河南省人均农业（种植业）产值略低于五省一市与全国平均水平。河南秦巴片区、湖北秦巴片区和陕西秦巴片区人均农业（种植业）产值在秦巴片区具有较明显的优势。其中，湖北秦巴片区和陕西秦巴片区人均农业（种植业）产值还高于秦巴片区平均水平。

（3）五省一市牧业产值在全国具有一定的优势，秦巴片区牧业产值在五省一市不具有优势。五省一市牧业产值占全国牧业产值的 26.82%，秦巴片区牧业产值占五省一市牧业产值的 16.21%（五省一市土地面积占全国土地面积的 16.20%，秦巴片区土地面积占五省一市土地面积的 20.34%）。河南省、湖北省和四川省牧业产值在五省一市具有明显的总量优势。其中，河南省和四川省牧业产值占比均超过 30%。四川秦巴片区牧业产值占秦巴片区牧业产值的 37.22%，具有明显优势；湖北秦巴片区和陕西秦巴片区牧业产值在秦巴片区具有一定的优势。河南省、湖北省、四川省人均牧业产值在五省一市具有一定的优势（五省一市人均牧业产值高于全国平均水平）；湖北秦巴片区、四川秦巴片区和陕西秦巴片区人均牧业产值在秦巴片区具有较大的优势，尤其是湖北秦巴片区和四川秦巴片区人均牧业产值，在五省一市也具有一定的优势。

（4）五省一市渔业产值在全国不具有优势，秦巴片区渔业产值在五省一市也不具有优势。湖北省渔业产值在五省一市具有显著的优势，占五省一市渔业产值的 68.85%；四川秦巴片区与湖北秦巴片区渔业产值分别占秦巴片区渔业产值的 40.62%和31.68%，具有绝对的优势。湖北省人均渔业产值分别是五省一市与全国人均渔业产值的 4.03 倍和 1.99 倍，具有明显优势；湖北秦巴片区、重庆秦巴片区和四川秦巴片区人均渔业产值分别是秦巴片区人均渔业产值的 2.79 倍、1.03 倍和 1.35 倍。

（5）五省一市相关服务业产值在全国具有一定的优势，秦巴片区相关服务业产值在五省一市具有优势。其中，河南省和湖北省相关服务业产值在五省一市具有较大的优势，分别占五省一市相关服务业产值的 29.00%和32.76%；湖北秦巴片区和陕西秦巴片区相关服务业产值在秦巴片区具有较大的优势，尤其是陕西秦巴片区具有巨大的优势，其相关服务业产值占秦巴片区相关服务业产值的 38.36%。五省一市人均相关服务业产值接近且略低于全国平均水平，湖北省、陕西省和甘肃省人均相关服务业产值在五省一市具有优势，尤其是湖北省（1.92 倍）与甘肃省（1.89倍），具有显著的优势；湖北秦巴片区与陕西秦巴片区人均相关服务业产值在秦巴片区具有显著的优势，其人均相关服务业产值分别占秦巴片区人均相关服务业产值的1.71倍和2.28倍。

（6）五省一市农牧渔服务业总产值结构以农业（种植业）和牧业为主。河南省、重庆市、四川省、陕西省和甘肃省两项产值比例合计均超过90.00%，其中，农业（种植业）产值比例均超过50.00%，河南省、重庆市、陕西省和甘肃省农业（种植业）产值比例均接近或超过60.00%，湖北省农业（种植业）产值比例为48.09%，五省一市农业（种植业）产值比例为58.21%，全国农业（种植业）产值比例为55.17%。五省一市秦巴片区两项产值比例合计均超过90.00%。河南秦巴片区、重庆秦巴片区、四川秦巴片区、陕西秦巴片区、甘肃秦巴片区两项产值比例合计均接近或超过95.00%。其中，河南秦巴片区、重庆秦巴片区、陕西秦巴片区和甘肃秦巴片区农业（种植业）产值比例接近或超过60.00%。

三、单项指标主要结论

（1）五省一市谷物及其他作物产值占全国谷物及其他作物产值的24.88%，秦巴片区谷物及其他作物产值占五省一市谷物及其他作物产值的15.78%，在省域尺度与片区尺度均具有一定的优势。其中，河南省与四川省谷物及其他作物产值的优势较明显，分别占五省一市谷物及其他作物产值的34.35%和23.75%，湖北省谷物及其他作物产值具有一定的优势，占五省一市谷物及其他作物产值的18.58%；河南秦巴片区、湖北秦巴片区、四川秦巴片区和陕西秦巴片区谷物及其他作物产值具有一定的优势，尤其是四川秦巴片区，其谷物及其他作物产值占秦巴片区谷物及其他作物产值的26.37%。河南省、湖北省和甘肃省人均谷物及其他作物产值均超过五省一市与全国平均水平；河南秦巴片区和湖北秦巴片区人均谷物及其他作物产值超过秦巴片区平均水平，具有较明显的优势，而甘肃秦巴片区人均谷物及其他作物产值最低，还不到五省一市平均水平的一半。

（2）五省一市蔬菜园艺作物产值占全国蔬菜园艺作物产值的25.54%，秦巴片区蔬菜园艺作物产值占五省一市蔬菜园艺作物产值的13.17%。河南省、湖北省和四川省蔬菜园艺作物产值具有较明显的优势，分别占五省一市蔬菜园艺作物产值的27.33%、22.98%和24.97%；河南秦巴片区、湖北秦巴片区、四川秦巴片区和陕西秦巴片区蔬菜园艺作物产值具有一定的优势，分别占秦巴片区蔬菜园艺作物产值的21.57%、19.81%、22.60%和20.09%。五省一市与全国人均蔬菜园艺作物产值接近（略低），除了湖北省人均蔬菜园艺作物产值高于五省一市平均水平外，其他省市之间差别不大；河南秦巴片区、湖北秦巴片区和重庆秦巴片区人均蔬菜园艺作物产值均高于秦巴片区平均水平。其中，陕西秦巴片区人均蔬菜园艺作物产值与秦巴片区基本相同，甘肃秦巴片区人均蔬菜园艺作物产值约为秦巴片区人均蔬菜园艺作物产值的一半。

（3）五省一市水果坚果茶叶与香料作物产值占全国水果坚果茶叶与香料作物产值的31.20%，具有较大的优势；秦巴片区水果坚果茶叶与香料作物产值占五省一市水果坚果茶叶与香料作物产值的14.49%。陕西省、河南省和四川省水果坚果茶叶与香料作物产值具有较大的优势，尤其是陕西省具有显著优势；四川秦巴片区和陕西秦巴片区水果坚果茶叶与香料作物产值具有明显的优势，分别占秦巴片区水果坚果茶叶与香料作物产值的24.37%和36.12%，尤其是陕西秦巴片区水果坚果茶叶与香料作物产值具有显著优势。陕西省和甘肃省人均水果坚果茶叶与香料作物产值具有较大的优势，尤其是陕西省具有显著优势；陕西秦巴片区人均水果坚果茶叶与香料作物产值具有明显的优势，湖北秦巴片区人均水果坚果茶叶与香料作物产值基本上是五省一市的平均水平。

（4）五省一市中药材产值占全国中药材产值的30.99%；秦巴片区中药材产值占全国中药材产值的8.62%，占五省一市中药材产值的27.81%。秦巴片区中药材产值在全国和五省一市均具有较大的优势。河南省和甘肃省中药材产值具有较大的优势，尤其是甘肃省，其中药材产值约占五省一市中药材产值的1/4，接近全国中药材产值的8.00%；陕西秦巴片区和甘肃秦巴片区中药材产值具有明显的优势，分别占秦巴片区中药材产值的37.49%和29.10%，尤其是陕西秦巴片区，其中药材产值超过五省一市中药材产值的1/10。重庆市、陕西省和甘肃省人均中药材产值具有较大的优势，尤其是甘肃省，其人均中药材产值接近五省一市人均中药材产值的3.5倍，且超过全国人均中药材产值的4倍；重庆秦巴片区、陕西秦巴片区和甘肃秦巴片区人均中药材产值具有明显的优势，尤其是陕西秦巴片区和甘肃秦巴片区人均中药材产值，在秦巴片区与五省一市均具有明显的优势，分别是秦巴片区人均中药材产值的1.86倍和2.26倍，分别是五省一市人均中药材产值的2.74倍和3.33倍。

（5）农业（种植业）产值结构。①五省一市的农业（种植业）产值结构主要体现为谷物及其他作物和蔬菜园艺作物两部分，大多数省市的蔬菜园艺作物产值已经超过谷物类产值，包括五省一市的总量也是如此，只有河南省和甘肃省例外。全国的谷物及其他作物与蔬菜园艺作物两项总和接近农业产值的82%，五省一市两项总和占比为78%，最高的湖北省两项总和占比则接近90%，最低的陕西省两项总和占比只有55.91%。最高的湖北省蔬菜园艺类产值为占比为52%，最低的甘肃省蔬菜园艺类产值占比为32%。陕西省的水果坚果茶叶与香料作物产值占农业（种植业）产值的40%，为五省一市最高；湖北省的水果坚果茶叶与香料作物产值最低，为农业（种植业）产值的9%。甘肃省中药材产值为农业产值的10%，为五省一市最高；重庆市中药材产值占比为7%，其他省市中药材产值占比分别为

2%~4%。②五省一市秦巴片区的农业（种植业）产值结构主要体现为谷物及其他作物和蔬菜园艺作物两部分，大多数省市秦巴片区的蔬菜园艺作物产值没有超过谷物及其他作物产值，只有重庆秦巴片区例外。这两项产值合计占比较高的为河南秦巴片区（85%）与湖北秦巴片区（86%），较低的为陕西秦巴片区（62%）与甘肃秦巴片区（60%）。水果坚果茶叶与香料作物产值占比较高的为陕西秦巴片区（28%）与甘肃秦巴片区（19%），较低的为河南秦巴片区（12%）与湖北秦巴片区（12%）。中药材产值占比较高的为甘肃秦巴片区（21%），较低的为湖北秦巴片区（2%）。

（6）五省一市牲畜饲养产值占全国牲畜饲养产值的24.72%，秦巴片区牲畜饲养产值占五省一市牲畜饲养产值的12.06%。五省一市牲畜饲养产值有总量优势，秦巴片区牲畜饲养产值无总量优势。其中，河南省牲畜饲养产值具有绝对的优势，占全国牲畜饲养产值的10.58%，占五省一市牲畜饲养产值的42.79%；陕西秦巴片区牲畜饲养产值具有绝对的优势，占秦巴片区牲畜饲养产值的35.01%。河南省、陕西省和甘肃省人均牲畜饲养产值均高于五省一市与全国平均水平。其中，河南省人均牲畜饲养产值的优势很大，是五省一市人均牲畜饲养产值的1.43倍；湖北秦巴片区和陕西秦巴片区人均牲畜饲养产值均高于秦巴片区与五省一市平均水平，其中，陕西秦巴片区人均牲畜饲养产值具有绝对的优势，是秦巴片区人均牲畜饲养产值的1.73倍。

（7）五省一市猪的饲养产值占全国猪的饲养产值的29.91%，秦巴片区猪的饲养产值占五省一市猪的饲养产值的17.48%。五省一市猪的饲养产值在全国具有一定的优势，秦巴片区猪的饲养产值在五省一市的优势不大。河南省、湖北省和四川省猪的饲养产值具有显著的优势，都是名副其实的养猪大省，在全国占比均超过7%。湖北秦巴片区和四川秦巴片区猪的饲养产值具有绝对的优势，四川秦巴片区猪的饲养产值接近秦巴片区猪的饲养产值的一半，但秦巴片区猪的饲养产值在五省一市的占比优势不大。湖北省、四川省和河南省人均猪的饲养产值居五省一市前三位，且均高于全国平均水平。湖北秦巴片区和四川秦巴片区人均猪的饲养产值均高于秦巴片区与五省一市的平均水平。其中，湖北秦巴片区人均猪的饲养产值具有绝对的优势。

（8）五省一市家禽饲养产值占全国家禽饲养产值的25.67%，秦巴片区家禽饲养产值占五省一市家禽饲养产值的12.61%。五省一市家禽饲养产值在全国具有一定的优势，秦巴片区家禽饲养产值处于五省一市平均偏下水平。河南省与四川省家禽饲养产值具有较大的优势，四川省家禽饲养产值占全国家禽饲养产值的比例超过10%，湖北省家禽饲养产值处于五省一市平均水平；湖北秦巴片区与四川秦巴片区家禽饲养产值具有较大的优势，尤其是四川秦巴片区，其家禽饲养产值接近秦巴片区家禽饲养产值的40.00%。湖北省、重庆市和四川省人均家禽饲养产值具有一定的优势，其中，四川省人均家禽饲养产值具有较大的优势；湖北秦巴片区、重庆秦巴片区和四川秦巴片区人均家禽饲养产值具有较大的优势，其中，湖北秦巴片区人均家禽饲养产值最大，是秦巴片区人均家禽饲养产值的1.82倍。

（9）五省一市狩猎捕捉与其他畜牧业产值占全国狩猎捕捉与其他畜牧业产值的15.23%；秦巴片区狩猎捕捉与其他畜牧业产值占五省一市狩猎捕捉与其他畜牧业产值的23.27%。河南省与四川省狩猎捕捉与其他畜牧业产值在五省一市具有较大的优势，且四川省狩猎捕捉与其他畜牧业产值优势明显；河南秦巴片区狩猎捕捉与其他畜牧业产值具有绝对的优势。重庆市、四川省和陕西省人均狩猎捕捉与其他畜牧业产值在五省一市具有优势，且四川省人均狩猎捕捉与其他畜牧业产值的优势明显；河南秦巴片区和重庆秦巴片区人均狩猎捕捉与其他畜牧业产值在秦巴片区具有绝对的优势。

（10）牧业产值结构。①从五省一市牧业产值结构看，大多是以猪的饲养为主，家禽饲养与牲畜饲养差别不大。五省一市与全国的牧业产值结构基本相似，五省一市猪的饲养产值比例为34%~61%，牲畜饲养产值比例为9%~60%，家禽饲养产值比例为6%~33%。湖北省与重庆市猪的饲养产值比例较高，均超过其牧业产值的一半；河南省与四川省猪的饲养产值比例接近其牧业产值的一半；甘肃省猪的饲养产值比例最低，约为其牧业产值的1/3。河南省、陕西省和甘肃省的牲畜饲养产值比例较高，尤其是甘肃省，其牲畜饲养产值比例接近其牧业产值的60%。重庆市与四川省的家禽饲养产值比例较高且相近，约占其牧业产值的1/3。②从五省一市秦巴片区牧业产值结构看，大多数省市秦巴片区以猪的饲养为主，家禽饲养与牲畜饲养差别不大。秦巴片区的猪的饲养、家禽饲养和牲畜饲养产值比例分别为58%、19%和19%。四川秦巴片区猪的饲养产值比例高达71%，最低的甘肃秦巴片区猪的饲养产值比例也达到34%。重庆秦巴片区家禽饲养产值最高，占其牧业产值的32%，除甘肃秦巴片区6%最低外，其余四个秦巴片区的家禽饲养产值比例差距较小。甘肃秦巴片区牲畜饲养产值比例最高，为60%；其次为陕西秦巴片区牲畜饲养产值比例，为37%；最低的四川秦巴片区牲畜饲养产值比例为8%。

总的来讲，五省一市的生态与产业状况呈现生态高地、农业台地和产业台地特征，秦巴山脉区域呈现生态高地、农业台地与产业台地特征，第二、第三产业整体上均呈现凹地特征。"三农"经济状况呈现农业经济凹地、农民经济凹地及农村集体经济凹地特征。解决农业经济绿色循环发展的主要途径是盘活三类土地资源：一是耕地，二是林地、草地与池塘，三是农村宅基地。建立秦巴山脉区域农业经济绿色发展特区，建立有助于农业经济绿色发展的政策体系，撬动社会资本向农村与农业产业流动，尤其是私人资本，鼓励有钱"人"（富人与企业）先"安居"，再"创业"，再"乐业"，拉动"人气"向"财气"转化。

第二章

秦巴山脉区域农民经济状况分析

第一节 农村居民人均收入

五省一市农村居民人均收入[①]为 10 671.28 元，是全国农村居民人均收入的 83%，比全国农村居民人均收入低 2206.46 元。秦巴片区农村居民人均收入为 9357.28 元，是五省一市农村居民人均收入的 88%，比五省一市农村居民人均收入低 1314 元；是全国农村居民人均收入的 73%，比全国农村居民人均收入低 3520.46 元。湖北省农村居民人均收入居于五省一市第一位，略低于全国农村居民人均收入；湖北省农村居民人均收入是五省一市农村居民人均收入的 1.19 倍，比五省一市农村居民人均收入高 2053.68 元。同时，湖北秦巴片区农村居民人均收入在秦巴片区中也为最高，是全国农村居民人均收入的 81.07%，比全国农村居民人均收入低 2438.36 元；是五省一市农村居民人均收入的 98%，比五省一市农村居民人均收入低 231.90 元；湖北秦巴片区农村居民人均收入是秦巴片区农村居民人均收入的 1.12 倍，比秦巴片区农村居民人均收入高 1082.10 元。甘肃省农村居民人均收入居于五省一市最后一位，仅为全国农村居民人均收入的 58%，比全国农村居民人均收入低 5420.84 元；甘肃省农村居民人均收入是五省一市农村居民人均收入的 70%，比五省一市农村居民人均收入低 3124.38 元。同时，甘肃秦巴片区农村居民人均收入在秦巴片区中也为最低，是全国农村居民人均收入的 48.68%，比全国农村居民人均收入低 6608.30 元；甘肃秦巴片区农村居民人均收入是五省一市农村居民人均收入的 59%，比五省一市农村居民人均收入低 4401.84 元；是秦巴片区农村居民人均收入的 67%，比秦巴片区农村居民人均收入低 3087.84 元。除陕西秦巴片区外，其余省市秦巴片区农村居民人均收入普遍比该省市农村居民人均收入低。这也表明秦巴片区由于先天优势不足（交通不便、受教育程度不高、资源开发利用受限和距城市较远等），经济发展相对该省市其他地区较为落后。下文将对居民收入组成及比值进行分析比较。河南省、湖北省、重庆市、四川省、

[①] 人均收入是指家庭成员得到的工资性收入、经营净收入、财产性收入、转移性收入之和的平均值，不包括出售财物收入和借贷收入。

陕西省和甘肃省农村居民人均收入分别是五省一市和全国农村居民人均收入的 1.10 倍和 91%、1.19 倍和 99%、1.08 倍和 90%、1.05 倍和 87%、88% 和 73%、70% 和 58%。五省一市农村居民人均收入低于全国平均水平，河南省、湖北省、重庆市和四川省农村居民人均收入均高于五省一市平均水平，湖北省农村居民人均收入接近全国平均水平，最低的甘肃省农村居民人均收入只占五省一市农村居民人均收入的 70%。河南秦巴片区、湖北秦巴片区、重庆秦巴片区、四川秦巴片区、陕西秦巴片区和甘肃秦巴片区农村居民人均收入分别是秦巴片区和五省一市农村居民人均收入的 1.11 倍和 97%、1.12 倍和 98%、98% 和 86%、1.09 倍和 96%、1.04 倍和 91%、67% 和 59%。秦巴片区农村居民人均收入低于五省一市平均水平，也低于全国平均水平。甘肃秦巴片区农村居民人均收入为 6269.44 元，低于秦巴片区平均水平，是秦巴片区中农村居民人均收入最低的片区；重庆秦巴片区农村居民人均收入为 9126.18 元，基本上接近秦巴片区平均水平；河南秦巴片区、湖北秦巴片区、四川秦巴片区和陕西秦巴片区农村居民人均收入均高于秦巴片区平均水平（表 2-1、表 2-2 和图 2-1）。

表 2-1　五省一市农村居民人均收入比较

地区	农村居民人均收入/元	与五省一市的比值	与全国的比值
河南省	11 697.00	1.10	0.91
湖北省	12 724.96	1.19	0.99
重庆市	11 548.79	1.08	0.90
四川省	11 203.00	1.05	0.87
陕西省	9 396.00	0.88	0.73
甘肃省	7 456.90	0.70	0.58
五省一市	10 671.28	1.00	0.83
全国	12 877.74	1.21	1.00

表 2-2　五省一市秦巴片区农村居民人均收入比较

地区	农村居民人均收入/元	与秦巴片区的比值	与五省一市的比值
河南秦巴片区	10 340.57	1.11	0.97
湖北秦巴片区	10 439.38	1.12	0.98
重庆秦巴片区	9 126.18	0.98	0.86
四川秦巴片区	10 208.05	1.09	0.96
陕西秦巴片区	9 760.10	1.04	0.91
甘肃秦巴片区	6 269.44	0.67	0.59
秦巴片区	9 357.28	1.00	0.88
五省一市	10 671.28	1.14	1.00
全国	12 877.74	1.38	1.21

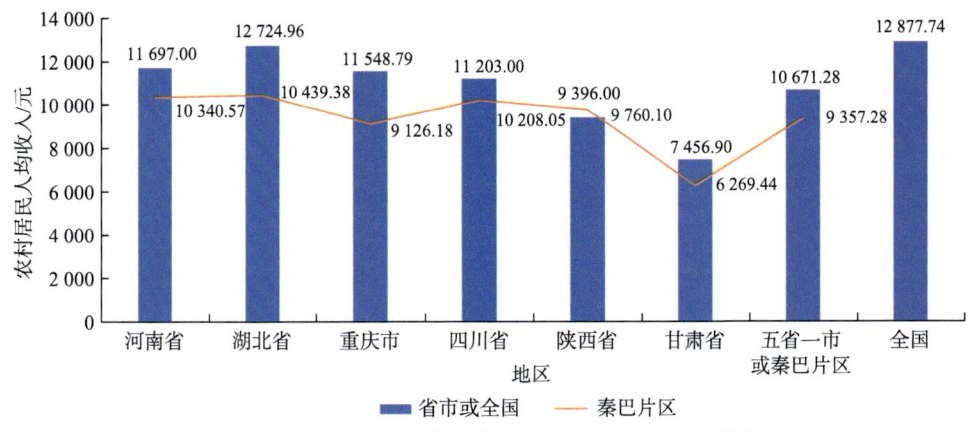

图 2-1　全国和五省一市及其秦巴片区农村居民人均收入

第二节　农村居民人均收入结构

一、农村居民人均工资性收入

农村居民人均工资性收入[①]和经营性收入是收入的主要来源。五省一市农村居民人均工资性收入为 3684.28 元，是全国农村居民人均工资性收入的 72%，比全国农村居民人均工资性收入低 1439.26 元。秦巴片区农村居民人均工资性收入 3771.84 元，是全国农村居民人均工资性收入的 73.62%，比全国农村居民人均工资性收入低 1351.70 元；是五省一市农村居民人均工资性收入的 1.02 倍，比五省一市农村居民人均工资性收入高 87.56 元，差异较小。河南省农村居民人均工资性收入居于五省一市第一位，是全国农村居民人均工资性收入的 85%，比全国农村居民人均工资性收入低 785.54 元；是五省一市农村居民人均工资性收入的 1.18 倍，比五省一市农村居民人均工资性收入高 653.72 元。陕西秦巴片区农村居民人均工资性收入在秦巴片区中为最高，与全国农村居民人均工资性收入基本持平；是五省一市农村居民人均工资性收入的 1.39 倍，比五省一市农村居民人均工资性收入高 1450.08 元；是秦巴片区农村居民人均工资性收入的 1.36 倍，比秦巴片区农村居民人均工资性收入高 1362.52 元。甘肃省农村居民人均工资性收入居于五省一市最后一位，仅为全国农村居民人均工资性收入的 41%，比全国农村居民人均工资性收入低 2998.54 元；是五省一市农村居民人均工资性收入的 58%，比五省一市农村居民人均工资性收入低 1559.28 元。同时，甘肃秦巴片区的农村居民人均工资性收入在秦巴片区中也为最低，是全国农村居民人均工资性收入的 47.62%，比全国农村居民人均工资性收入低 2683.86 元；是五省一市农村居民人

---

① 工资性收入指就业人员通过各种途径得到的全部劳动报酬和各种福利，包括受雇于单位或个人、从事各种自由职业、兼职和零星劳动得到的全部劳动报酬及福利。

均工资性收入的 66%，比五省一市农村居民人均工资性收入低 1244.60 元；是秦巴片区农村居民人均工资性收入的 65%，比秦巴片区农村居民人均工资性收入低 1332.16 元。除陕西秦巴片区外，其他秦巴片区及其所在的五省一市农村居民人均工资性收入低于全国平均水平。河南秦巴片区、重庆秦巴片区和四川秦巴片区农村居民人均工资性收入低于其所在的省市平均水平；而湖北秦巴片区、陕西秦巴片区和甘肃秦巴片区农村居民人均工资性收入高于其所在的省市平均水平，尤其是陕西秦巴片区农村居民人均工资性收入。秦巴片区和非秦巴片区农村居民人均工资性收入差异较大，这也可能是导致陕西秦巴片区农村居民人均工资性收入高于本省平均水平的原因。在五省一市农村居民人均工资性收入中，除了甘肃省农村居民人均工资性收入较低且仅为五省一市农村居民人均工资性收入的 58% 外，其他省市农村居民人均工资性收入均超过五省一市平均水平，这表明务工在农村居民收入中占有较重要地位；但五省一市农村居民人均工资性收入均低于全国平均水平，最高的河南省农村居民人均工资性收入仅为全国农村居民人均工资性收入的 85%，最低的甘肃省农村居民人均工资性收入仅为全国农村居民人均工资性收入的 41%。河南秦巴片区、湖北秦巴片区、重庆秦巴片区、四川秦巴片区、陕西秦巴片区和甘肃秦巴片区农村居民人均工资性收入分别是秦巴片区和五省一市农村居民人均工资性收入的 1.03 倍和 1.05 倍、1.24 倍和 1.27 倍、84% 和 86%、88% 和 90%、1.36 倍和 1.39 倍、65% 和 66%。秦巴片区农村居民人均工资性收入高于五省一市平均水平，这反映了务工对秦巴片区农村居民收入有重要的影响作用（表 2-3、表 2-4 和图 2-2）。

表 2-3 全国和五省一市农村居民人均工资性收入比较

地区	人均工资性收入/元	与五省一市的比值	与全国的比值
河南省	4338.00	1.18	0.85
湖北省	4023.04	1.09	0.79
重庆市	3965.64	1.08	0.77
四川省	3737.00	1.01	0.73
陕西省	3916.00	1.06	0.76
甘肃省	2125.00	0.58	0.41
五省一市	3684.28	1.00	0.72
全国	5123.54	1.39	1.00

表 2-4 全国和五省一市秦巴片区农村居民人均工资性收入比较

地区	人均工资性收入/元	与秦巴片区的比值	与五省一市的比值
河南秦巴片区	3882.52	1.03	1.05
湖北秦巴片区	4695.36	1.24	1.27
重庆秦巴片区	3159.03	0.84	0.86

续表

地区	人均工资性收入/元	与秦巴片区的比值	与五省一市的比值
四川秦巴片区	3320.11	0.88	0.90
陕西秦巴片区	5134.36	1.36	1.39
甘肃秦巴片区	2439.68	0.65	0.66
秦巴片区	3771.84	1.00	1.02
五省一市	3684.28	0.98	1.00
全国	5123.54	1.36	1.39

图 2-2　五省一市及其秦巴片区农村居民人均工资性收入

二、农村居民人均经营性收入

五省一市农村居民人均经营性收入[①]为 4144.06 元,是全国农村居民人均经营性收入的 86%,比全国农村居民人均经营性收入低 696.96 元。秦巴片区农村居民人均经营性收入为 3216.35 元,是全国农村居民人均经营性收入的 66.44%,比全国农村居民人均经营性收入低 1624.67 元;是五省一市农村居民人均经营性收入的 78%,比五省一市农村居民人均经营性收入低 927.71 元。湖北省农村居民人均经营性收入居于五省一市第一位,是全国农村居民人均经营性收入的 1.14 倍,比全国农村居民人均经营性收入高 692.98 元;是五省一市农村居民人均经营性收入的 1.34 倍,比五省一市农村居民人均经营性收入高 1389.94 元。河南秦巴片区农村居民人均经营性收入在秦巴片区中为最高,是全国农村居民人均经营性收入的 92.97%,比全国农村居民人均经营性收入低 340.16 元;是五省一市农村居民人均经营性收入的 1.09 倍,比五省一市农村居民人均经营性收入高 356.80 元;是秦巴片区农村居民人均经营性收入 1.40 倍,比秦巴片区农村居民人均经营性收入高

---

① 经营性收入是指纳税人通过经常性的生产经营活动而取得的收益,是全部经营性收入中扣除经营费用、生产性固定资产折旧和生产税净额(生产税减去生产补贴)之后得到的收入。

1284.51 元。陕西省农村居民人均经营性收入居于五省一市最后一位，是全国农村居民人均经营性收入的 63%，比全国农村居民人均经营性收入低 1783.12 元；是五省一市农村居民人均经营性收入的 74%，比五省一市农村居民人均经营性收入低 1086.16 元。甘肃秦巴片区农村居民人均经营性收入在秦巴片区中为最低，仅为全国农村居民人均经营性收入的 46.79%，比全国农村居民人均经营性收入低 2575.94 元；是五省一市农村居民人均经营性收入的 55%，比五省一市农村居民人均经营性收入低 1878.98 元；是秦巴片区农村居民人均经营性收入 70%，比秦巴片区农村居民人均经营性收入低 951.27 元。从图 2-3 可以看出，除河南秦巴片区外，其他省市秦巴片区农村居民人均经营性收入均低于该省市农村居民人均经营性收入。湖北省的秦巴片区和非秦巴片区的农村居民人均经营性收入差异较大，这部分收入直接影响了湖北省秦巴片区和非秦巴片区的农村居民人均收入。河南省、湖北省、重庆市、四川省、陕西省和甘肃省农村居民人均经营性收入分别是五省一市和全国的 1.05 倍和 90%、1.34 倍和 1.14 倍、100% 和 86%、1.09 倍 93%、74% 和 63%、79% 和 67%。五省一市农村居民人均经营性收入低于全国平均水平，除了陕西省和甘肃省农村居民人均经营性收入低于五省一市平均水平外，其他省市农村居民人均经营性收入均高于或等于五省一市平均水平，陕西省农村居民人均经营性收入最低，仅是五省一市农村居民人均经营性收入的 74%。河南秦巴片区、湖北秦巴片区、重庆秦巴片区、四川秦巴片区、陕西秦巴片区、甘肃秦巴片区农村居民人均经营性收入分别是秦巴片区和五省一市农村居民人均经营性收入的 1.40 倍和 1.09 倍、99% 和 77%、1.01 倍和 78%、1.03 倍和 80%、87% 和 68%、70% 和 55%。秦巴片区农村居民人均经营性收入低于五省一市平均水平，其中，河南秦巴片区、重庆秦巴片区和四川秦巴片区农村居民人均经营性收入高于秦巴片区平均水平，湖北秦巴片区、陕西秦巴片区和甘肃秦巴片区农村居民人均经营性收入低于秦巴片区平均水平，最低的甘肃秦巴片区农村居民人均经营性收入仅为秦巴片区农村居民人均经营性收入的 70%（表 2-5、表 2-6 和图 2-3）。

表 2-5　全国和五省一市农村居民人均经营性收入比较

地区	人均经营性收入/元	与五省一市的比值	与全国的比值
河南省	4336.00	1.05	0.90
湖北省	5534.00	1.34	1.14
重庆市	4150.05	1.00	0.86
四川省	4525.00	1.09	0.93
陕西省	3057.90	0.74	0.63
甘肃省	3261.40	0.79	0.67
五省一市	4144.06	1.00	0.86
全国	4841.02	1.17	1.00

表 2-6 全国和五省一市秦巴片区农村居民人均经营性收入比较

地区	人均经营性收入/元	与秦巴片区的比值	与五省一市的比值
河南秦巴片区	4500.86	1.40	1.09
湖北秦巴片区	3172.60	0.99	0.77
重庆秦巴片区	3234.65	1.01	0.78
四川秦巴片区	3314.34	1.03	0.80
陕西秦巴片区	2810.60	0.87	0.68
甘肃秦巴片区	2265.08	0.70	0.55
秦巴片区	3216.35	1.00	0.78
五省一市	4144.06	1.29	1.00
全国	4841.02	1.51	1.17

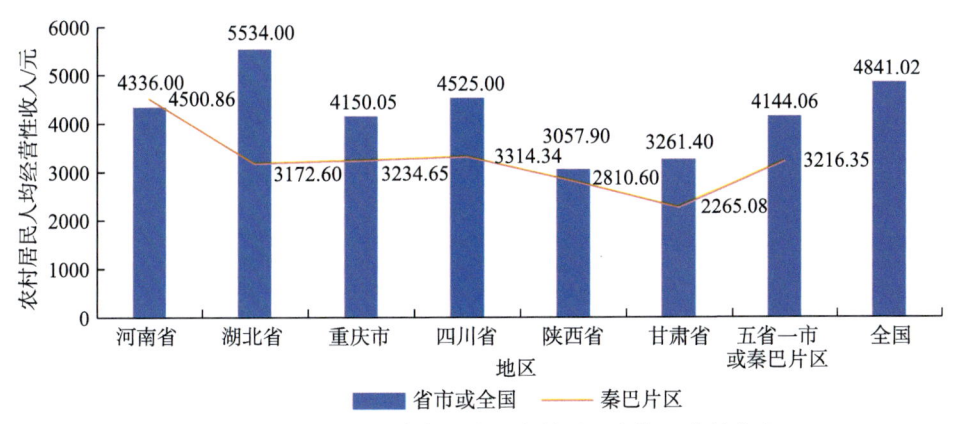

图 2-3 五省一市及其秦巴片区农村居民人均经营性收入

三、农村居民人均财产性收入

财产性收入[①]是农村居民人均收入组成中比例最低的，也是以往统计中不被重要考虑的因子，但自十七大以后，提高农村居民人均收入成为主要任务。五省一市农村居民人均财产性收入为 198.63 元，是全国农村居民人均财产性收入的 42%，比全国农村居民人均财产性收入低 276.49 元。秦巴片区农村居民人均财产性收入 328.19 元，是全国农村居民人均财产性收入的 69.08%，比全国农村居民人均财产性收入低 146.93 元；是五省一市农村居民人均财产性收入的 1.65 倍，比五省一市农村居民人均财产性收入高 129.56 元。重庆市农村居民人均财产性收入居于五省一市第一位，是全国农村居民人均财产性收入的 62%，比全国农村居民人均财产性收入低 179.36 元；是五省一市农村居民人均财产性收入的 1.49 倍，比五省一市

---

① 财产性收入是指住户或住户成员将其所拥有的金融资产和自然资源交由其他机构单位、住户或个人支配而获得的回报并扣除相关费用之后得到的净收益。

农村居民人均财产性收入高 97.13 元。四川秦巴片区农村居民人均财产性收入在秦巴片区中为最高，是全国农村居民人均财产性收入的 1.21 倍，比全国农村居民人均财产性收入高 100.42 元；是五省一市农村居民人均财产性收入的 2.90 倍，比五省一市农村居民人均财产性收入高 376.91 元；是秦巴片区农村居民人均财产性收入的 1.75 倍，比秦巴片区农村居民人均财产性收入高 247.35 元。甘肃省农村居民人均财产性收入居于五省一市最后一位，是全国农村居民人均财产性收入的 27%，比全国农村居民人均财产性收入低 346.72 元；是五省一市农村居民人均财产性收入的 65%，比五省一市农村居民人均财产性收入低 70.23 元。同时，甘肃秦巴片区农村居民人均财产性收入在秦巴片区中也为最低，是全国农村居民人均财产性收入的 31.02%，比全国农村居民人均财产性收入低 327.73 元；是五省一市农村居民人均财产性收入的 74%，比五省一市农村居民人均财产性收入低 51.24 元；是秦巴片区农村居民人均财产性收入的 45%，比秦巴片区农村居民人均财产性收入低 180.80 元。除重庆秦巴片区外，其他省市秦巴片区的农村居民人均财产性收入均比该省市的农村居民人均财产性收入高。这可能与秦巴片区居民理财观念有关，也可能是由于存款较多或开发旅游收取租金等获得的收入。我国农村居民人均财产性收入在收入中的比例不高，一般为 3.00%～5.00%。河南省、湖北省、重庆市、四川省、陕西省、甘肃省农村居民人均财产性收入分别是五省一市和全国农村居民人均财产性收入的 91%和 38%、80%和 33%、1.49 倍和 62%、1.35 倍和 57%、80%和 33%、65%和 27%。五省一市农村居民人均财产性收入（198.63 元）低于全国农村居民人均财产性收入（475.12 元）。除了重庆市（1.49 倍）和四川省（1.35 倍）农村居民人均财产性收入高于五省一市平均水平外，其他省农村居民人均财产性收入均低于五省一市平均水平。其中，甘肃省农村居民人均财产性收入最低，仅为五省一市农村居民人均财产性收入的 65%，不到全国农村居民人均财产性收入的 1/3。河南秦巴片区、湖北秦巴片区、重庆秦巴片区、四川秦巴片区、陕西秦巴片区、甘肃秦巴片区农村居民人均财产性收入分别是秦巴片区和五省一市农村居民人均财产性收入的 1.11 倍和 1.84 倍、1.29 倍和 2.13 倍、60%和 99%、1.75 倍和 2.90 倍、80%和 1.32 倍、45%和 74%。秦巴片区农村居民人均财产性收入高于五省一市平均水平，五省一市农村居民人均财产性收入低于全国平均水平。河南秦巴片区、湖北秦巴片区、四川秦巴片区农村居民人均财产性收入均高于秦巴片区平均水平。其中，四川秦巴片区农村居民人均财产性收入最高，是秦巴片区农村居民人均财产性收入的 1.75 倍；重庆秦巴片区、陕西秦巴片区和甘肃秦巴片区农村居民人均财产性收入均低于秦巴片区平均水平。其中，甘肃秦巴片区农村居民人均财产性收入最低，仅为秦巴片区农村居民人均财产性收入的 45%（表 2-7、表 2-8 和图 2-4）。

表 2-7　全国和五省一市农村居民人均财产性收入比较

地区	人均财产性收入/元	与五省一市的比值	与全国的比值
河南省	181.00	0.91	0.38
湖北省	158.60	0.80	0.33
重庆市	295.76	1.49	0.62
四川省	269.00	1.35	0.57
陕西省	159.00	0.80	0.33
甘肃省	128.40	0.65	0.27
五省一市	198.63	1.00	0.42
全国	475.12	2.39	1.00

表 2-8　全国和五省一市秦巴片区农村居民人均财产性收入比较

地区	人均财产性收入/元	与秦巴片区的比值	与五省一市的比值
河南秦巴片区	365.69	1.11	1.84
湖北秦巴片区	423.08	1.29	2.13
重庆秦巴片区	196.06	0.60	0.99
四川秦巴片区	575.54	1.75	2.90
陕西秦巴片区	261.38	0.80	1.32
甘肃秦巴片区	147.39	0.45	0.74
秦巴片区	328.19	1.00	1.65
五省一市	198.63	0.61	1.00
全国	475.12	1.45	2.39

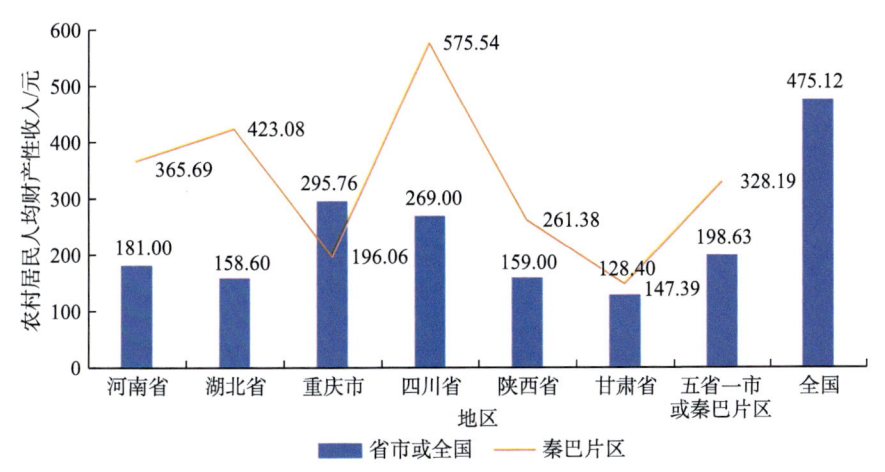

图 2-4　五省一市及其秦巴片区农村居民人均财产性收入

四、农村居民人均转移性收入

转移性收入①是农村居民人均收入组成的重要部分。五省一市农村居民人均转移性收入为 2644.31 元，是全国农村居民人均转移性收入的 1.08 倍，基本与全国农村居民人均转移性收入持平。秦巴片区农村居民人均转移性收入 2040.90 元，是全国农村居民人均转移性收入的 83.71%，比全国农村居民人均转移性收入低 397.16 元；是五省一市农村居民人均转移性收入的 77%，比五省一市农村居民人均转移性收入低 603.41 元。四川省农村居民人均转移性收入居于五省一市第一位，是全国农村居民人均转移性收入的 1.29 倍，比全国农村居民人均转移性收入高 699.28 元；是五省一市农村居民人均转移性收入的 1.19 倍，比五省一市农村居民人均转移性收入高 493.03 元。四川秦巴片区农村居民人均转移性收入在秦巴片区中为最高，是全国农村居民人均转移性收入的 1.23 倍，比全国农村居民人均转移性收入高 560.00 元；是五省一市农村居民人均转移性收入的 1.13 倍，比五省一市农村居民人均转移性收入高 353.75 元；是秦巴片区农村居民人均转移性收入的 1.47 倍，比秦巴片区农村居民人均转移性收入高 957.16 元。甘肃省农村居民人均转移性收入居于五省一市最后一位，是全国农村居民人均转移性收入的 80%，比全国农村居民人均转移性收入低 495.96 元；是五省一市农村居民人均转移性收入的 73%，比五省一市农村居民人均转移性收入低 702.21 元。同时，甘肃秦巴片区农村居民人均转移性收入在秦巴片区中也为最低，是全国农村居民人均转移性收入的 58.13%，比全国农村居民人均转移性收入低 1020.77 元；是五省一市农村居民人均转移性收入的 54%，比五省一市农村居民人均转移性收入低 1227.02 元；是秦巴片区农村居民人均转移性收入的 69%，比秦巴片区农村居民人均转移性收入低 623.61 元。五省一市秦巴片区的农村居民人均转移性收入均低于该省市农村居民人均转移性收入。我国居民收入不平等问题的影响主要来自两个方面：一是地区经济发展水平的差异所导致的转移性收入支付的差异；二是城乡分割的收入再分配制度导致的城乡转移性收入分配的不平等，即城镇居民能享受到较多的政府转移性支付，而广大农村居民享受到的政府转移性支付较少。这也是各省市秦巴片区农村居民人均转移性收入低于该省市农村居民人均转移性收入的原因。河南省、湖北省、重庆市、四川省、陕西省、甘肃省农村居民人均转移性收入分别是五省一市和全国农村居民人均转移性收入的 1.07 倍和 1.17 倍、1.14 倍和 1.23 倍、1.01 倍和 1.10 倍、1.19 倍和 1.29 倍、86%和 93%、73%和 80%。五省一市农村居民人均转移性收入（2644.31 元）高于全国农村居民人均转移性收入（2438.06 元）。除了陕西

---

① 转移性收入是指国家、单位、社会团体对居民家庭的各种转移支付和居民家庭间的收入转移，包括政府对个人收入转移的离退休金、政策性生活补贴、救灾款、捐赠、失业救济金、报销医疗费、赔偿等；单位对个人收入转移的辞退金、保险索赔、住房公积金、家庭间的赠送和赡养及农村地区（村民委员会，以下简称村委会）在外（含国外）工作的本住户非常住成员寄回、带回的收入等。

省和甘肃省农村居民人均转移性收入低于五省一市平均水平外，其他省市农村居民人均转移性收入均高于五省一市平均水平，最低的甘肃省农村居民人均转移性收入是五省一市农村居民人均转移性收入的73%，最高的四川省农村居民人均转移性收入是五省一市农村居民人均转移性收入的1.19倍。河南秦巴片区、湖北秦巴片区、重庆秦巴片区、四川秦巴片区、陕西秦巴片区和甘肃秦巴片区农村居民人均转移性收入分别是秦巴片区与五省一市农村居民人均转移性收入的78%和60%、1.05倍和81%、1.24倍和96%、1.47倍和1.13倍、76%和59%、69%和54%。秦巴片区农村居民人均转移性收入（2040.90元）低于五省一市农村居民人均转移性收入（2644.31元）。湖北秦巴片区、重庆秦巴片区和四川秦巴片区农村居民人均转移性收入均高于秦巴片区平均水平。其中，最高的四川秦巴片区农村居民人均转移性收入是秦巴片区农村居民人均转移性收入的1.47倍；河南秦巴片区、陕西秦巴片区和甘肃秦巴片区农村居民人均转移性收入低于秦巴片区平均水平。其中，最低的甘肃秦巴片区农村居民人均转移性收入是秦巴片区农村居民人均转移性收入的69%（表2-9、表2-10和图2-5）。

表2-9　全国和五省一市农村居民人均转移性收入比较

地区	人均转移性收入/元	与五省一市的比值	与全国的比值
河南省	2842.00	1.07	1.17
湖北省	3009.32	1.14	1.23
重庆市	2672.00	1.01	1.10
四川省	3137.34	1.19	1.29
陕西省	2263.10	0.86	0.93
甘肃省	1942.10	0.73	0.80
五省一市	2644.31	1.00	1.08
全国	2438.06	0.92	1.00

表2-10　全国和五省一市秦巴片区农村居民人均转移性收入比较

地区	人均转移性收入/元	与秦巴片区的比值	与五省一市的比值
河南秦巴片区	1591.50	0.78	0.60
湖北秦巴片区	2148.34	1.05	0.81
重庆秦巴片区	2536.44	1.24	0.96
四川秦巴片区	2998.06	1.47	1.13
陕西秦巴片区	1553.76	0.76	0.59
甘肃秦巴片区	1417.29	0.69	0.54
秦巴片区	2040.90	1.00	0.77
五省一市	2644.31	1.30	1.00
全国	2438.06	1.19	0.92

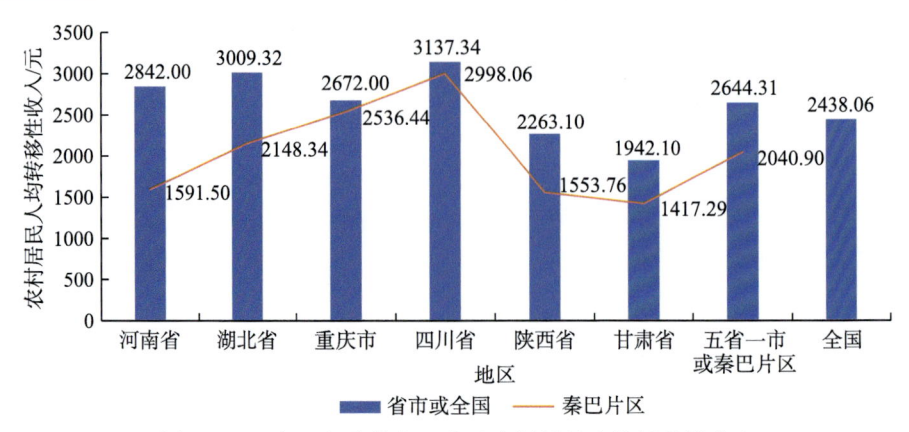

图 2-5　五省一市及其秦巴片区农村居民人均转移性收入

一般地，工资性收入和经营性收入是最重要的收入来源，二者合计占总收入的 70%以上，而转移性收入占总收入的比例最小。由于财产性收入和转移性收入的比例较低，各省市数值差异不大，因此各省市农村居民人均收入较低的地区，其工资性收入和经营性收入的比例也是比较低的。五省一市和秦巴片区的农村居民人均收入构成主要体现为工资性收入和经营性收入两部分，最低占比接近人均收入的 65%，最高占比接近 82%；其次是转移性收入，最低占比约为人均收入的 15%，最高占比达到人均收入的 28%；最后是财产性收入，其总体上占比较低（表 2-11、图 2-6 和图 2-7）。

表 2-11　全国和五省一市及其秦巴片区农村居民人均收入结构（单位：元）

地区	农村居民人均收入	工资性收入	经营性收入	财产性收入	转移性收入
河南省	11 697.00	4 338.00	4 336.00	181.00	2 842.00
河南秦巴片区	10 340.57	3 882.52	4 500.86	365.69	1 591.50
湖北省	12 724.96	4 023.04	5 534.00	158.60	3 009.32
湖北秦巴片区	10 439.38	4 695.36	3 172.60	423.08	2 148.34
重庆市	11 548.79	3 965.64	4 150.05	295.76	3 137.34
重庆秦巴片区	9 126.18	3 159.03	3 234.65	196.06	2 536.44
四川省	11 203.00	3 737.00	4 525.00	269.00	2 672.00
四川秦巴片区	10 208.05	3 320.11	3 314.34	575.54	2 998.06
陕西省	9 396.00	3 916.00	3 057.90	159.00	2 263.10
陕西秦巴片区	9 760.10	5 134.36	2 810.60	261.38	1 553.76
甘肃省	7 456.90	2 125.00	3 261.40	128.40	1 942.10
甘肃秦巴片区	6 269.44	2 439.68	2 265.08	147.39	1 417.29
五省一市	10 671.28	3 684.28	4 144.06	198.63	2 644.31
秦巴片区	9 357.28	3 771.84	3 216.35	328.19	2 040.90
全国	12 877.74	5 123.54	4 841.02	475.12	2 438.06

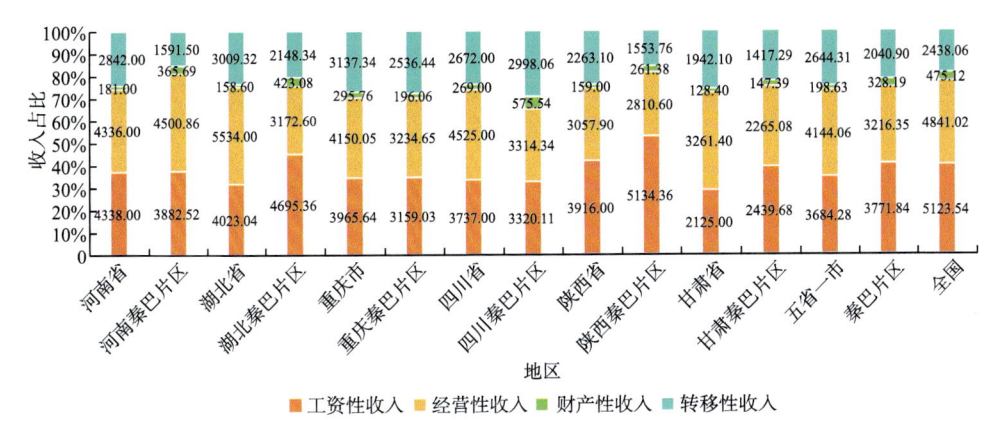

图 2-6 全国和五省一市及其秦巴片区农村居民人均收入结构比较

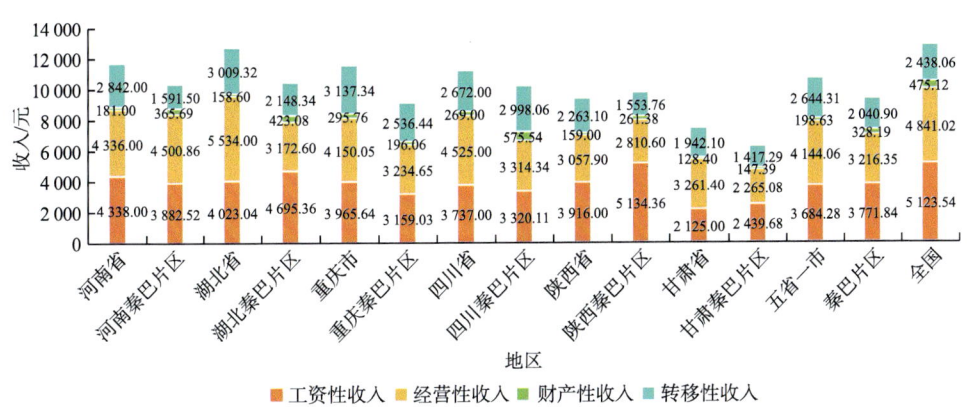

图 2-7 全国和五省一市及其秦巴片区农村居民人均收入比较

第三节 农村居民人均消费

五省一市农村居民人均消费为 9288.00 元，是全国农村居民人均消费的 92%，比全国农村居民人均消费低 842 元。秦巴片区农村居民人均消费是 7155.00 元，是全国农村居民人均消费的 70.63%，比全国农村居民人均消费低 2975 元；是五省一市农村居民人均消费的 77%，比五省一市农村居民人均消费低 2133 元。在五省一市中，湖北省、重庆市和四川省农村居民人均消费分别居于五省一市前三位，尤其是湖北省，其农村居民人均消费是全国农村居民人均消费的 1.08 倍（略高于全国农村居民人均消费）。在秦巴片区中，河南秦巴片区农村居民人均消费最高，是全国农村居民人均消费的 83.14%，比全国农村居民人均消费低 1707.61 元；是五省一市农村居民人均消费的 91%，比五省一市农村居民人均消费低 865.61 元；是秦巴片区农村居民人均消费的 1.18 倍，比秦巴片区农村居民人均消费高 1267.39 元。河南省、湖北省、重庆市、四川省、陕西省、甘肃省农村居民人均消费分别是五省一市和全国农村居民人均消费的92%和85%、1.18倍和1.08倍、1.10倍和1.01倍、1.07倍和98%、92%和85%、81%和74%。五省一市农村居民人均消费（9288.00元）低于全国农村居民人均消费（10 130.00元）。湖北省、重庆市和四川省农村居民人均消费均高于五省一市农村居民人均消费，湖北省农村居民人均消费最高，是五省一市农村居民人均消费的1.18倍；河南省、陕西省和甘肃省农村居民人均消费低于五省一市农村居民人均消费，最低的甘肃省农村居民人均消费是五省一市农村居民人均消费的0.81倍。河南秦巴片区、湖北秦巴片区、重庆秦巴片区、四川秦巴片区、陕西秦巴片区、甘肃秦巴片区的农村居民人均消费分别是秦巴片区和五省一市农村居民人均消费的1.18倍和91%、1.13倍和87%、100%和77%、1.07倍和82%、74%和57%、88%和68%。秦巴片区农村居民人均消费（7155.00元）低于五省一市农村居民人均消费（9288.00元）。河南秦巴片区、湖北秦巴片区和四川秦巴片区农村居民人均消费均高于秦巴片区平均水平，最高的河南秦巴片区人均消费是秦巴片区农村居民人均消费的1.18倍；重庆秦巴片区、陕西秦巴片区和甘肃秦巴片区农村居民人均消费均低于秦巴片区农村居民人均消费，最低的陕西秦巴片区农村居民人均消费是秦巴片区农村居民人均消费的74%（表2-12、表2-13和图2-8）。

表2-12　全国和五省一市农村居民人均消费比较

地区	农村居民人均消费/元	与五省一市的比值	与全国的比值
河南省	8 587.00	0.92	0.85
湖北省	10 938.30	1.18	1.08
重庆市	10 191.60	1.10	1.01
四川省	9 954.36	1.07	0.98
陕西省	8 567.70	0.92	0.85
甘肃省	7 487.03	0.81	0.74
五省一市	9 288.00	1.00	0.92
全国	10 130.00	1.09	1.00

表2-13　全国和五省一市秦巴片区农村居民人均消费比较

地区	农村居民人均消费/元	与秦巴片区的比值	与五省一市的比值
河南秦巴片区	8 422.39	1.18	0.91
湖北秦巴片区	8 066.38	1.13	0.87
重庆秦巴片区	7 142.65	1.00	0.77
四川秦巴片区	7 658.17	1.07	0.82
陕西秦巴片区	5 325.54	0.74	0.57
甘肃秦巴片区	6 313.65	0.88	0.68
秦巴片区	7 155.00	1.00	0.77
五省一市	9 288.00	1.30	1.00
全国	10 130.00	1.42	1.09

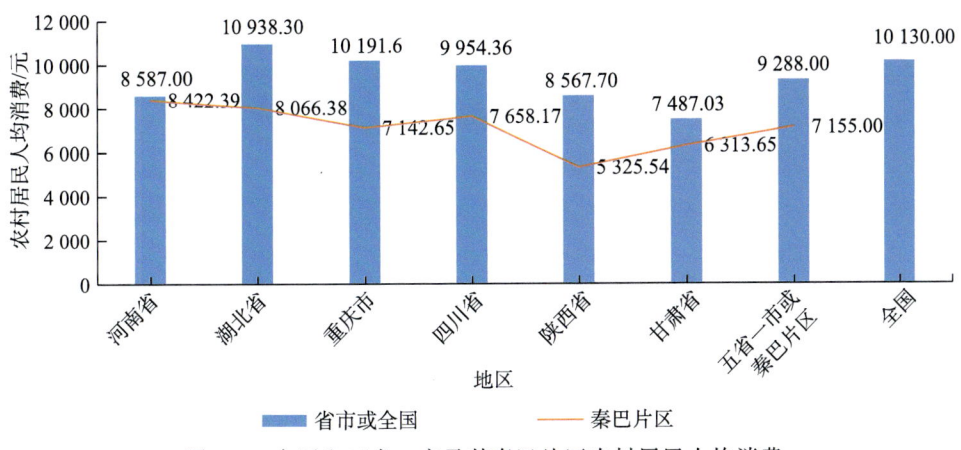

图 2-8　全国和五省一市及其秦巴片区农村居民人均消费

第四节　农村居民人均消费结构

一、农村居民人均食品类消费

食品类消费是消费结构中最重要的部分，食品类消费占总消费的比例被称为恩格尔系数。欧美发达国家通常用恩格尔系数代表一个家庭生活水平的高低。但是，今时不同往日。在社会物产极其丰富的今天，人们已经逐步过渡到小康和富裕阶段，收入早已不再停留于满足食物等生活最基本需求的层面，对于消费的选择也不会遵循过去的需求次序。生活习惯的不同、消费偏好的差异等因素都会在一定程度上影响恩格尔系数的大小。因此，如今继续讨论恩格尔系数已无太大意义。除了四川省和重庆市农村居民人均食品类消费高于全国平均水平外，其他省市及其秦巴片区的农村居民人均食品类消费均低于全国平均水平。重庆市农村居民人均食品类消费居于五省一市第一位，且重庆秦巴片区农村居民人均食品类消费在秦巴片区中也为最高。由图 2-9 可以看出，大部分五省一市的农村居民人均食品类消费均高于其秦巴片区的农村居民人均食品类消费。此外，我们不难发现，五省一市秦巴片区的农村居民人均食品类消费差异不大，而重庆市和四川省农村居民人均食品类消费远远高于其他省市农村居民人均食品类消费。这也表明农村居民人均食品类消费和当地人饮食习惯、消费理念、当地风俗等有关。河南省、湖北省、重庆市、四川省、陕西省、甘肃省农村居民人均食品类消费分别是五省一市和全国农村居民人均食品类消费的 86%和 75%、80%和 70%、1.36 倍和 1.19 倍、1.35 倍和 1.18 倍、81%和 71%、82%和 72%。五省一市农村居民人均食品类消费（2855.00 元）低于全国农村居民人均食品类消费（3266.00 元），是全国农村居民人均食品类消费的 87%。重庆市和四川省农村居民人均食品类消费较接近，且均高于五省一市农村居民人均食品类消费,河南省、湖北省、陕西省和甘肃省农村居民人均食品类消费均低于五省一市农村居民人均食品类消费。其中,湖北省、陕西省和甘肃省农村居民人均食品类消费相差不大,均约为五省一市农村居民人均食品类消费的80%。河南秦巴片区、湖北秦巴片区、重庆秦巴片区、四川秦巴片区、陕西秦巴片区、甘肃秦巴片区农村居民人均食品类消费分别是秦巴片区和五省一市农村居民人均食品类消费的1.03倍和77%、97%和73%、1.19倍和89%、1.04倍77%、64%和47%、1.12倍和84%。秦巴片区农村居民人均食品类消费(2126.00元)低于五省一市农村居民人均食品类消费(2855.00元),是五省一市农村居民人均食品类消费的74%。河南秦巴片区、重庆秦巴片区、四川秦巴片区和甘肃秦巴片区的农村居民人均食品类消费均高于秦巴片区农村居民人均食品类消费。其中,重庆秦巴片区农村居民人均食品类消费在秦巴片区中为最高,是秦巴片区农村居民人均食品类消费的1.19倍,比秦巴片区农村居民人均食品类消费高413.79元;湖北秦巴片区和陕西秦巴片区农村居民人均食品类消费均低于秦巴片区农村居民人均食品类消费。其中,陕西秦巴片区农村居民人均食品类消费在秦巴片区中为最低,是秦巴片区农村居民人均食品类消费的64%,比秦巴片区农村居民人均食品类消费低772.67元(表2-14、表2-15和图2-9)。

表2-14　全国和五省一市农村居民人均食品类消费比较

地区	农村居民人均食品类消费/元	与五省一市的比值	与全国的比值
河南省	2447.00	0.86	0.75
湖北省	2295.60	0.80	0.70
重庆市	3887.00	1.36	1.19
四川省	3850.69	1.35	1.18
陕西省	2307.00	0.81	0.71
甘肃省	2342.60	0.82	0.72
五省一市	2855.00	1.00	0.87
全国	3266.00	1.14	1.00

表2-15　全国和五省一市秦巴片区农村居民人均食品类消费比较

地区	农村居民人均食品类消费/元	与秦巴片区的比值	与五省一市的比值
河南秦巴片区	2195.42	1.03	0.77
湖北秦巴片区	2072.73	0.97	0.73
重庆秦巴片区	2539.79	1.19	0.89
四川秦巴片区	2206.16	1.04	0.77
陕西秦巴片区	1353.33	0.64	0.47
甘肃秦巴片区	2390.15	1.12	0.84
秦巴片区	2126.00	1.00	0.74
五省一市	2855.00	1.34	1.00
全国	3266.00	1.54	1.14

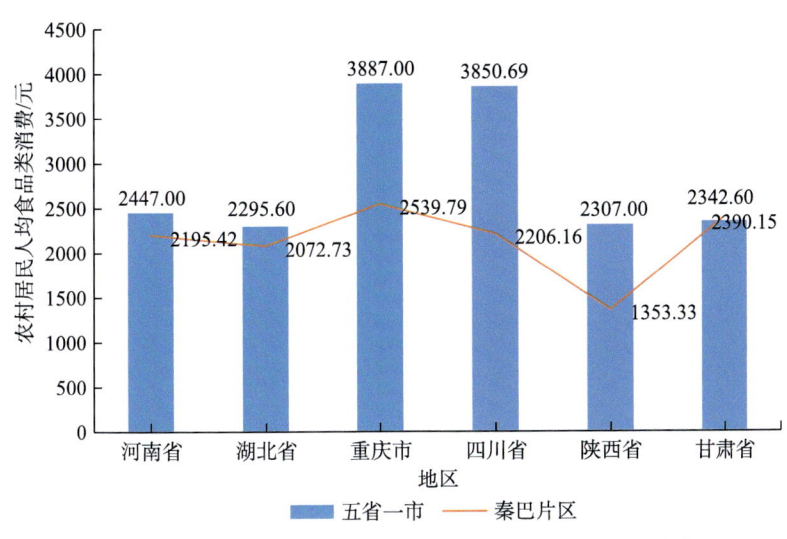

图 2-9　五省一市及其秦巴片区农村居民人均食品类消费

二、农村居民人均衣服类消费

衣服类消费是消费结构中重要的组成部分。在过去未解决温饱的情况下，人们不会考虑在衣服类消费中投入太多。但是在当今社会，衣服作为人们外表评价最重要的内容，越来越多的人开始加大对衣服类消费的投入比例。从表 2-16 可以看出，除陕西省和甘肃省以外，其他省市农村居民人均衣服类消费接近或高于全国水平。表 2-17 表明，在秦巴片区中，只有湖北秦巴片区和河南秦巴片区农村居民人均衣服类消费高于全国平均水平。综合表 2-16 和表 2-17 可以发现，农村居民人均衣服类消费因地差别很大。尤其是湖北秦巴片区，其农村居民人均衣服类消费在秦巴片区中为最高，是全国农村居民人均衣服类消费的 1.59 倍，比全国农村居民人均衣服类消费高 338.8 元；是五省一市农村居民人均衣服类消费的 1.58 倍，比五省一市农村居民人均衣服类消费高 334.8 元；是秦巴片区农村居民人均衣服类消费的 1.59 倍，比秦巴片区农村居民人均衣服类消费高 337.8 元。由图 2-10 可以看出，除湖北省外，其他省市农村居民人均衣服类消费均高于其秦巴片区农村居民人均衣服类消费。综上，人靠衣服马靠鞍，衣服类消费可以间接地反映当地居民的消费观念、审美观念等（图 2-10）。

表 2-16　全国和五省一市农村居民人均衣服类消费比较

地区	农村居民人均衣服类消费/元	与五省一市的比值	与全国的比值
河南省	677.00	1.17	1.18
湖北省	568.70	0.98	0.99
重庆市	641.00	1.11	1.11

续表

地区	农村居民人均衣服类消费/元	与五省一市的比值	与全国的比值
四川省	591.07	1.02	1.03
陕西省	510.90	0.88	0.89
甘肃省	482.50	0.83	0.84
五省一市	579.00	1.00	1.01
全国	575.00	0.99	1.00

表 2-17　全国和五省一市秦巴片区农村居民人均衣服类消费比较

地区	农村居民人均衣服类消费/元	与秦巴片区的比值	与五省一市的比值
河南秦巴片区	658.78	1.14	1.14
湖北秦巴片区	913.80	1.59	1.58
重庆秦巴片区	541.20	0.94	0.93
四川秦巴片区	505.17	0.88	0.87
陕西秦巴片区	366.13	0.64	0.63
甘肃秦巴片区	473.46	0.82	0.82
秦巴片区	576.00	1.00	0.99
五省一市	579.00	1.01	1.00
全国	575.00	1.00	0.99

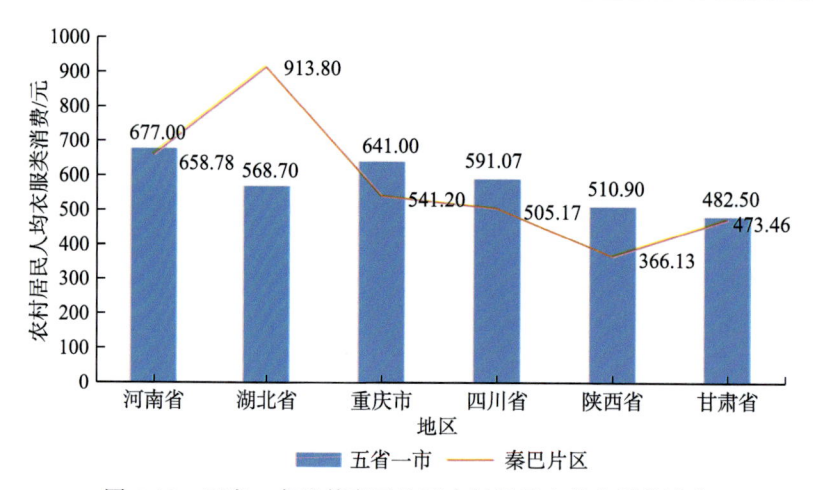

图 2-10　五省一市及其秦巴片区农村居民人均衣服类消费

河南省、湖北省、重庆市、四川省、陕西省、甘肃省农村居民人均衣服类消费分别是五省一市和全国农村居民人均衣服类消费的 1.17 倍和 1.18 倍、98%和 99%、1.11 倍和 1.11 倍、1.02 倍和 1.03 倍、88%和 89%、83%和 84%。五省一市农村居民人均衣服类消费略高于全国农村居民人均衣服类消费。河南省、重庆市和四川省农村居民人均衣服类消费均高于五省一市农村居民人均衣服类消费。其中，河南省农村居民人均衣服类消费在五省一市中为最高，是全国农村居民人均衣服类消费的 1.18 倍，比全国农村居民人均衣服类消费高 102 元；是五省一市农村居民人均衣服类消费的 1.17 倍，比五省一市农村居民人均衣服类消费高 98 元。湖北省、陕西省和甘肃省农村居民人均衣服类消费均低于五省一市农村居民人均衣服类消费。其中，甘肃省农村居民人均衣服类消费在五省一市中为最低，是全国农村居民人均衣服类消费的 84%，比全国农村居民人均衣服类消费低 92.5 元；是五省一市农村居民人均衣服类消费的 83%，比五省一市农村居民人均衣服类消费低 96.5 元。河南秦巴片区、湖北秦巴片区、重庆秦巴片区、四川秦巴片区、陕西秦巴片区、甘肃秦巴片区农村居民人均衣服类消费分别是秦巴片区和五省一市农村居民人均衣服类消费的 1.14 倍和 1.14 倍、1.59 倍和 1.58 倍、94%和 93%、88%和 87%、64%和 63%、82%和 82%。秦巴片区农村居民人均衣服类消费略低于五省一市农村居民人均衣服类消费。河南秦巴片区与湖北秦巴片区农村居民人均衣服类消费均高于五省一市农村居民人均衣服类消费。其中，湖北秦巴片区农村居民人均衣服类消费在秦巴片区中为最高，是秦巴片区农村居民人均衣服类消费的 1.59 倍；重庆秦巴片区、四川秦巴片区、陕西秦巴片区和甘肃秦巴片区农村居民人均衣服类消费均低于秦巴片区农村居民人均衣服类消费。其中，陕西秦巴片区农村居民人均衣服类消费在秦巴片区中为最低，是秦巴片区农村居民人均衣服类消费的 64%。

三、农村居民人均住房类消费

住房类消费对不同人群差异巨大。对于本身有房且没有购买需求的居民来说，住房类消费几乎可以定义为 0；而对于需要购房的居民来说，住房类消费就是一笔非常大的支出。从表 2-18 可以看出，除湖北省以外，其他省市农村居民人均住房类消费均在全国平均水平以下。而表 2-19 表明，在秦巴片区中，五省一市秦巴片区农村居民人均住房类消费均低于五省一市平均水平。综合来说，居民在住房类消费的投入主要取决于以下几点：①宽适度，社区的容积率是一个重要指标，除此以外，户型的设计和功能划分也是消费者十分关注的方面，如何做到动静分区、主客分区，是设计时需要考虑的问题；②健康性，住宅消费者日益注重对健康的投资，追求绿色环境、清新的空气、安静的空间、阳光、流水及社区里的健身设施；③便利度，也就是指所生活的社区的服务环境和交通条件；④社会归属感；⑤投资需求。上述五点是未来农村居民人均住房类消费的主要参考因素。

表 2-18　全国和五省一市农村居民人均住房类消费比较

地区	农村居民人均住房类消费/元	与五省一市的比值	与全国的比值
河南省	1768.00	0.95	0.82
湖北省	2407.89	1.30	1.12
重庆市	1919.00	1.04	0.89
四川省	1660.19	0.90	0.77
陕西省	2026.50	1.09	0.94
甘肃省	1341.06	0.72	0.62
五省一市	1854.00	1.00	0.86
全国	2147.00	1.16	1.00

表 2-19　全国和五省一市秦巴片区农村居民人均住房类消费比较

地区	农村居民人均住房类消费/元	与秦巴片区的比值	与五省一市的比值
河南秦巴片区	1267.96	1.17	0.68
湖北秦巴片区	1165.12	1.07	0.63
重庆秦巴片区	625.20	0.58	0.34
四川秦巴片区	1294.20	1.19	0.70
陕西秦巴片区	827.06	0.76	0.45
甘肃秦巴片区	1333.80	1.23	0.72
秦巴片区	1086.00	1.00	0.59
五省一市	1854.00	1.71	1.00
全国	2147.00	1.98	1.16

五省一市农村居民人均住房类消费 1854.00 元，是全国农村居民人均住房类消费的 86%，比全国农村居民人均住房类消费低 293 元（图 2-11）。河南省、湖北省、重庆市、四川省、陕西省、甘肃省农村居民人均住房类消费分别是五省一市和全国农村居民人均住房类消费的 95%和 82%、1.30 倍和 1.12 倍、1.04 倍和 89%、90%和 77%、1.09 倍和 94%、72%和 62%。湖北省、重庆市和陕西省农村居民人均住房类消费高于五省一市农村居民人均住房类消费。其中，湖北省农村居民人均住房类消费最高，是全国农村居民人均住房类消费的 1.12 倍，比全国农村居民人均住房类消费高 260.89 元；是五省一市农村居民人均住房类消费的 1.30 倍，比五省一市农村居民人均住房类消费高 553.89 元。河南省、四川省和甘肃省农村居民人均住房类消费均低于五省一市农村居民人均住房类消费。其中，甘肃省农村居民人均住房类消费最低，是全国农村居民人均住房类消费的 62%，比全国农村居民人均住房类消费低 805.94 元；是五省一市农村居民人均住房类消费的 72%，比五省一市农村居民人均住房类消费低 512.94 元。秦巴片区农村居民人均住房类消费（1086.00 元）低于五省一市农村居民人均住房类消费（1854.00 元）。河南秦巴片区、湖北秦巴片区、重庆秦巴片区、四川秦巴片区、陕西秦巴片区、甘肃秦巴片区农村居民人均住房类消费分别是秦巴片区和五省一市农村居民人均

住房类消费的 1.17 倍和 68%、1.07 倍和 63%、58% 和 34%、1.19 倍和 70%、76% 和 45%、1.23 倍和 72%。重庆秦巴片区和陕西秦巴片区农村居民人均住房类消费均低于秦巴片区农村居民人均住房类消费。甘肃秦巴片区农村居民人均住房类消费在秦巴片区中为最高，是全国农村居民人均住房类消费的 62.12%，比全国农村居民人均住房类消费低 813.2 元；是五省一市农村居民人均住房类消费的 72%，比五省一市农村居民人均住房类消费低 520.2 元；是秦巴片区农村居民人均住房类消费的 1.23 倍，比秦巴片区农村居民人均住房类消费高 247.8 元。而重庆秦巴片区农村居民人均住房类消费在秦巴片区中为最低，是全国农村居民人均住房类消费的 29.12%，比全国农村居民人均住房类消费低 1521.8；是五省一市农村居民人均住房类消费的 34%，比五省一市农村居民人均住房类消费低 1228.8 元；是秦巴片区农村居民人均住房类消费的 58%，比秦巴片区农村居民人均住房类消费低 460.8 元。

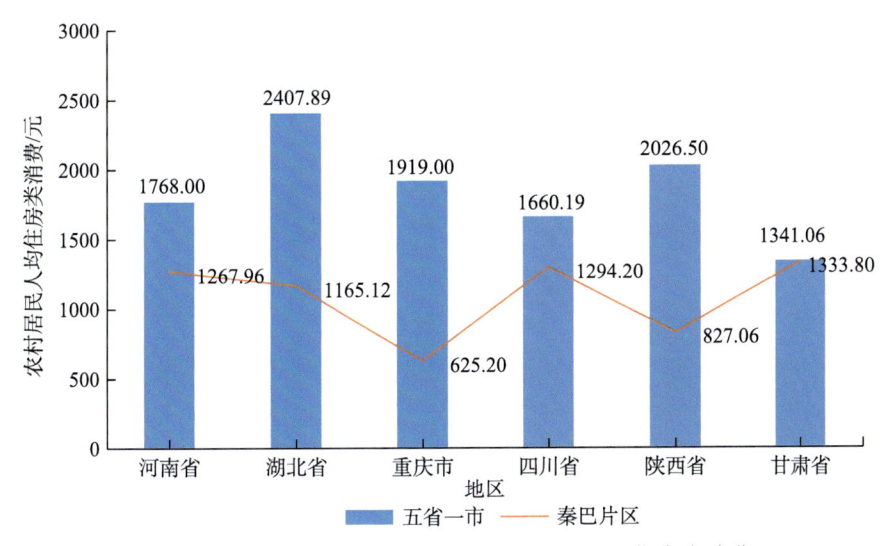

图 2-11　五省一市及其秦巴片区农村居民人均住房类消费

四、农村居民人均生活类消费

从表 2-20 可以看出，河南省、陕西省和甘肃省农村居民人均生活类消费均在全国平均水平以下。表 2-21 表明，四川秦巴片区农村居民人均生活类消费在秦巴片区中为最高，其他省市秦巴片区农村居民人均生活类消费均低于五省一市农村居民人均生活类消费。由图 2-12 可以看出，五省一市秦巴片区农村居民人均生活类消费均低于其所在的五省一市农村居民人均生活类消费。五省一市农村居民人均生活类消费（609.00 元）高于全国农村居民人均生活类消费（596.00 元）。河南省、湖北省、重庆市、四川省、陕西省、甘肃省农村居民人均生活类消费分别是五省一市和全国农村居民人均生活类消费的97%和99%、1.10倍和1.12倍、1.14倍和1.16倍、1.15倍和1.18倍、89%和91%、75%和77%。湖北省、重庆市和四川省农村居民人均生活类消费均高于五省一市平均水平。其中，四川省农村居民人均生活类消费在五省一市中为最高，是全国农村居民人均生活类消费的1.18倍，比全国农村居民人均生活类消费高106.52元；是五省一市农村居民人均生活类消费的1.15倍，比五省一市农村居民人均生活类消费高93.52元。河南省、陕西省和甘肃省农村居民人均生活类消费均低于五省一市农村居民人均生活类消费。其中，甘肃省农村居民人均生活类消费在五省一市中为最低，是全国农村居民人均生活类消费的77%，比全国农村居民人均生活类消费低137.32元；是五省一市农村居民人均生活类消费的75%，比五省一市农村居民人均生活类消费低150.32元。秦巴片区农村居民人均生活类消费（489.00元）低于五省一市农村居民人均生活类消费（609.00元）。河南秦巴片区、湖北秦巴片区、重庆秦巴片区、四川秦巴片区、陕西秦巴片区、甘肃秦巴片区农村居民人均生活类消费分别是秦巴片区和五省一市农村居民人均生活类消费的1.18倍和95%、1.10倍和88%、67%和53%、1.31倍和1.05倍、93%和75%、81%和65%。河南秦巴片区、湖北秦巴片区和四川秦巴片区农村居民人均生活类消费高于秦巴片区农村居民人均生活类消费。其中，四川秦巴片区农村居民人均生活类消费在秦巴片区中为最高，是全国农村居民人均生活类消费的1.07倍，比全国农村居民人均生活类消费高42.72元；是五省一市农村居民人均生活类消费的1.05倍，二者基本上处于同一水平；是秦巴片区农村居民人均生活类消费的1.31倍，比秦巴片区农村居民人均生活类消费高149.72元。重庆秦巴片区、陕西秦巴片区和甘肃秦巴片区农村居民人均生活类消费均低于秦巴片区农村居民人均生活类消费。其中，重庆秦巴片区农村居民人均生活类消费在秦巴片区中为最低，是全国农村居民人均生活类消费的54.63%，比全国农村居民人均生活类消费低270.4元；是五省一市农村居民人均生活类消费的53%，比五省一市农村居民人均生活类消费低283.4元；是秦巴片区农村居民人均生活类消费的67%，比秦巴片区农村居民人均生活类消费低163.4元（图2-12）。

表2-20　全国和五省一市农村居民人均生活类消费比较

地区	农村居民人均生活类消费/元	与五省一市的比值	与全国的比值
河南省	588.00	0.97	0.99
湖北省	669.01	1.10	1.12
重庆市	693.00	1.14	1.16
四川省	702.52	1.15	1.18
陕西省	542.90	0.89	0.91
甘肃省	458.68	0.75	0.77
五省一市	609.00	1.00	1.02
全国	596.00	0.98	1.00

表 2-21 全国和五省一市秦巴片区农村居民人均生活类消费比较

地区	农村居民人均生活类消费/元	与秦巴片区的比值	与五省一市的比值
河南秦巴片区	579.34	1.18	0.95
湖北秦巴片区	537.32	1.10	0.88
重庆秦巴片区	325.60	0.67	0.53
四川秦巴片区	638.72	1.31	1.05
陕西秦巴片区	455.31	0.93	0.75
甘肃秦巴片区	394.71	0.81	0.65
秦巴片区	489.00	1.00	0.80
五省一市	609.00	1.25	1.00
全国	596.00	1.22	0.98

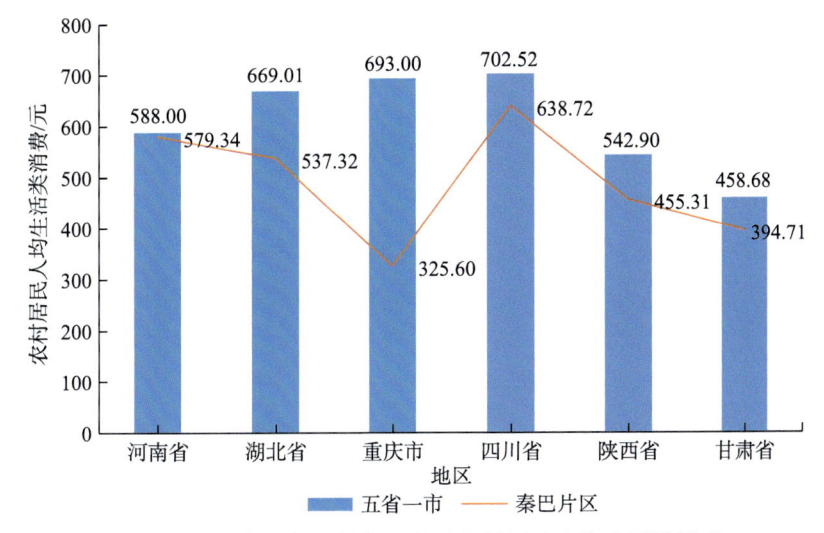

图 2-12 五省一市及其秦巴片区农村居民人均生活类消费

五、农村居民人均交通类消费

从表 2-22 可以看出，除湖北省以外，其他省市农村居民人均交通类消费均在全国平均水平以下。而表 2-23 表明，除重庆秦巴片区农村居民人均交通类消费与五省一市农村居民人均交通类消费持平外，其他省市秦巴片区农村居民人均交通类消费均低于五省一市农村居民人均交通类消费。由图 2-13 可以看出，除重庆秦巴片区外，其他省市秦巴片区农村居民人均交通类消费均低于其所在的五省一市农村居民人均交通类消费。五省一市农村居民人均交通类消费（1111.00 元）低于全国农村居民人均交通类消费（1360.00 元）。河南省、湖北省、重庆市、四川省、陕西省、甘肃省农村居民人均交通类消费分别是五省一市和全国农村居民人均交通类消费的 1.09 倍和 89%、1.24 倍和 1.02 倍、96% 和 78%、1.06 倍和 86%、79%

和 65%、86%和 70%。河南省、湖北省和四川省农村居民人均交通类消费均高于五省一市农村居民人均交通类消费。其中，湖北省农村居民人均交通类消费在五省一市为最高，与全国农村居民人均交通类消费基本持平；是五省一市农村居民人均交通类消费的 1.24 倍，比五省一市农村居民人均交通类消费高 270.37 元。重庆市、陕西省和甘肃省农村居民人均交通类消费均低于五省一市农村居民人均交通类消费。其中，陕西省农村居民人均交通类消费在五省一市中最低，是全国农村居民人均交通类消费的 65%，比全国农村居民人均交通类消费低 480.2 元；是五省一市农村居民人均交通类消费的 79%，比五省一市农村居民人均交通类消费低 231.2 元。秦巴片区农村居民人均交通类消费（757.00 元）低于五省一市农村居民人均交通类消费（1111.00 元）。河南秦巴片区、湖北秦巴片区、重庆秦巴片区、四川秦巴片区、陕西秦巴片区、甘肃秦巴片区农村居民人均交通类消费分别是秦巴片区和五省一市农村居民人均交通类消费的 100%和 68%、1.16 倍和 79%、1.47 倍和 100%、77%和 53%、72%和 49%、87%和 60%。湖北秦巴片区和重庆秦巴片区农村居民人均交通类消费均高于秦巴片区农村居民人均交通类消费。其中，重庆秦巴片区农村居民人均交通类消费在秦巴片区中为最高，是全国农村居民人均交通类消费的 82.01%，比全国农村居民人均交通类消费低 244.69 元；与五省一市农村居民人均交通类消费基本持平；是秦巴片区农村居民人均交通类消费的 1.47 倍，比秦巴片区农村居民人均交通类消费高 358.31 元。四川秦巴片区、陕西秦巴片区和甘肃秦巴片区农村居民人均交通类消费均低于秦巴片区农村居民人均交通类消费。其中，陕西秦巴片区农村居民人均交通类消费在秦巴片区中为最低，是全国农村居民人均交通类消费的 40.00%，比全国农村居民人均交通类消费低 815.94 元；是五省一市农村居民人均交通类消费的 49%，比五省一市农村居民人均交通类消费低 566.94 元；是秦巴片区农村居民人均交通类消费的 72%，比秦巴片区农村居民人均交通类消费低 212.94 元。

表 2-22　全国和五省一市农村居民人均交通类消费比较

地区	农村居民人均交通类消费/元	与五省一市的比值	与全国的比值
河南省	1211.00	1.09	0.89
湖北省	1381.37	1.24	1.02
重庆市	1066.56	0.96	0.78
四川省	1174.00	1.06	0.86
陕西省	879.80	0.79	0.65
甘肃省	954.61	0.86	0.70
五省一市	1111.00	1.00	0.82
全国	1360.00	1.22	1.00

表 2-23 全国和五省一市秦巴片区农村居民人均交通类消费比较

地区	农村居民人均交通类消费/元	与秦巴片区的比值	与五省一市的比值
河南秦巴片区	756.52	1.00	0.68
湖北秦巴片区	879.28	1.16	0.79
重庆秦巴片区	1115.31	1.47	1.00
四川秦巴片区	583.30	0.77	0.53
陕西秦巴片区	544.06	0.72	0.49
甘肃秦巴片区	661.28	0.87	0.60
秦巴片区	757.00	1.00	0.68
五省一市	1111.00	1.47	1.00
全国	1360.00	1.80	1.22

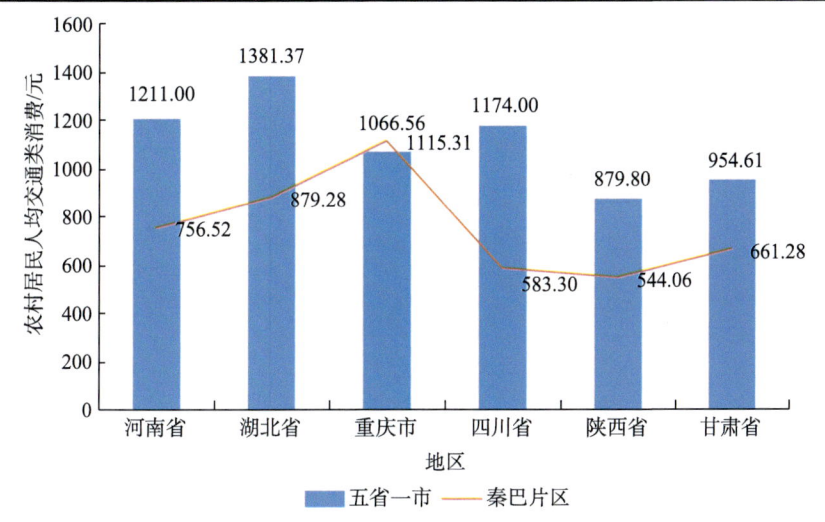

图 2-13 五省一市及其秦巴片区农村居民人均交通类消费

六、农村居民人均文娱类消费

文娱类消费包括教育和娱乐两个方面。我国农村居民文娱类消费当前存在以下几个问题：①文娱类消费的总体水平偏低。②文娱类消费的发展明显不平衡，这主要表现在城乡之间、地区之间文娱类消费的差别。从城乡差别来说，城镇居民的文娱类消费高于农村居民的文娱类消费，发达地区文娱类消费高于欠发达地区文娱类消费；从地区差别来说，东部沿海地区居民文娱类消费也远远高于中、西部居民文娱类消费。③文娱的投入不足或滞后不能满足居民对文娱类消费需求增长的需要。④文娱类消费存在产品质量、市场秩序等方面的问题。一方面，文化市场缺少高质量的精品；另一方面，却有不少质量不高的精神文化产品充斥市场。从表 2-24 可以看出，除湖北省、四川省和陕西省外，其他省市农村居民人均文娱类消费均在全国平均水平以下。而表 2-25 表明，在秦巴片区中，除湖北秦巴片区外,其他省市秦巴片区农村居民人均文娱类消费均低于五省一市农村居民人均文娱类消费。由图 2-14 可以看出,五省一市秦巴片区农村居民人均文娱类消费均低于其所在的五省一市农村居民人均文娱类消费。五省一市农村居民人均文娱类消费(992.00 元)低于全国农村居民人均文娱类消费(1070.00 元)。河南省、湖北省、重庆市、四川省、陕西省、甘肃省农村居民人均文娱类消费分别是五省一市和全国农村居民人均文娱类消费的 96%和 89%、1.17 倍和 1.08 倍、71%和 66%、1.08 倍和 100%、1.11 倍和 1.03 倍、97%和 90%。湖北省、四川省和陕西省农村居民人均文娱类消费均高于五省一市农村居民人均文娱类消费。其中,湖北省农村居民人均文娱类消费在五省一市为最高,是全国农村居民人均文娱类消费的 1.08 倍,比全国农村居民人均文娱类消费高 86.59 元;是五省一市农村居民人均文娱类消费的 1.17 倍,比五省一市农村居民人均文娱类消费高 164.59 元。而重庆市农村居民人均文娱类消费在五省一市为最低,是全国农村居民人均文娱类消费的 66%,比全国农村居民人均文娱类消费低 363 元;是五省一市农村居民人均文娱类消费的 71%,比五省一市农村居民人均文娱类消费低 285 元。秦巴片区农村居民人均文娱类消费(651.00 元)低于秦巴片区所在的五省一市农村居民人均文娱类消费(992.00 元)。河南秦巴片区、湖北秦巴片区、重庆秦巴片区、四

表 2-24　全国和五省一市农村居民人均文娱类消费比较

地区	农村居民人均文娱类消费/元	与五省一市的比值	与全国的比值
河南省	949.00	0.96	0.89
湖北省	1156.59	1.17	1.08
重庆市	707.00	0.71	0.66
四川省	1072.53	1.08	1.00
陕西省	1102.90	1.11	1.03
甘肃省	965.46	0.97	0.90
五省一市	992.00	1.00	0.93
全国	1070.00	1.08	1.00

表 2-25　全国和五省一市秦巴片区农村居民人均文娱类消费比较

地区	农村居民人均文娱类消费/元	与秦巴片区的比值	与五省一市的比值
河南秦巴片区	704.71	1.08	0.71
湖北秦巴片区	998.86	1.53	1.01
重庆秦巴片区	642.72	0.99	0.65
四川秦巴片区	685.08	1.05	0.69
陕西秦巴片区	358.05	0.55	0.36
甘肃秦巴片区	518.14	0.80	0.52
秦巴片区	651.00	1.00	0.66
五省一市	992.00	1.52	1.00
全国	1070.00	1.64	1.08

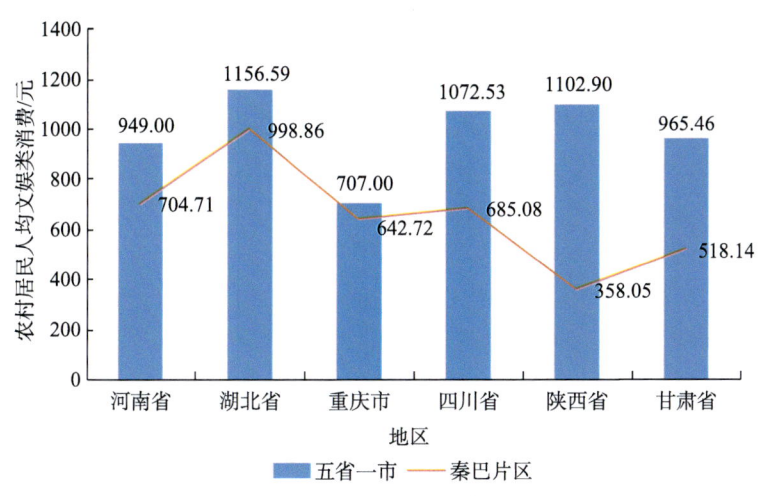

图 2-14　五省一市及其秦巴片区农村居民人均文娱类消费

川秦巴片区、陕西秦巴片区、甘肃秦巴片区农村居民人均文娱类消费分别是秦巴片区和五省一市农村居民人均文娱类消费的 1.08 倍和 71%、1.53 倍和 1.01 倍、99%和 65%、1.05 倍和 69%、55%和 36%、80%和 52%。河南秦巴片区、湖北秦巴片区和四川秦巴片区农村居民人均文娱类消费均高于秦巴片区农村居民人均文娱类消费。其中，湖北秦巴片区农村居民人均文娱类消费在秦巴片区中为最高，是全国农村居民人均文娱类消费的 93.35%，比全国农村居民人均文娱类消费低 71.14 元；与五省一市农村居民人均文娱类消费基本持平；是秦巴片区农村居民人均文娱类消费的 1.53 倍，比秦巴片区农村居民人均文娱类消费高 347.86 元。重庆秦巴片区、陕西秦巴片区和甘肃秦巴片区农村居民人均文娱类消费均低于秦巴片区农村居民人均文娱类消费。其中，陕西秦巴片区农村居民人均文娱类消费在秦巴片区中为最低，是全国农村居民人均文娱类消费的 33.46%，比全国农村居民人均文娱类消费低 711.95 元；是五省一市农村居民人均文娱类消费的 36%，比五省一市农村居民人均文娱类消费低 633.95 元；是秦巴片区农村居民人均文娱类消费的 55%，比秦巴片区农村居民人均文娱类消费低 292.95 元。

七、农村居民人均医疗类消费

医疗类消费是一项不可预计的消费。从表 2-26 可以看出，除湖北省、四川省和陕西省外，其他省市农村居民人均医疗类消费均在全国水平以下。由图 2-15 可以看出，除河南秦巴片区外，其他省市秦巴片区农村居民人均医疗类消费均低于其所在的五省一市农村居民人均医疗类消费。五省一市农村居民人均医疗类消费（950.00 元）高于全国农村居民人均医疗类消费（929.00 元）。河南省、湖北省、重庆市、四川省、陕西省、甘肃省农村居民人均医疗类消费分别是五省一市和全国农村居民人均医疗类消费的 84%和 86%、1.28 倍和 1.31 倍、90%和 92%、1.02

倍和 1.05 倍、1.10 倍和 1.12 倍、86% 和 88%。湖北省、四川省和陕西省农村居民人均医疗类消费均高于五省一市农村居民人均医疗类消费。其中，湖北省农村居民人均医疗类消费在五省一市中最高，是全国农村居民人均医疗类消费的 1.31 倍，比全国农村居民人均医疗类消费高 284.47 元；是五省一市农村居民人均医疗类消费的 1.28 倍，比五省一市农村居民人均医疗类消费高 263.47 元。河南省、重庆市和甘肃省农村居民人均医疗类消费均低于五省一市农村居民人均医疗类消费。其中，河南省农村居民人均医疗类消费在五省一市中最低，是全国农村居民人均医疗类消费的 86%，比全国农村居民人均医疗类消费低 131 元；是五省一市农村居民人均医疗类消费的 84%，比五省一市农村居民人均医疗类消费低 152 元。从表 2-27 可以看出，秦巴片区农村居民人均医疗类消费（615.00 元）低于五省一市农村居民人均医疗类消费（950.00 元）。河南秦巴片区、湖北秦巴片区、重庆秦巴片区、四川秦巴片区、陕西秦巴片区、甘肃秦巴片区农村居民人均医疗类消费分别是秦巴片区和五省一市农村居民人均医疗类消费的 1.52 倍和 98%、73% 和 47%、1.38 倍和 89%、97% 和 63%、68% 和 44%、72% 和 47%。河南秦巴片区和重庆秦巴片区农村居民人均医疗类消费均高于秦巴片区农村居民人均医疗类消费。其中，河南秦巴片区农村居民人均医疗类消费在秦巴片区中为最高，与全国农村居民人均医疗类消费基本持平；同时也与五省一市农村居民人均医疗类消费基本持平；是秦巴片区农村居民人均医疗类消费的 1.52 倍，比秦巴片区农村居民人均医疗类消费高 318.34 元。湖北秦巴片区、四川秦巴片区、陕西秦巴片区和甘肃秦巴片区农村居民人均医疗类消费均低于秦巴片区农村居民人均医疗类消费。其中，陕西秦巴片区农村居民人均医疗类消费在秦巴片区中为最低，是全国农村居民人均医疗类消费的 44.86%，比全国农村居民人均医疗类消费低 512.23 元；是五省一市农村居民人均医疗类消费的 44%，比五省一市农村居民人均医疗类消费低 533.23 元；是秦巴片区农村居民人均医疗类消费的 68%，比秦巴片区农村居民人均医疗类消费低 198.23 元。

表 2-26　全国和五省一市农村居民人均医疗类消费比较

地区	农村居民人均医疗类消费/元	与五省一市的比值	与全国的比值
河南省	798.00	0.84	0.86
湖北省	1213.47	1.28	1.31
重庆市	852.31	0.90	0.92
四川省	973.00	1.02	1.05
陕西省	1044.10	1.10	1.12
甘肃省	821.29	0.86	0.88
五省一市	950.00	1.00	1.02
全国	929.00	0.98	1.00

表 2-27 全国和五省一市秦巴片区农村居民人均医疗类消费比较

地区	农村居民人均医疗类消费/元	与秦巴片区的比值	与五省一市的比值
河南秦巴片区	933.34	1.52	0.98
湖北秦巴片区	445.89	0.73	0.47
重庆秦巴片区	847.51	1.38	0.89
四川秦巴片区	597.98	0.97	0.63
陕西秦巴片区	416.77	0.68	0.44
甘肃秦巴片区	445.52	0.72	0.47
秦巴片区	615.00	1.00	0.65
五省一市	950.00	1.54	1.00
全国	929.00	1.51	0.98

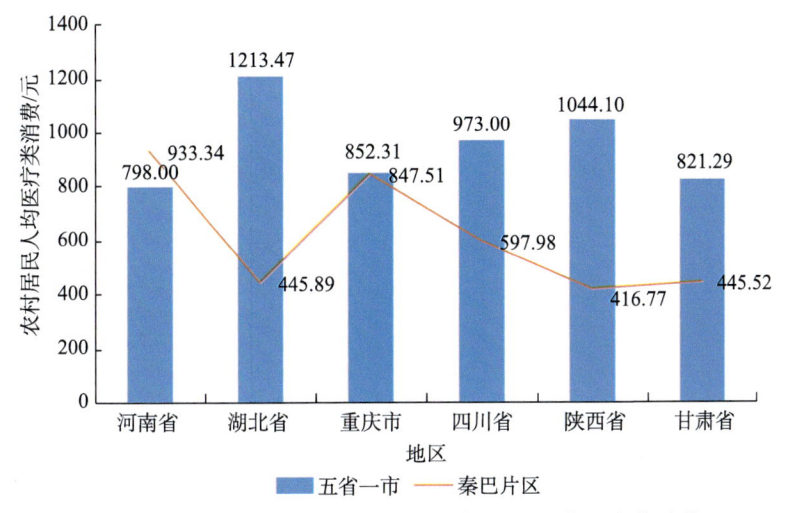

图 2-15 五省一市及其秦巴片区农村居民人均医疗类消费

五省一市及其秦巴片区农村居民消费结构整体上以食品类消费占比最高。五省一市食品类消费占比约为31%，最低的湖北省食品类消费占比约为21%，最高的四川省食品类消费占比约为39%；秦巴片区食品类消费占比约为23%，最低的陕西秦巴片区食品类消费占比约为25%，最高的甘肃秦巴片区食品类消费占比约为38%。占比第二位的为住房类消费。五省一市住房类消费占比约为20%，最低的四川省住房类消费占比约为17%，最高的陕西省住房类消费占比为约24%；秦巴片区住房类消费占比约为12%，最低的重庆秦巴片区住房类消费占比约为9%，最高的甘肃秦巴片区住房类消费占比约为21%。占比第三位的为交通类消费。五省一市交通类消费占比约为12%，最低的四川省与陕西省交通类消费占比分别约为10.7%和10.3%，最高的河南省交通类消费占比约为14%，湖北省与甘肃省交通类消费占比约为13%；秦巴片区交通类消费占比约为8%，最低的四川秦巴片区交通类消费占比约为8%，最高的重庆秦巴片区交通类消费占比约为16%。占比第四位的为文娱类和医疗类消费，它们的数值比较接近，没有十分明显的差异。占比第五位的为衣服类消费和生活类消费,它们的数值比较接近,也没有十分明显的差异(表2-28)。

表2-28 全国和五省一市及其秦巴片区农村居民人均消费结构比较(单位:元)

地区	农村居民人均消费	食品类消费	衣服类消费	住房类消费	生活类消费	交通类消费	文娱类消费	医疗类消费
河南省	8 587.00	2 447.00	677.00	1 768.00	588.00	1 211.00	949.00	798.00
河南秦巴片区	8 422.39	2 195.42	658.78	1 267.96	579.34	756.52	704.71	933.34
湖北省	10 938.30	2 295.60	568.70	2 407.89	669.01	1 381.37	1 156.59	1 213.47
湖北秦巴片区	8 066.38	2 072.73	913.80	1 165.12	537.32	879.28	998.86	445.89
重庆市	10 919.60	3 887.00	641.00	1 919.00	693.00	1 174.00	707.003	852.31
重庆秦巴片区	7 142.65	2 539.79	541.20	625.20	325.60	1 115.31	642.72	847.51
四川省	9 954.36	3 850.69	591.07	1 660.19	702.52	1 066.56	1 072.5	973.00
四川秦巴片区	7 658.17	2 206.16	505.17	1 294.20	638.72	583.30	685.08	597.98
陕西省	8 567.70	2 307.00	510.90	2 026.50	542.90	879.80	1 102.90	1 044.10
陕西秦巴片区	5 325.54	1 353.33	366.13	827.06	455.31	544.06	358.05	416.77
甘肃省	7 487.03	2 342.60	482.50	1 341.06	458.68	954.61	965.46	821.29
甘肃秦巴片区	6 313.65	2 390.15	473.46	1 333.80	394.71	661.28	518.14	445.52
五省一市	9 288.00	2 855.00	579.00	1 854.00	609.00	1 111.00	992.00	950.00
秦巴片区	9 155.00	2 126.00	576.00	1 086.00	489.00	757.00	651.00	615.00
全国	10 130.00	3 266.00	575.00	2 147.00	596.00	1 360.00	1 070.00	929.00

从农村居民人均消费总量看,五省一市秦巴片区农村居民人均消费普遍低于对应的五省一市农村居民人均消费,五省一市农村居民人均消费低于全国农村居民人均消费。五省一市中农村居民人均消费最高的是四川省,其农村居民人均消费高于全国农村居民人均消费,农村居民人均消费最低的是甘肃省;秦巴片区中农村居民人均消费最高的是重庆秦巴片区,农村居民人均消费最低的是陕西秦巴片区(图2-16)。

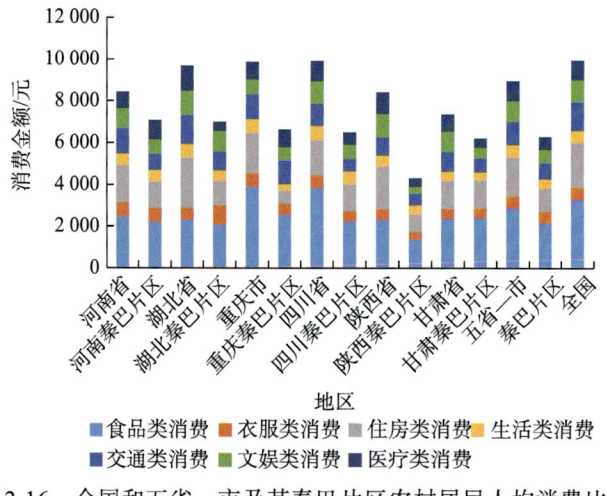

图2-16 全国和五省一市及其秦巴片区农村居民人均消费比较

在各地区农村居民人均消费结构中，食品类消费和住房类消费是消费的主要方向，而生活类消费和衣服类消费较少。未来，应推动农村劳动力转移，开辟新的增加收入的渠道。实施城镇化战略和乡村振兴战略，相对集中农业资源并实现规模经营，引导农村剩余劳动力向非农产业和城镇转移，是解决"三农"问题的根本途径之一。同时，要建立健全社会保障体系，尤其是针对农村居民的一系列保障措施要稳步推进，强化惠农消费政策。在秦巴片区形成一条真正的农村社会保障体系。这有利于农村居民对未来有所寄托，有利于增强农村居民的消费安全感，有利于改善其支出预期。此外，政府应发挥市场经济下的辅助作用，完善消费品市场流通体系，加强对农村市场的开拓。未来，应逐步适应农村居民日益增长的多样化消费趋势，满足多层次的消费需求。

第五节　农村居民人均收入与消费相关性分析

通过分析农村居民收入、消费及两者的组成部分之间的关系发现，它们之间基本上两两相关。不相关的指标主要涉及工资性收入，如工资性收入与转移性收入、财产性收入、农村居民消费、文娱类消费、医疗类消费无关，除此以外，转移性收入和财产性收入与经营性收入也无关。这表明，各收入组成因素间基本上互不影响。例如，政府补助和资本市场并无联系，政府补助与政府财政有关，而可能与当年农村居民收入等无关，即有可能存在政策性补助没有发挥其本应功能的情况。但是总体来说，收入和消费之间基本上呈现正相关关系，这基本符合预期判断。

三大产业与农村居民人均收入组成之间的关系，除农村居民人均收入和工资性收入与三个产业存在显著正相关外，其他均和三个产业不存在关系。由此可知，三大产业的发展能影响农村居民人均收入。而工资性收入是农村居民人均收入的主要组成部分，且其也受三大产业发展的影响（表 2-29 和表 2-30）。在表 2-31 中，我们也发现，地区生产总值也只和农村居民人均收入与工资性收入显著相关，这表明地区发展和农村居民人均收入与工资性收入之间存在一定关系。但三个产业和地区生产总值与经营性收入、财产性收入和转移性收入之间没有显著相关性，这说明在秦巴片区产业结构和农村居民人均收入组成之间存在着不科学、不合理的关系。在理想状况下，地区生产总值和三大产业的发展要与农村居民人均收入结构均有一定的相关性，这样才表明我们的收入结构基本上处于合理情形下，才能说明我们产业的发展实质性地带动了秦巴片区的农村居民发展，地区发展成果按比例地、合理地、科学地分配给农村居民。目前，秦巴片区存在着政府财政支配不科学、市场资本管理不合理、农业发展结构不健全等问题。

表 2-29　秦巴片区农村居民人均收入和消费的相关性分析

内容	农村居民人均收入	农村居民消费支出	转移性收入	财产性收入	工资性收入	经营性收入	食品类消费	衣服类消费	住房类消费	生活类消费	交通类消费	文娱类消费	医疗类消费
农村居民人均收入	1	0.637**	0.393**	0.349**	0.703**	0.543**	0.348**	0.481**	0.394**	0.530**	0.543**	0.536**	0.363**
农村居民消费支出		1	0.390**	0.311**	0.15	0.521**	0.74**	0.624**	0.725**	0.618**	0.680**	0.651**	0.566**
转移性收入			1	0.024	-0.026	0.041	0.461**	0.406**	0.154	0.485**	0.344**	0.431**	0.288**
财产性收入				1	0.085	0.257**	0.153*	0.176*	0.163*	0.201**	0.345**	0.410**	0.223**
工资性收入					1	0.186*	-0.135	0.173*	-0.034	0.229**	0.166*	0.092	0.021
经营性收入						1	0.457**	0.275**	0.569**	0.262**	0.377**	0.358**	0.319**
食品类消费							1	0.391**	0.716**	0.474**	0.577**	0.573**	0.487**
衣服类消费								1	0.335**	0.572**	0.595**	0.663**	0.427**
住房类消费									1	0.298**	0.519**	0.505**	0.396**
生活类消费										1	0.629**	0.496**	0.626**
交通类消费											1	0.803**	0.629**
文娱类消费												1	0.589**
医疗类消费													1

*表示 $p<0.05$ 水平相关，**表示 $p<0.01$ 水平相关

如图 2-17 所示，由路径分析结果可知三大产业与农村居民人均收入之间的关系：三大产业之间存在显著相关性，但三大产业对农村居民人均收入四个组成部分并不具有显著性解释。一方面，工资性收入在上述相关性分析中与三大产业有显著相关性，但在整体的路径分析中并未表现出显著性，这是因为路径分析是整体的研究结果，即三大产业对农村居民人均收入组成的影响不显著；另一方面，第一产业对农村居民人均收入组成的四个组成部分的影响不大，这说明秦巴片区居民可能不依靠第一产业或者秦巴片区第一产业的经济收益在转化为农村居民人均收入时存在问题。一方面，第一产业与秦巴片区的经济发展无显著性关系；另一方面，第一产业本身比重较低，其发展对整个秦巴片区的发展还不能带来明显的改变。将三大产业有效地融合，一方面，要有科技创新的有效支撑和引领，建立健全创新体系，提升创新能力；另一方面，要不断完善创新布局，加快发展与第一产业密切相关的加工制造技术，加快智能制造和绿色制造在第一产业的布局与应用，通过技术创新为产业发展提供动力，增强持续竞争力。只有这样，才可以真正实现第一产业与地区生产总值相结合，使第一产业更大地贡献于地区生产总值。

表 2-30　五省一市秦巴片区第一、第二、第三产业与农村居民人均收入的关系

内容	第一产业	第二产业	第三产业
农村居民人均收入	0.357**	0.389**	0.318**
工资性收入	0.312**	0.349**	0.362**
经营性收入	0.132	0.146	0.014
财产性收入	0.102	0.120	0.006
转移性收入	0.083	0.045	0.040

**表示 $p<0.01$ 水平相关

表 2-31　五省一市秦巴片区农村居民人均收入结构相关性分析

内容	农村居民人均收入	工资性收入	经营性收入	财产性收入	转移性收入	地区生产总值
农村居民人均收入	1.000	0.700**	0.522**	0.444**	0.402**	0.422**
工资性收入		1.000	0.179	0.139	−0.073	0.404**
经营性收入			1.000	0.068	0.098	0.124
财产性收入				1.000	0.331**	0.099
转移性收入					1.000	0.053
地区生产总值						1.000

**表示 $p<0.01$ 水平相关

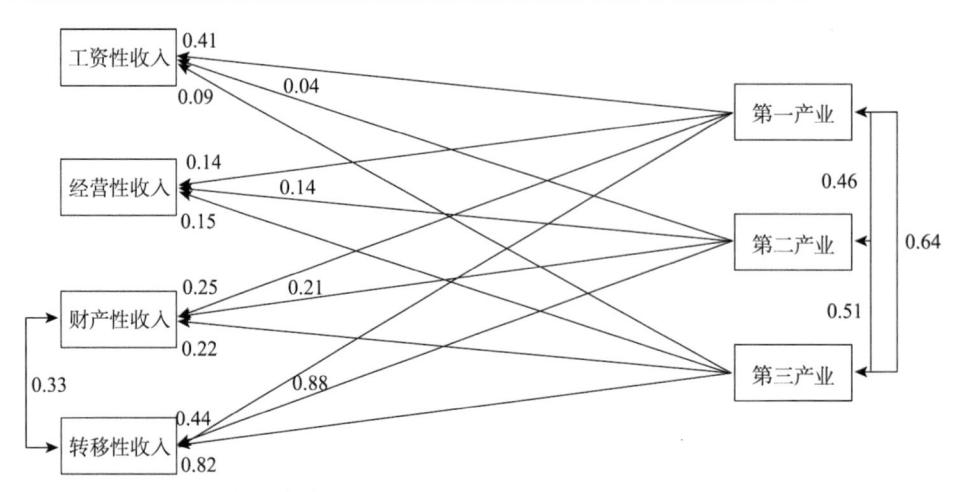

图 2-17　五省一市秦巴片区三大产业与农村居民人均收入的路径分析图
图中数字表示贡献系数

如图 2-18 所示，由路径分析结果可知三大产业与农村居民人均收入之间的关系：第一产业与农村居民人均收入各组成无显著性关系，第二产业和第三产业与工资性收入无显著性关系，但与其他三种收入均有显著性关系。一方面，工资性收入与三大产业无显著相关性，这说明工资性收入不受三大产业发展的影响，普遍是固定的、稳定的；另一方面，第一产业对农村居民人均收入的影响不大，这说明秦巴片区农村居民可能不依靠第一产业或者秦巴片区第一产业的经济收益在转化为农村居民人均收入时存在问题。

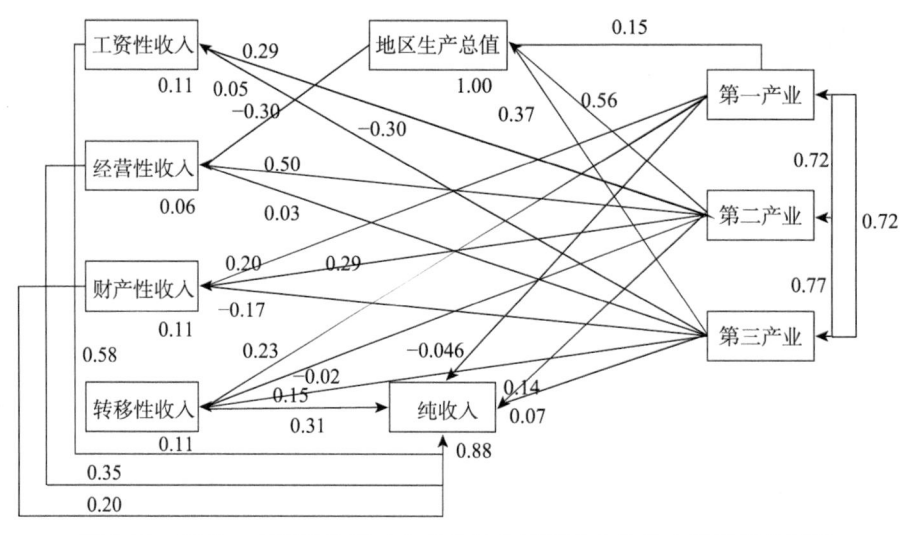

图 2-18　五省一市秦巴片区三大产业与农村居民人均收入的路径分析图
（考虑 GDP 与纯收入情景）

第六节 本 章 小 结

秦巴片区是农村居民人均收入的凹地。五省一市农村居民人均收入低于全国农村居民人均收入，秦巴片区农村居民人均收入低于五省一市农村居民人均收入。

五省一市农村居民人均收入（10 671.28 元）低于全国农村居民人均收入（12 877.74 元）。河南省、湖北省和重庆市农村居民人均收入均高于五省一市农村居民人均收入，其中，湖北省农村居民人均收入接近全国农村居民人均收入，河南省与重庆市农村居民人均收入接近；甘肃省农村居民人均收入最低，只有7456.90 元，是五省一市农村居民人均收入的 70%。

秦巴片区农村居民人均收入为 9357.28 元，低于五省一市农村居民人均收入，也低于全国农村居民人均收入。甘肃秦巴片区农村居民人均收入为 6269.44 元，是秦巴片区农村居民人均收入的 67%，也是秦巴片区农村居民人均收入的最低值；重庆秦巴片区农村居民人均收入 9126.18 元，是秦巴片区农村居民人均收入的 98%；河南秦巴片区、湖北秦巴片区、四川秦巴片区和陕西秦巴片区农村居民人均收入均高于秦巴片区农村居民人均收入。

秦巴片区农村居民人均收入以工资性收入和经营性收入为主，其次是转移性收入，而财产性收入的比例很低。

五省一市和秦巴片区的农村居民人均收入构成主要体现为工资性收入和经营性收入两部分，最低占比都占到人均收入的 65%，最高达到人均收入的 82%；其次是转移性收入，最低占比达到人均收入的 15%，最高占比达到人均收入的 28%；最后是财产性收入，其总体上占比较低。五省一市农村居民人均工资性收入低于全国农村居民人均工资性收入。甘肃省农村居民人均工资性收入最低，仅为五省一市农村居民人均工资性收入的 58%；河南省农村居民人均工资性收入最高，为五省一市农村居民人均工资性收入的 1.18 倍。秦巴片区农村居民人均工资性收入高于五省一市农村居民人均工资性收入。重庆秦巴片区、四川秦巴片区和甘肃秦巴片区农村居民人均工资性收入低于秦巴片区农村居民人均工资性收入，其他省市秦巴片区农村居民人均工资性收入均高于秦巴片区农村居民人均工资性收入。

五省一市农村居民人均经营性收入低于全国农村居民人均经营性收入。除了陕西省和甘肃省农村居民人均经营性收入低于五省一市农村居民人均经营性收入外，其余省市农村居民人均经营性收入均高于或等于五省一市农村居民人均经营性收入，其中，陕西省农村居民人均经营性收入最低，仅是五省一市农村居民人均经营性收入的 74%。秦巴片区农村居民人均经营性收入低于五省一市农村居民人均经营性收入。河南秦巴片区、重庆秦巴片区和四川秦巴片区农村居民人均经营性收入均高于秦巴片区农村居民人均经营性收入，湖北秦巴片区、陕西秦巴片区和甘肃秦巴片区农村居民人均经营性收入均低于秦巴片区农村居民人均经营性收入，其中，甘肃秦巴片区最低仅为秦巴片区的70%。

农村居民人均财产性收入在总收入中的比例不高，一般不超过总收入的7%。五省一市农村居民人均财产性收入（198.63元）低于全国农村居民人均财产性收入（475.12元）。除了重庆市农村居民人均财产性收入（1.49倍）和四川省农村居民人均财产性收入（1.35倍）高于五省一市农村居民人均财产性收入外，其他省农村居民人均财产性收入均低于五省一市农村居民人均财产性收入，其中，甘肃省农村居民人均财产性收入最低，仅为五省一市农村居民人均财产性收入的65%，不到全国农村居民人均财产性收入的1/3。秦巴片区农村居民人均财产性收入高于五省一市农村居民人均财产性收入，五省一市农村居民人均财产性收入低于全国农村居民人均财产性收入。河南秦巴片区、湖北秦巴片区和四川秦巴片区农村居民人均财产性收入均高于秦巴片区农村居民人均财产性收入。其中，四川秦巴片区农村居民人均财产性收入最高，是秦巴片区农村居民人均财产性收入的1.75倍；重庆秦巴片区、陕西秦巴片区和甘肃秦巴片区农村居民人均财产性收入均低于秦巴片区农村居民人均财产性收入。其中，甘肃秦巴片区农村居民人均财产性收入最低，仅为秦巴片区农村居民人均财产性收入的45%。

五省一市农村居民人均转移性收入（2644.31元）高于全国人均（2438.06元）。除了陕西省和甘肃省农村居民人均转移性收入低于五省一市农村居民人均转移性收入外，其他省市农村居民人均转移性收入均高于五省一市农村居民人均转移性收入。其中，甘肃省农村居民人均转移性收入最低，是五省一市农村居民人均转移性收入的73%；湖北省农村居民人均转移性收入最高，是五省一市农村居民人均转移性收入的1.14倍。秦巴片区农村居民人均转移性收入（2040.90元）低于五省一市农村居民人均转移性收入。湖北秦巴片区、重庆秦巴片区和四川秦巴片区农村居民人均转移性收入均高于秦巴片区农村居民人均转移性收入。其中，四川秦巴片区农村居民人均转移性收入最高，是秦巴片区农村居民人均转移性收入的1.47倍；河南秦巴片区、陕西秦巴片区和甘肃秦巴片农村居民人均转移性收入均低于秦巴片区农村居民人均转移性收入。其中，甘肃秦巴片区农村居民人均转移性收入最低，是秦巴片区农村居民人均转移性收入的69%。

秦巴片区是农村居民人均消费的凹地。五省一市农村居民人均消费低于全国农村居民人均消费，秦巴片区农村居民人均消费低于五省一市农村居民人均消费。

五省一市农村居民人均消费（9288.00元）低于全国农村居民人均消费（10130.00元）。湖北省、重庆市和四川省农村居民人均消费均高于五省一市农村居民人均消费，其中，湖北省农村居民人均消费最高，是五省一市农村居民人均消费的1.18倍；河南省、陕西省和甘肃省农村居民人均消费均低于五省一市农村居民人均消费，其中，甘肃省农村居民人均消费最低，是五省一市农村居民人均消费的81%。秦巴片区农村居民人均消费（7155.00元）低于五省一市农村居民人均消费。河南秦巴片区、湖北秦巴片区、重庆秦巴片区和四川秦巴片区农村居民人均消费均高于或接近秦巴片区农村居民人均消费，其中，河南秦巴片区农村居民人均消费最高，是秦巴片区农村居民人均消费的1.18倍；陕西秦巴片区和甘肃秦巴片区农村居民人均消费均低于秦巴片区农村居民人均消费，其中，陕西秦巴片区农村居民人均消费最低，是秦巴片区农村居民人均消费的74%。

秦巴片区农村居民人均消费结构占比最大的是食品类消费和住房类消费，其次为交通类消费，再其次为文娱类消费和医疗类消费，最后为衣服类消费和生活类消费。

五省一市及秦巴片区农村居民消费结构整体上以食品类消费和住房类消费占比最大，五省一市两项合并占比达到51%，最高的四川省占比55%，最低的湖北省43%；秦巴片区两项合并占比达到35%，最高的甘肃秦巴片区占比59%，最低的湖北秦巴片区的占比40%。五省一市及秦巴片区交通类消费占比范围为8%~16%，文娱类和医疗类消费合并占比范围为14%~25%，衣服类消费和生活类消费合并占比11%~18%。从农村居民人均消费看，秦巴片区农村居民人均消费普遍低于对应的五省一市农村居民人均消费，五省一市农村居民人均消费低于全国农村居民人均消费。五省一市农村居民人均消费最高的是重庆市农村居民人均消费，高于全国农村居民人均消费，最低的是甘肃省农村居民人均消费；秦巴片区农村居民消费最高的是河南秦巴片区农村居民人均消费，最低的是陕西秦巴片区农村居民人均消费。具体消费情况如下。

五省一市农村居民人均食品类消费（2855.00元）低于全国农村居民人均食品类消费（3266.00元）。重庆市和四川省农村居民人均食品类消费接近，且高于五省一市农村居民人均食品类消费；河南省、湖北省、陕西省和甘肃省农村居民人均食品类消费均低于五省一市农村居民人均食品类消费，其中，湖北省、陕西省和甘肃省的农村居民人均食品类消费差异较小，约为五省一市农村居民人均食品类消费的80%。秦巴片区农村居民人均食品类消费（2126.00元）低于五省一市农村居民人均食品类消费（2855.00元）。河南秦巴片区、重庆秦巴片区、四川秦巴片区和甘肃秦巴片区农村居民人均食品类消费均高于秦巴片区农村居民人均食品类消费，其中，重庆秦巴片区农村居民人均食品类消费最高，是秦巴片区农村居民人均食品类消费的1.19倍；湖北秦巴片区和陕西秦巴片区农村居民人均食品类消费均低于秦巴片区农村居民人均食品类消费，其中，陕西秦巴片区农村居民人均食品类消费最低，是秦巴片区农村居民人均食品类消费的64%。

五省一市农村居民人均衣服类消费略高于全国农村居民人均衣服类消费。河南省、重庆市和四川省农村居民人均衣服类消费均高于五省一市农村居民人均衣服类消费，其中，河南省农村居民人均衣服类消费最高，是五省一市农村居民人均衣服类消费的1.17倍；湖北省、陕西省和甘肃省农村居民人均衣服类消费均低于五省一市农村居民人均衣服类消费，其中，甘肃省农村居民人均衣服类消费最低，是五省一市农村居民人均衣服类消费的83%。秦巴片区农村居民人均衣服类消费略低于五省一市农村居民人均衣服类消费。河南秦巴片区与湖北秦巴片区农村居民人均衣服类消费均高于五省一市均值。其中，湖北秦巴片区农村居民人均衣服类消费最高，是秦巴片区农村居民人均衣服类消费的1.59倍；重庆秦巴片区、四川秦巴片区、陕西秦巴片区和甘肃秦巴片区农村居民人均衣服类消费均低于秦巴片区农村居民人均衣服类消费，其中，陕西秦巴片区农村居民人均衣服类消费最低，是秦巴片区农村居民人均衣服类消费的64%。

五省一市农村居民人均住房类消费（1854.00元）低于全国农村居民人均住房类消费（2147.00元）。湖北省、重庆市和陕西省农村居民人均住房类消费均高于五省一市农村居民人均住房类消费，其中，湖北省农村居民人均住房类消费最高，是五省一市农村居民人均住房类消费的1.30倍；河南省、四川省和甘肃省农村居民人均住房类消费均低于五省一市农村居民人均住房类消费，其中，甘肃省农村居民人均住房类消费最低，是五省一市农村居民人均住房类消费的72%。秦巴片区农村居民人均住房类消费(1086.00元)低于五省一市农村居民人均住房类消费。重庆秦巴片区和陕西秦巴片区农村居民人均住房类消费均低于秦巴片区农村居民人均住房类消费，其中，重庆秦巴片区农村居民人均住房类消费最低，是秦巴片区农村居民人均住房类消费的58%；其他四省秦巴片区农村居民人均住房类消费均高于秦巴片区农村居民人均住房类消费，其中，甘肃秦巴片区农村居民人均住房类消费最高，是秦巴片区农村居民人均住房类消费的1.23倍。

五省一市农村居民人均生活类消费（609.00元），高于全国平均值（596.00元）。湖北省、重庆市和四川省农村居民人均生活类消费均高于五省一市农村居民人均生活类消费，其中，四川省农村居民人均生活类消费最高，是五省一市农村居民人均生活类消费的1.15倍；河南省、陕西省和甘肃省农村居民人均生活类消费均低于五省一市农村居民人均生活类消费，其中，甘肃省农村居民人均生活类消费最低，是五省一市农村居民人均生活类消费的75%。秦巴片区农村居民人均生活类消费（489.00元）低于五省一市农村居民人均生活类消费。河南秦巴片区、湖北秦巴片区和四川秦巴片区农村居民人均生活类消费均高于秦巴片区农村居民人均生活类消费，其中，四川秦巴片区农村居民人均生活类消费最高，是秦巴片区农村居民人均生活类消费的1.31倍；重庆秦巴片区、陕西秦巴片区和甘肃秦巴片区农村居民人均生活类消费均低于秦巴片区农村居民人均生活类消费，其中，重庆秦巴片区农村居民人均生活类消费最低，是秦巴片区农村居民人均生活类消费的67%。

五省一市农村居民人均交通类消费（1111.00元）低于全国农村居民人均交通类消费（1360.00元）。河南省、湖北省和四川省农村居民人均交通类消费均高于五省一市农村居民人均交通类消费，其中，湖北省农村居民人均交通类消费最高，是五省一市农村居民人均交通类消费的1.24倍；重庆市、陕西省和甘肃省农村居民人均交通类消费均低于五省一市农村居民人均交通类消费，其中，陕西省农村居民人均交通类消费最低，是五省一市农村居民人均交通类消费的79%。秦巴片区农村居民人均交通类消费（757.00元）低于五省一市农村居民人均交通类消费。河南秦巴片区、湖北秦巴片区和重庆秦巴片区农村居民人均交通类消费接近或高于秦巴片区农村居民人均交通类消费，其中，重庆秦巴片区农村居民人均交通类消费最高，是秦巴片区农村居民人均交通类消费的1.47倍；四川秦巴片区、陕西秦巴片区和甘肃秦巴片区农村居民人均交通类消费均低于秦巴片区农村居民人均交通类消费，其中，陕西秦巴片区农村居民人均交通类消费最低，是秦巴片区农村居民人均交通类消费的72%。

五省一市农村居民人均文娱类消费（992.00元）低于全国农村居民人均文娱类消费（1070.00元）。湖北省、四川省和陕西省农村居民人均文娱类消费均高于五省一市农村居民人均文娱类消费，其中，湖北省农村居民人均文娱类消费最高，是五省一市农村居民人均文娱类消费的1.17倍；河南省、重庆市和甘肃省农村居民人均文娱类消费均低于五省一市农村居民人均文娱类消费，其中，重庆市农村居民人均文娱类消费最低，是五省一市农村居民人均文娱类消费的71%。秦巴片区农村居民人均文娱类消费（651.00元）低于五省一市农村居民人均文娱类消费。河南秦巴片区、湖北秦巴片区和四川秦巴片区农村居民人均文娱类消费均高于秦巴片区农村居民人均文娱类消费，其中，湖北秦巴片区农村居民人均文娱类消费最高，是秦巴片区农村居民人均文娱类消费1.53倍；重庆秦巴片区、陕西秦巴片区和甘肃秦巴片区农村居民人均文娱类消费均低于秦巴片区农村居民人均文娱类消费，其中，陕西秦巴片区农村居民人均文娱类消费最低，是秦巴片区农村居民人均文娱类消费的55%。

五省一市农村居民人均医疗类消费（950.00元）高于全国农村居民人均医疗类消费（929.00元）。湖北省、四川省和陕西省农村居民人均医疗类消费均高于五省一市农村居民人均医疗类消费，其中，湖北省农村居民人均医疗类消费最高，是五省一市农村居民人均医疗类消费的1.28倍；河南省、重庆市和甘肃省农村居民人均医疗类消费均低于五省一市农村居民人均医疗类消费，其中，河南省农村居民人均医疗类消费最低，是五省一市农村居民人均医疗类消费的84%。河南秦巴片区、重庆秦巴片区农村居民人均医疗类消费均高于秦巴片区农村居民人均医疗类消费，其中，河南秦巴片区农村居民人均医疗类消费最高，是秦巴片区农村居民人均医疗类消费的1.52倍；湖北秦巴片区、四川秦巴片区、陕西秦巴片区和甘肃秦巴片区农村居民人均医疗类消费均低于秦巴片区农村居民人均医疗类消费，其中，陕西秦巴片区农村居民人均医疗类消费最低，是秦巴片区农村居民人均医疗类消费的68%。

第三章

秦巴山脉区域农村经济状况分析

我国农村经济主要问题表现为：一是生产规模小，效率低下问题仍然突出，这一方面是由于人多地少；另一方面是由于非农收入低，对农业产业的反哺乏力。二是农村基础设施建设落后，投资环境较差，这种情况在相当长的时间内很难改变，严重制约农业产业与非农产业发展，农村企业举步维艰。三是农村人口外流与宅基建房投资矛盾日趋明显，导致社会资源严重浪费，社会资金利用效率低。四是农村资金、人才与劳动力凹地问题越来越普遍，农村经济发展的软件条件越来越"软"。五是农村教育由面向点转化加快，一方面教育成本增加，另一方面教育质量严重下滑。六是农村老龄化人口加速发展，老残智障成为突出问题。七是农村进城务工人员及其亲人对稳定生活与城市接纳度的需求越来越大，低收入人群的异地转移安置问题不容忽视。八是农田经营水平严重降低，弃耕、低产低效问题日趋突出，制约农业产业进一步发展。九是农村经济政策的预期效果严重走形，农业补贴等惠农政策需要加快调整步伐。十是传统乡村"魅力"逐渐消退难以逆转，"新"农村正在孕育中。

第一节 秦巴片区私营企业状况

一、私营企业就业人员工资

私营企业[①]就业人员平均工资是私营企业就业人员的平均工资。五省一市私营企业就业人员平均工资为 35 685.00 元/人，明显低于全国私营企业就业人员平均工资（42 833.00 元/人）。秦巴片区私营企业就业人员平均工资为 33 936.64 元/人，与五省一市私营企业就业人员平均工资基本持平。在五省一市中，重庆市私营企业就业人员平均工资明显高于其他省市和全国私营企业就业人员平均工资，分别为全国和五省一市私营企业就业人员平均工资的 1.11 倍和 1.33 倍；其他省私

---

① 私营企业指由自然人投资设立或由自然人控股，以雇佣劳动为基础的营利性经济组织。

营企业就业人员平均工资差异不大。在秦巴片区中，湖北秦巴片区、重庆秦巴片区和陕西秦巴片区私营企业就业人员平均工资相对较高，值得注意的是，湖北秦巴片区和陕西秦巴片区私营企业就业人员平均工资均高于其所在的省市私营企业就业人员平均工资，这间接表明这两个省份秦巴片区在所在省份中发展较好（表3-1 和图 3-1）。

表 3-1　全国和五省一市及其秦巴片区私营企业就业人员平均工资比较

地区	私营企业就业人员平均工资/（元/人）	与全国的比值	与五省一市的比值	与秦巴片区的比值
全国	42 833.00	100.00%	120.03%	126.21%
五省一市	35 685.00	83.31%	100.00%	105.15%
秦巴片区	33 936.64	79.23%	95.10%	100.00%
河南省	33 312.00	77.77%	93.35%	98.16%
河南秦巴片区	28 986.34	67.67%	81.23%	85.41%
湖北省	34 166.52	79.77%	95.74%	100.68%
湖北秦巴片区	38 222.98	89.24%	107.11%	112.63%
重庆市	47 345.00	110.53%	132.67%	139.51%
重庆秦巴片区	37 417.22	87.36%	104.85%	110.26%
四川省	37 763.00	88.16%	105.82%	111.28%
四川秦巴片区	31 874.43	74.42%	89.32%	93.92%
陕西省	35 676.00	83.29%	99.97%	105.13%
陕西秦巴片区	37 088.30	86.59%	103.93%	109.29%
甘肃省	35 685.00	83.31%	100.00%	105.15%
甘肃秦巴片区	30 030.60	70.11%	84.15%	88.49%

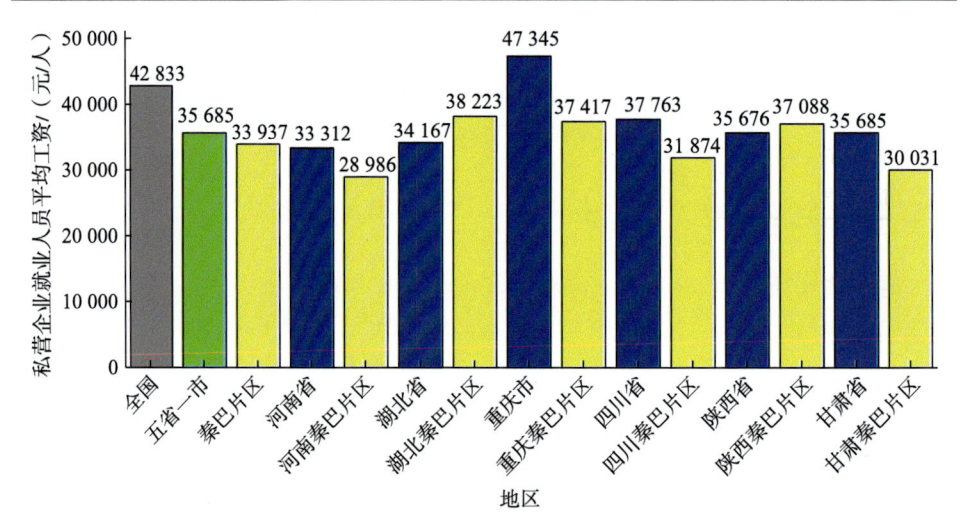

图 3-1　全国和五省一市及其秦巴片区私营企业就业人员平均工资

图中数据经四舍五入修约处理只保留整数

二、私营企业就业人员

在五省一市中,重庆市和四川省私营企业就业人员数量明显高于其他省份私营企业就业人员数量,且均在750万人以上;而陕西省和甘肃省私营企业就业人员数量明显低于其他省市私营企业就业人员数量,在200万人以下或稍高于200万人(甘肃207.20万人)。在秦巴片区中,河南秦巴片区、湖北秦巴片区和重庆秦巴片区私营企业就业人员数量相对较多,分别占秦巴片区私营企业就业人员数量的26.02%、24.53%和22.88%(表3-2)。

表3-2 全国和五省一市及其秦巴片区私营企业就业人员数量比较

地区	私营企业就业人员数量/万人	与全国的比值	与五省一市的比值	与秦巴片区的比值
全国	17 997.10	100.00%	572.41%	3229.05%
五省一市	3144.10	17.47%	100.00%	564.12%
秦巴片区	557.35	3.10%	17.73%	100.00%
河南省	529.40	2.94%	16.84%	94.99%
河南秦巴片区	145.02	0.81%	4.61%	26.02%
湖北省	620.80	3.45%	19.74%	111.38%
湖北秦巴片区	136.70	0.76%	4.35%	24.53%
重庆市	786.10	4.37%	25.00%	141.04%
重庆秦巴片区	127.52	0.71%	4.06%	22.88%
四川省	817.00	4.54%	25.99%	146.59%
四川秦巴片区	51.15	0.28%	1.63%	9.18%
陕西省	183.60	1.02%	5.84%	32.94%
陕西秦巴片区	68.37	0.38%	2.17%	12.27%
甘肃省	207.20	1.15%	6.59%	37.18%
甘肃秦巴片区	28.59	0.16%	0.91%	5.13%

在五省一市中,河南省和湖北省乡村就业人员数量明显高于其他省市乡村就业人员数量,均在4000万人以上,分别占全国乡村就业人口数量的6.19%和5.46%。与五省一市情况一致,在秦巴片区中,河南秦巴片区和湖北秦巴片区乡村就业人员数量也明显高于其他省市秦巴片区,分别占秦巴片区乡村就业人员数量的43.51%和35.20%。值得注意的是,重庆市和四川省人口数量较多,但是在乡村就业的人员数量并不多,这表明该地区有大量的农村人口外出打工(表3-3)。

表 3-3　全国和五省一市及其秦巴片区乡村就业人员数量比较

地区	乡村就业人员数量/万人	与全国的比值	与五省一市的比值	与秦巴片区的比值
全国	77 603.00	100.00%	656.65%	2904.30%
五省一市	11 818.10	15.23%	100.00%	442.29%
秦巴片区	2 672.01	3.44%	22.61%	100.00%
河南省	4 803.00	6.19%	40.64%	179.75%
河南秦巴片区	1 162.68	1.50%	9.84%	43.51%
湖北省	4 236.21	5.46%	35.85%	158.54%
湖北秦巴片区	940.60	1.21%	7.96%	35.20%
重庆市	695.76	0.90%	5.89%	26.04%
重庆秦巴片区	113.72	0.15%	0.96%	4.26%
四川省	347.40	0.45%	2.94%	13.00%
四川秦巴片区	55.15	0.07%	0.47%	2.06%
陕西省	778.00	1.00%	6.58%	29.12%
陕西秦巴片区	268.72	0.35%	2.27%	10.06%
甘肃省	957.73	1.23%	8.10%	35.84%
甘肃秦巴片区	131.14	0.17%	1.11%	4.91%

五省一市城镇私营第一产业职工平均工资为 30 052.00 元/人，比全国城镇私营第一产业职工平均工资低 10.59%。除河南省、重庆市城镇私营第一产业职工平均工资分别是全国城镇私营第一产业职工平均工资的 1.14 倍和 1.08 倍外，其他省城镇私营第一产业职工平均工资均低于全国城镇私营第一产业职工平均工资。秦巴片区城镇私营第一产业职工平均工资略低于五省一市城镇私营第一产业职工平均工资。在秦巴片区中，河南秦巴片区城镇私营第一产业职工平均工资相对较高，是秦巴片区城镇私营第一产业职工平均工资的 1.25 倍。值得注意的是，湖北秦巴片区和陕西秦巴片区城镇私营第一产业职工平均工资均高于其所在的省市城镇私营第一产业职工平均工资，这表明这两个省份在秦巴片区中着重发展了第一产业（表 3-4）。

表 3-4　全国和五省一市及其秦巴片区城镇私营第一产业职工平均工资

地区	城镇私营第一产业职工平均工资/（元/人）	与全国的比值	与五省一市的比值	与秦巴片区的比值
全国	33 612.00	100.00%	111.85%	117.11%
五省一市	30 052.00	89.41%	100.00%	104.71%
秦巴片区	28 700.85	85.39%	95.50%	100.00%
河南省	38 420.00	114.30%	127.85%	133.86%
河南秦巴片区	35 926.83	106.89%	119.55%	125.18%
湖北省	26 956.00	80.20%	89.70%	93.92%
湖北秦巴片区	30 100.33	89.55%	100.16%	104.88%
重庆市	36 437.00	108.40%	121.25%	126.95%
重庆秦巴片区	28 793.45	85.66%	95.81%	100.32%

续表

地区	城镇私营第一产业职工平均工资/（元/人）	与全国的比值	与五省一市的比值	与秦巴片区的比值
四川省	30 382.00	90.39%	101.10%	105.86%
四川秦巴片区	24 845.72	73.92%	82.68%	86.57%
陕西省	26 255.00	78.11%	87.37%	91.48%
陕西秦巴片区	27 272.33	81.14%	90.75%	95.02%
甘肃省	30 052.00	89.41%	100.00%	104.71%
甘肃秦巴片区	25 266.41	75.17%	84.08%	88.03%

第二节　秦巴片区农村集体经济状况

目前，我国农村集体经济存在的主要问题包括：①经营性收入偏低。大部分地区集体经济底子薄，经营性收入少，可持续发展困难，缺乏可靠稳定的路径。2017年，国务院发展研究中心对全国2749个行政村的调查结果表明，村集体本身收入是村总收入的主要组成部分，占集体总收入的69.15%。其中，村农业承包收入占总收入的38.08%，占比较大；厂房、土地及其他财产租赁费收入占总收入的10.19%；财政性补助约占16.44%；村办企业收入占总收入的17%；村级农牧副渔业直接收入占比较少，只有3.88%；集体留用的土地征用补偿费占总收入的4.1%。当前农村集体经济的收入来源基本局限于厂房、仓库、市场店面等物业的租赁收入及土地等资源的发包收入，只有很少的村有投资入股分红收益和直接的生产经营性收益。②沉睡资产有待盘活。调研表明，许多村、镇存在大量的沉睡资产，如林地、草地、池塘等。农业农村部数据显示，全国农村集体经济账面资产为2.86万亿元，村平均近500万元，东部地区村平均近千万元。四川省有20%左右的村是没有集体经济收入的空壳村，全省村平均经营性收入只有几万元，主要来源于集体资产资源出租，经营水平、收入水平普遍较低。③集体经济发展体制机制不健全。集体经济组织缺乏法律地位、集体经济组织成员权不明晰、集体经济组织治理结构不完善、集体经济组织缺乏稳定发展机制。集体股份合作社无法办理工商登记，无平等的法人主体地位，不利于市场竞争和后续经营；集体经济组织法人财产权缺失，集体经营性资产不能完全落实到股份合作社名下；集体经济土地征收制度导致的"财富剪刀差"问题存在。2012年以后，我国发展农村集体经济才有了政策和财政扶持上的全面加强的局面。2021年2月25日，习近平在全国脱贫攻坚总结表彰大会中提到，"2013年，党中央提出精准扶贫理念，创新扶贫工作机制。2015年，党中央召开扶贫开发工作会议，提出实现脱贫攻坚目标的总体要求，实行扶持对象、项目安排、资金使用、措施到户、因村派人、脱贫成效'六个精准',实行发展生产、易地搬迁、生态补偿、发展教育、社会保障兜底'五个一批',发出打赢脱贫攻坚战的总攻令。2017 年,党的十九大把精准脱贫作为三大攻坚战之一进行全面部署,锚定全面建成小康社会目标,聚力攻克深度贫困堡垒,决战决胜脱贫攻坚。2020 年,为有力应对新冠肺炎疫情和特大洪涝灾情带来的影响,党中央要求全党全国以更大的决心、更强的力度,做好'加试题'、打好收官战,信心百倍向着脱贫攻坚的最后胜利进军","脱贫攻坚战的全面胜利,标志着我们党在团结带领人民创造美好生活、实现共同富裕的道路上迈出了坚实的一大步"①。

一、秦巴片区农村集体经济状况研究

2018 年 9 月,中共中央、国务院印发的《乡村振兴战略规划(2018—2022 年)》中明确提出要"发展壮大农村集体经济"②。2019 年中央一号文件强调"指导农村集体经济组织在民主协商基础上,做好成员身份确认""研究完善适合农村集体经济组织特点的税收优惠政策"③。2020 年中央一号文件强调"全面推开农村集体产权制度改革试点,有序开展集体成员身份确认、集体资产折股量化、股份合作制改革、集体经济组织登记赋码等工作。探索拓宽农村集体经济发展路径,强化集体资产管理"④。为壮大农村集体经济组织,陕西省先后分别出台了《陕西省开展扶持村级集体经济发展试点实施方案》《陕西省农村集体资产管理条例》《陕西省农业厅、陕西省扶贫开发办公室关于支持贫困村发展壮大集体经济的指导意见》等政策,在全省 40 个行政村开展扶持农村集体经济发展的试点工作。秦巴山脉区域既是中华文明的发祥地之一,也是全国重点生态功能区、限制开发区,集革命老区、集中连片困难地区、大型水库库区和自然灾害易发多发区于一体,生态环境相对脆弱,农村经济发展水平相对较低,农户收入水平低。在陕西秦巴片区中,2019 年,汉中市、安康市与商洛市农村居民人均可支配收入分别为 11 098 元、10 475 元和 10 025 元,分别占陕西省农村居民人均可支配收入(12 326 元)的 90.0%、85.0%和 81.3%,分别仅占全国农村居民人均可支配收入(16 021 元)的 69.3%、65.4%和 62.6%。在大力实施乡村振兴战略的背景下,研究陕西秦巴片区发展壮大农村集体经济模式问题,对于稳步推进国家生态文明建设,实现农村经济稳定、可持续发展,提高农户收入水平等具有重要的理论和现实意义。

---

① 习近平:在全国脱贫攻坚总结表彰大会上的讲话. http://politics.people.com.cn/n1/2021/0225/c1024-32037047.html[2021-02-25].

② 中共中央 国务院印发《乡村振兴战略规划(2018—2022 年)》. http://www.gov.cn/zhengce/2018-09/26/content_5325534.htm[2019-09-26].

③ 中央农村工作领导小组办公室 农业农村部关于做好2019年农业农村工作的实施意见. http://www.moa.gov.cn/ztzl/jj2019zyyhwj/zxgz/201902/t20190222_6172581.htm[2019-02-22].

④ 中共中央 国务院关于抓好"三农"领域重点工作确保如期实现全面小康的意见. http://www.gov.cn/zhengce/2020-02/05/content_5474884.htm[2020-02-05].

近年来，陕南秦巴山脉区域党政部门紧紧围绕中央和省政府的相关壮大集体经济的文件精神，进行统筹安排，先后分别出台了《安康市关于扶持壮大村级集体经济的实施方案》、《汉中市关于加强农村集体经济组织管理的指导意见》和商洛市《关于发展壮大农村集体经济的实施意见》等政策文件，并积极组织安排实施，取得了一定的成绩，此处以陕西省安康市为例进行说明。

2016年以来，安康市不断推动安康生态富硒特色产业快速发展，农村经济发展稳中有进，总量持续增长。

（1）社会经济发展水平。2019年，安康市辖9县1区和2个开发区，139个乡镇，户籍总人口303.7万人，其中户籍乡村人口188.65万人。2019年，安康市地区生产总值达1182.06亿元，农林牧渔业总产值为247.86亿元，农村居民人均可支配收入为10 475元，其中，来自集体直接分配的财产性收入为52.3元，占农村居民人均可支配收入的0.5%。

（2）股权量化、成员资格认定及股权证颁发情况。截至2018年末，安康市成立农村集体经济组织1782个，各县区1697个村完成股权量化，确定集体成员237.88万个，颁发股权证书54.85万份。

（3）村集体资产及其结构。2019年，安康市村集体资产总额为150.1亿元，村均集体资产为837.6万元。其中，经营性资产总额为14.72亿元，占全省经营性资产总量的3.1%；非经营性资产为135.38亿元，占村集体资产总额的90.2%。

（4）村集体经济运营情况。2019年，安康市村集体经济创收总收入为3.58亿元，其中，经营性收入为940.09万元，发包收入为642.23万元，投资收益为31.58万元，补助收入为31 615.17万元，其他收入为2582.57万元。总支出为1.82亿元，其中，干部报酬为1.25亿元。公益性基础设施投入为2.4亿元，集体建设性用地出租出让收入为707万元。以村为单位对集体经济运行进行分类，可以看出，农村集体经济发展水平很不平衡，超过50万元的村仅仅有18个，仅占农村集体经济组织数量的1.01%；而无经营收益的村数量高达582个，占农村集体经济组织数量的32.66%，占比近1/3（表3-5）。

表3-5　2019年安康市农村集体经济组织收益水平分类表

序号	经营收入水平	村数量/个	比例
1	超过100万元	4	0.22%
2	50万~100万元	14	0.79%
3	10万~50万元	107	6.00%
4	5万~10万元	284	15.94%
5	5万元以下	791	44.39%
6	无经营收益	582	32.66%
	合计	1782	100.00%

同时，陕南秦巴山脉区域在壮大集体经济改革中，以区域资源禀赋为基础，以政府推动为辅助，在充分尊重农户意愿的基础上，大胆实践，积极创新，创造性地提出了许多壮大集体经济的有益模式。

1. "党支部+'三变'改革+集体经济+产业+农户"模式

陕西省商洛市洛南县石门镇张湾村位于洛南县城以北的秦岭深处，基础设施落后，群众思想保守，截至2017年，全村共有10个村民小组467户1721人。2017年，张湾村借助全县推进"三变"（资源变资产、资金变股金、农民变股东）改革，及时组建了村集体经济组织——张湾村集体经济组织专业合作社，注资106万元，流转土地730亩①，按照"以短养长、长短结合"的产业发展思路，注重规划发展观赏牡丹、桔梗、朝天椒等见效快的短产业，更注重西洋参、核桃等长效产业；建立1名总经理抓总体工作、7名产业发展经理分管包抓、共同推进的产业发展格局，并将贫困户全部纳入其中，以村集体经济组织发展为引领，带领群众致富。同时，积极动员社员、贫困户以土地、资金等入股加入村集体经济组织，由商洛市林业局为每户贫困户注入3000元股金，年底享受分红。村集体经济组织每年提留收入的10%作为公积金，其余90%经营利润按照股权比例给贫困户分红。此外，商洛市林业局为村上争取生态效益补偿款，一亩地补偿13元，一年村集体林补贴70多万元，按比例村留15%，组留35%，50%发放给农户。同时，张湾村积极发挥村集体经济组织的带动作用，引领困难群众自主发展产业，先后帮助群众规划种植核桃1000亩、中药材1000亩和连翘1000亩，以核桃为基础产业，确定"核桃+"产业模式，大胆探索出了"四借四还"产业脱贫致富发展模式，即"借果还仁、借籽还药、借菌还菇、借鸡还蛋"。张湾村通过党支部的引领作用，发展壮大村集体经济组织，激活了农村资源，壮大了地方特色产业，激发了农民活力，提高了农户的收入，实现了贫困户的脱贫，为其他地区开展脱贫攻坚和实施乡村振兴提供了可借鉴的经验②。

2. "党支部+集体经济+多主体参与+乡村旅游"模式

陕西省安康市石泉县饶峰镇胜利村是一个仅有700多人的山区小村。2015年换届后，在村党支部书记杨卫东的带领下，开启了"支部引领、旅游兴村"的创业之路。三家企业、合作社流转土地2100余亩，山林3000余亩，建成占地面积200余亩的饶峰驿站、200余亩的百合花园、2000平方米的生态市场、3000平方米的农业科技体验馆、12 000平方米的斗牛场、跑马场、赛车场，占地40余亩的竹园客栈、生态养老区、400亩的枇杷园、苗木花卉园、600亩的核桃园、李子园，

---

① 1亩=666.67平方米。
② 壮大集体经济 释放发展活力——洛南县石门镇张湾村探索脱贫致富新路径. http://www.slrbs.com/xqzc/xianqudongtai/mszx/2018-07-31/939566.html[2018-07-31].

50亩的黄花产业园、7000平方米的农产品加工厂，以及素质拓展基地、生态餐厅、游泳馆、儿童拓展乐园、垂钓园、百姓舞台、生态广场、大型停车场、百鸟园、雕塑厂、鲜果采摘园、电商室、宾馆、子午农家（16户）等多处旅游观光项目。2018年6月1日的首届百合花节，招来了全国各地7万多名游客，给石泉带来了3000余万元的旅游收益，得到了来自全国各地60余万人的点赞。企业和农户直接收益1200万元以上，带动周边行业增收2000万元以上，创税130余万元，解决了400余人的务工问题，实现了整村脱贫。辐射带动周边200余户贫困群众脱贫增收，群众纯收入从2015年的7000元增长到2018年的17 000余元。近年来，该村分别获得"陕西省旅游示范村""陕西省万企帮万村先进集体""陕西省美丽宜居示范村""陕西省休闲农业示范园"等多项省级表彰。

3. "党支部+股份经济合作社+公司+困难户（农户）"模式

陕西省商洛市丹凤县武关镇梅庄村积极响应商洛市"三变"改革试点工作，开展了清产核资、摸清集体"家底"的工作。经核查，2017年，全村确定经营性资产152.00万元、非经营性资产399.88万元，耕地1485.00亩，林地1.96万亩，界定出合作社成员258户1002人。梅庄村将政府投入的省级财政专项资金、村集体经济扶持资金等全部进行整合，由村股份经济合作社集中统一使用，并将村经营性资产、资源、资金全部折股量化到所有股民，有效盘活了资源、夯实了集体经济发展基础。梅庄村利用2018年换届的契机，将7名带富能力强、做事有担当的村民选进村"两委"班子。2018年4月，梅庄村股份经济合作社成立，村党支部书记兼任股份经济合作社理事长，村监委会主任兼任监事长，其他5名村"两委"成员兼任管理人员，构建起"党支部+股份经济合作社+公司"的"三位一体"村集体经济组织结构。梅庄村选择最先在土地资源整合上发力，利用山地资源较多、光热资源丰富的优势，谋划了"春季有茶、三季有菇、四季有光伏"的产业布局，形成了长期产业保稳定、短期产业稳增收、三产融合促市场的发展模式。在多元化发展格局的支撑下，梅庄村40户贫困户和15户群众发展香菇产业，68户贫困户发展茶产业，实现贫困群众就业160人。2018年全村农民人均纯收入9737元，贫困发生率从23.00%下降到1.40%，实现了整村脱贫出列。到2019年底，梅庄村集体经济纯收入达37万元。壮大村集体经济，产业是基础，经营管理是关键。梅庄村通过搭建村企平台，整合农村分散的资源要素，发展农村集体经济，不仅解决了村民的增收问题，也提高了困难群众主动参与产业发展、依靠劳动增收致富的积极性，使全村形成了人心思进、人心思干的良好民风，走出了一条产业化、规模化的农村集体经济发展道路[①]。

---

① 让村民分享集体经济的红利——商洛市丹凤县梅庄村壮大村级集体经济调查. https://www.sxslnews.com/pc/index/article/71058[2019-10-17].

二、发展壮大农村集体经济中面临的问题

1. 农村集体经济基础十分薄弱，集体经济组织职能弱化

由于受自然条件等因素的影响，秦巴山脉区域农村集体经济十分薄弱，税费改革取消三项提留后，大部分村组除有限的财政转移支付补助资金外，已无其他经济来源，成了空壳村，绝大多数农村集体经济组织处于一种松散或半松散状态，其组织和联合功能几乎丧失。提供基础设施建设与维护、孤寡弱势群体救助等公共服务的能力总体上不断弱化，农村市场化进程的推进和乡村社会结构的分化又在一定程度上加剧了农民与集体、农民相互之间关系松散化程度。基层组织的凝聚力、战斗力和号召力也随之减弱，不能代表广大农户的利益，也不能保护农民的利益，更不能为广大农户谋利益，农民对集体经济组织十分不满。以安康市为例，2017年成立农村集体经济组织1782个，而无经营收益村的数量占比近1/3。集体经济主体缺位，农村集体经济组织的成员权利不清晰，法人治理结构不完善，农村集体经济缺乏长效的发展机制。农村集体经济组织存在组织制度与激励机制不健全、组织结构不尽合理、土地所有权归属不清等问题，这严重制约了农村集体经济作用的有效发挥，亟须通过改革的方式对农村集体经济组织的组织机制进行完善。乡镇和村两级是独立的主体，其职责应是明确的。但是，由于没有制度约束，乡镇和村两级权责利不清，管理交叉混乱。此外，秦巴山脉区域农村地理位置相对偏僻，区位条件差，很难找到好的发展项目。可见，农村集体经济发展主体、发展资源和农民公共精神等要素缺失正是导致集体经济发展迟滞的根源。此局面使得发展壮大集体经济面临的制约更多、难度更大，亟须通过构建更具创新性的发展机制、采取更具针对性的政策举措，以实现偏远地区集体经济的突破性发展。

2. 村集体经济经营收入不稳定，实现可持续性发展难度大

秦巴山脉区域村集体经济资源单一，发展路径单一，缺乏稳定的经营性收入来源；村集体与农户之间的利益关联疏离，发展动力不足，其稀少的资金积累致使其不具有产业开发所必需的基本投资能力。当前，农村集体经济主要不是靠经营集体资产发展壮大，而是主要靠物业出租收入、项目资金收入、联系部门、联系企业和社会"捐助"收入等，不具有可持续发展能力。有些村将老村部、老校舍及部分违章建筑出租给私营小企业办工业获得土地租赁收入，这是村集体经济最稳定的收入来源。部分行政村千方百计地规划和包装农业农村建设项目，以争取相关部门的政策资金支持，在实施项目建设的基础上，求得部分劳务盈余，资金投入产生少量结余，用来补充村级运转经费的不足，但这种收入多是一次性的，带有明显的偶然性和不稳定性。同时，还会造成村组织依赖思想和攀比心理增强，

而随着财政预算管理规范化的推进和部门预算编制改革的深入，相关支持单位已无"钱"继续支持。

3. 村集体经济组织资产管理不规范

以安康市为例，从资产类型上说，部分县、镇对村集体资产的归属界限不清楚，集体资金未经民主程序而被随意集中或统筹、集体财产被无偿调拨和侵占、集体资源所有权收益无法兑现等现象时有发生；从层级上看，139 个乡镇、14 714 个组级及 1364 个移民搬迁社区在近几年资产逐步由非经营性资产演变为经营性资产，特别是在脱贫攻坚期间，所有的扶贫整合资金收益由扶贫户享受，这就使得各种层次的集体利益关系相互交织，经营性收益的社区性和封闭性被打破。

4. 集体经济成员身份矛盾凸显

在农村产权制度改革工作环节中，成员身份确定是成员享受成员权益的"表"，但后期集体成员享受的各项权益才是农民群众的关注焦点，集体成员权益涉及土地承包经营方案、宅基地的使用方案、征地补偿费的使用、分配方案等核心利益。由于各县区村集体发展壮大处于起步阶段，如安康市 2019 年农村居民人均可支配收入中，集体分配的财产性收入只占 0.50%，脱贫攻坚期间的资金收益用于贫困户，集体用于分红的资金主要由贫困户享受，所以成员权益矛盾未显现。调研涉及的 14 个村分红都只对贫困户，非贫困户未分得集体经济组织财产收益分红。但各县区因集体经济组织成员身份出现的征地补偿款、宅基地资格权上访等问题已逐步凸显。

5. 壮大村集体经济存在制度约束

一是政策规定不够细致。清产核资是顺利推进农村集体产权制度改革的基础和前提，产权明晰、流转顺畅是盘活农村资产的关键环节。秦巴山脉区域在实施集体产权改革中，有城中村、城郊村、一般村和困难村，各村情况千差万别，集体经济发展很不平衡。在清产核资方面还存在不彻底现象，有的只量化了村民小组集体资产，对村组集体资产及乡镇农村集体资产没有量化。在产权流转方面，区级农村产权交易市场和相关制度尚未建立，不利于盘活经济。在政策支持方面，还存在相关政策没有及时配套的问题。在具体工作中，村组干部存在政策理解偏差，导致清产核资、成员界定工作出现多次反复的情况，甚至出现信访苗头，这严重影响了集体产权改革的进程。二是融资政策尚待完善。在维持村级组织正常运转的基础上，大部分村把资金都用于公益事业建设，缺少资金积累，部分经济薄弱的村连维持运转都困难。同时，由于村集体经济组织运行不够健全，经济法人地位很难得到市场认可，加上缺少有效的抵押担保物，村级组织很难从金融机构融到资金。三是土地政策调控趋紧。随着土地政策宏观调控趋紧，在城市优先发展的导向下，村级发展建设性用地指标很难落实。

6. 缺乏壮大农村集体经济的人才队伍

发展农村集体经济需要熟"三农"、懂经营、善管理的复合型人才，这是最核心的生产要素。围绕农村集体产权制度改革，人才普遍缺乏，具体表现在以下几方面。一是镇农业经济经营管理站工作力量薄弱。现在基本上每个镇都只有1名兼职农经人员具体负责集体产权制度改革工作，且人员极不稳定。二是农村领头人少，缺乏经济和财务管理等方面的专业知识。农村出人才，但留不住人才，发展农村集体经济"事业不够美好""职业又太辛苦"，留不住为其服务的人才。大部分村组干部年龄偏大，驾驭市场经济的能力不足，在发展集体经济上开拓创新能力不强，其素质不能很好地适应农村改革、市场经济发展和新农村建设的需要，市场经济意识差，领导方式和工作方法陈旧，带头致富和带领群众致富的能力不强，且随着劳务经济的快速发展，农村大量有文化的年轻人外出务工，许多有能力、素质高的年轻人一去不返，农村基层干部队伍难以补充新鲜血液，出现后备乏人的现象，基层组织缺乏活力。随着大量农村劳动力外出，农村人才流失严重，发展集体经济"无能人可选"和"无能人带动"的困境大都难以突破。农村集体产权制度改革工作要求成立的集体经济合作组织，目的是要确保集体资产保值增值，但大部分村干部缺乏经营头脑，等待观望，不知道下一步工作如何开展。三是村级没有较为专业的财务人员。清产核资工作结束后应及时进行资产移交，并按照农村集体会计制度建账或调整账务。但村（社区）会计普遍业务素质低、年龄偏大、账务记录不规范，这会对全区清产核资工作的规范完成及清产核资后的账务调整、建立新账及新成立的村经济组织的财务管理、资产监管、资产运营、股权管理等造成很大的影响，也不符合新时代对农业农村财务管理的要求。

7. 对壮大农村集体经济的思想认识不到位

有人片面地认为在市场经济背景下，发展村集体经济没有必要，也没有办法，不同程度地存在"过时论""无用论""无路论"等消极思想和畏难情绪，客观上对发展农村集体经济意愿不强。部分干部群众对农业农村产业改革的意义和目标认识不足，片面地认为改革就是分红，甚至要将集体资产吃光分净。部分村组干部特别是地处偏远的一些村组干部认为本村没有多少集体资产，增值困难，还存在等待观望的现象。有的村历史遗留问题较多或由于合并村等原因，工作难度大，村组干部畏难情绪明显。有些村干部认为，市场经济主要是鼓励农民创业、创新、创市场，发展民营经济，没有必要花心思再去发展集体经济。发展农村集体经济过程长、见效慢、难度大、困难多。部分干部认为农村集体经济基础差、底子薄、缺资源、无资金，无路可走，信心不足。同时，村干部是发展村级经济合作社的领头人，长期以来，对村干部发展壮大农村集体经济要求有余，但激励不足，加之政策认知度不高，私心偏重，公益心不足，在一定程度上都很难胜任壮大农村集体经济的历史重任。

三、发展壮大农村集体经济的关键问题分析

农村集体产权制度改革的根本在于健全适应社会主义市场经济体制要求、以公平为核心原则的农村产权保护法律制度。国家应抓紧研究制定农村集体经济组织方面的法律，赋予农村集体经济组织法人资格，明确权利义务关系，依法维护农村集体经济组织及其成员的权益，赋予农民更加充分而有保障的基本权益。在充分尊重农民意愿的基础上，扎实推进清产核资、成员界定工作，推进集体经济组织成员和集体资产股权"双固化"。进一步总结试点经验，推广成功模式，采取存量折股、增量配股、土地入股等多种形式，因地制宜地推动农村资产股份化。赋予农民对集体资产股份占有、收益、有偿退出及抵押、担保、继承等合法权益。按照集体资产收益由全体集体成员共享的基本原则，建立健全集体经济的收益分配机制。建立农村集体经济组织制度，探索符合秦巴山脉区域实际的农村集体所有制经济的有效组织形式、经营方式和发展路径，构建符合市场经济要求的集体经济运营新机制。

1. 农村集体经济组织形式的选择

（1）集体经济组织体系类型。农村集体经济的有效组织形式主要包括以下三类。一是地区性合作经济组织，也被称作社区合作经济组织。地区性合作经济组织可以叫农业合作社、经济联合社或群众选定的其他名称；可以以村（大队或联队）为范围设置，也可以以生产队为单位设置；可以同村委会分立，也可以一套班子两块牌子。首先要做好土地管理和承包合同管理；其次要管好水利设施和农业机械，组织植保、防疫，推广科学技术，兴办农田水利基本建设及其他产前产后服务。二是农村新经济联合体。为了解决农产品流通难题，提高农业综合经营效益，在鼓励农工商综合经营的政策导向下，农村集体经济组织应积极参与组建形式多样的经济联合组织。三是股份制或股份合作制企业。各个村（社区）应以拥有的集体资产为边界，在清晰界定成员的基础上，重新规范建立农村股份经济合作社或经济合作社，将其作为集体资产所有权的行使主体，从而实现集体经济组织的规范化运作。

（2）农村集体经济组织的职能定位为企业化经营。概括地讲，农村集体经济组织的职能有行政职能和企业职能两类。农村集体经济组织职能的选择有以下三种组合形态。

第一，行政职能与企业职能并存。这种职能形态是计划经济的产物，带有浓厚的公有制特征，是计划经济时期和现阶段经济转轨时期农村集体经济组织的主要形式。农村集体经济组织一方面是国家在农村的基层单位，它代表国家的利益

行使职能，具有鲜明的行政特点；另一方面，它既代表广大农民从事经营活动，又具有企业职能的一面。

第二，行政职能。与这种职能形态相适应的组织形式是乡镇级组织。由于村集体经济组织的功能在很大程度上是执行国家的政策，其行政行为只是乡镇行政权力的延伸，没有独立行使职能的条件。而乡镇级组织本身具有独立行政的条件，但无统一经营的条件和能力。因此，乡镇级组织独立行使行政职能，而将经营职能下放村级是十分必要的，它更适合我国农村生产力的发展水平。

第三，企业职能。与这种职能形态相对应的是农村集体经济组织。农村集体经济组织拥有独立的财产，有独立的决策权，是一个独立的企业化经营组织。该形态在经济相对发达的地区更体现出了农村集体经济组织企业化的发展趋势。

在以上三种职能的选择中，行政职能与企业职能并存适应了计划经济时期的需要，为我国社会主义建设做出了巨大贡献；行政职能适应了改革开放后农村集体经济组织发展的需要，为农村稳定和统分结合的双层经营体制的建立做出了贡献；企业职能是社会主义市场经济条件下村集体经济参与市场竞争的必然选择。

（3）农村集体经济组织特别法人实现形式。2017年中央一号文件明确"赋予农村集体经济组织法人资格"[①]后，2017年的《中华人民共和国民法总则》确认了农村集体经济组织的法人身份，赋予了农村集体经济组织市场主体地位。同时，还明确农村集体经济组织法人为特别法人。关于明确哪些农村集体经济组织属于特别法人，初步考虑主要是村集体经济组织和其他承担公共服务、公益性服务职能的农村集体经济组织。特别法人的地位和权利体现在从事特定领域的优先权和特惠政策待遇等方面。

2. 改制后农村集体经济组织的产权制度安排和治理结构问题

（1）农村集体产权制度改革的切入点为村民小组。村民小组的产生和演变具有深厚的历史渊源，渗透着浓厚的文化传统，扮演着农村基层管理组织的角色，在组织农业生产和维护农村稳定方面起着重要作用。村民小组的特殊性，特别是其在集体土地所有权中的地位，使其成为学者研究农村集体产权问题的一个重要关注点。村民小组大多是在原来生产队的基础上建立起来的，经历了土地改革、大跃进之前的农业合作社、人民公社期间的生产队、家庭联产承包责任制时期的村民小组等几个阶段，并沿用至今，村民小组已成为土地占有的主要权利主体。土地作为农村重要的集体资产，在推行农村集体产权制度改革的过程中，相应地应当以村民小组为切入点。

（2）乡镇集体产权制度改革模式选择。与村一级相比，乡镇一级农村集体资

[①] 中共中央 国务院关于深入推进农业供给侧结构性改革加快培育农业农村发展新动能的若干意见. http://www.moa.gov.cn/ztzl/yhwj2017/zywj/201702/t20170206_5468567.htm[2017-02-06].

产数量更大，涉及面更广，改制政策性更强，情况更复杂。在加快推进农村集体经济组织产权制度改革的同时，还应关注乡镇集体经济组织产权制度改革，积极开展试点。推进镇级农村集体经济组织产权制度改革，应借鉴村一级的改制经验和做法，通过以点带面，逐步予以推进。一是政府要从综合解决现实农村矛盾纠纷和保护最广大农民长远利益的高度，依靠群众找准群众利益平衡点与社会和谐公约数；二是在资产量化上，清产核资结果及折股计值资产公开公示，群众有需要的，可进行评估；三是在股种设置上，重在简便易行，推动权跟人走，在把握原则的基础上允许多样化、多元化设置股种；四是在股权配置上，重在公平公正，倡导"广覆盖、宽接受、走程序"，确保"复杂问题程序化、程序问题民主化、民主问题公开化"，妥善处理特殊群体和历史遗留问题，促进改革平稳有序推进。

（3）加快消除集体经济空壳村、薄弱村。要探索有效手段，帮助集体经济空壳村、薄弱村积累、盘活集体资源资产，建立长效发展机制。深入推动资源变资产、资金变股金、农民变股东改革，发展多种形式的股份合作、联合，为外部优质要素资源进入创造平台和机会。政府财政扶持资金和各类扶持政策既要扩大村集体经济组织承接的范围，也要明确财政扶持资金与其形成的资产量化为村集体及其成员股份后，要以村集体经济组织为主导被有效地管理和使用。充分发挥驻村第一书记在引资、引智、政策落实、项目落地中的作用，以此为手段将人才、资金、资源重点向发展集体经济倾斜。建立强村带弱村机制，通过人才交流、项目扶持、经验推介等，推动空壳村、薄弱村创新集体经济发展模式。需要注意的是，要顺应村庄发展规律和演变趋势，分类推进集体经济发展，根据不同村庄的发展状况、区位条件、资源禀赋等，按照集聚提升、融入城镇、特色保护、搬迁撤并思路进行策略性布局，避免因盲目投资建设形成新的无效低效资产。

3. 农村集体经济组织成员资格认定问题

农民集体经济组织成员权利就是农村集体经济组织的成员权。农村集体经济组织成员权从性质上看属于股东权。农村集体经济组织成员权具体的权利内容可分为自益权和共益权两类，其中，自益权包括生产经营设施使用权、土地承包经营权、征地补偿款分配权、宅基地使用权、股份分红权等；共益权主要体现为表决权、知情权等民主方面的权利。

（1）建立集体成员权的方式选择：政府介入还是回归集体。政府介入集体经济股改就是政府介入到集体成员权的定义，而这导致了股改后集体成员权的混乱。应当回归集体，让成员自己去定义成员权，推动集体经济的管理层向下负责。集体经济组织成员之间以地域和血缘为结合纽带，成员权与股权类似，包括自益权和共益权。自益权主要是集体经济组织成员就集体资产经营所产生的利益分配、获得土地承包经营权和宅基地使用权及部分集体财产的处分权，共益权则具有一些公法权利的色彩。

（2）典型地区做法。以云南省大理市为例，总体上坚持兼顾"少数服从多数"与严格限定在法律界限之内。一方面，农村集体经济组织成员资格界定通常遵循"少数服从多数"式民主集中制，具体问题均由农民群众共同讨论决定；另一方面，更应防止在民主制度下多数人侵犯少数人的权利，尤其须切实保护有争议群体（如婚嫁子女、离异妇女、农转非人员、收养人员等）的合法权益，其原因在于单纯依靠老百姓举手表决，可能会侵犯少数群众的权益，甚至与我国现行法律相抵触。要把成员身份权确认的问题严格限制在法律的界限之内，强调民主的同时，也要在法制的范围之内，在确定成员身份的过程中，处理好村民自治与法制二者之间的关系。

4. 农村集体资产量化范围问题

（1）量化对象确定原则的问题。一是法律、法规和现行政策已明确规定为农村产权制度改革股份量化享受对象的，不得以任何理由剥夺其合法权益。要贯彻落实妇女权益保护、计划生育等法律、法规及政策，在量化对象和量化股份中加以具体体现。二是村经济合作社社员和保留社员资格的人员都是农村产权制度改革股份量化的享受对象。任何人不能同时在两个以上（含两个）的村经济合作社享有量化股份，严防"两头占"。三是在法规政策范围内，对于人员分类定策，宜适度宽松，不宜过分严格；对于量化对象界定，宜纳入改制，不宜排除在外；对于特殊人群政策处理，宜配置股权，不宜经济补偿；对于股权配置因素取舍，宜简单明了，不宜繁杂、烦琐。

（2）资产量化范围。其一，资源型资产中的农地受《中华人民共和国农村土地承包法》等法律法规的调整，并已开展一轮承包和二轮延包，通过土地承包经营权确权颁证落实到户，林权也已确权改革。其二，资源性资产和公益性资产进入市场前价值难以确定，而股份的收益来源主要是经营性资产。其三，无论采纳何种量化方式，其共同点都是赋予农民集体资产的股份权益。农村集体资产包括资源性资产、经营性资产和非经营性资产三大类。这三类资产是农村集体经济组织成员集体所有的主要财产，是农业农村发展的重要物质基础。但是，农村集体产权改革对这三类资产实行分类管理，不同类型的资产实行不同的制度。目前对于集体土地等资源性资产核心改革在于确权登记颁证，对集体公益设施等非经营性资产关键在于建立健全统一运行管护机制。总之，农村集体资产股份合作制改革的关键在于将农村集体经营性资产以股份或者份额形式量化到本集体成员中，作为其参加集体收益分配的基本依据。

5. 集体资产股份配置与流转问题

（1）股权（份额）设置问题。对城镇化进程较快、已实现"村改居"的地方，应明确不设置集体股，其日常公共事业支出可通过在集体收益分配中提取公积金、公益金的方式来解决，其具体比例或数额由改制后的新型农村集体经济组织成员

（代表）会议在讨论年度预决算时确定。

在实践中，秦巴山脉区域农村可参考云南省大理市的做法，对于是否设置集体股及其所占总股份比重的大小由村集体全体成员民主讨论决定。云南省大理市坚持搁置争议，使集体股、公益金并行不悖的原则。简言之，对于是否设置集体股及其所占总股份比重的大小，大理市规定各村根据本地经济发展情况，由村集体全体成员民主讨论决定；若未设置集体股，则须在股金分红前提取公益金，以保证村集体公益性建设开支。例如，银桥镇阳波村探索以集体股和个人股赋予农民对集体产权的占有与分配模式。其中，前者以集体经济组织的机动田入股，后者以农户的承包田入股，以亩为单位，一亩一股；下关镇玉龙村委会结合自身实际，设计出"成员股"和"贡献股"模式。

（2）股权管理。首先是管理模式。各地都有不同的实践，主要有动态管理模式和静态管理模式两种。动态管理模式是随人口变动而调整股权的管理模式；静态管理模式是不随人口变动调整股权的管理模式。从全国范围看，只有少部分地区实行动态管理模式，大部分完成改革的农村集体经济组织都实行了"生不增、死不减、入不增、出不减"的股权固化管理模式。秦巴山脉区域在推动集体产权制度改革过程中，也可结合实际情况采取股权固化的管理模式。

其次是农民对集体资产股份是否具有继承权。参考宁波市江东区的做法，应当赋予农民对集体资产股份继承权。被继承人死亡后，暂停其股权分红，红利由集体保管；继承人一般应在被继承人死亡后60日内依照有关规定办理股权继承手续，待办妥股权继承手续后，补发股权红利。

（3）集体资产股份流转和有偿退出模式选择。目前，全国各地实行集体资产股份流转和有偿退出的很少，其主要原因有以下几方面。一是股权流转受制约。股权主要功能被视作分配的依据，从而导致股权在现实中难以流转起来。二是经营机制搞活受制约。农民对经营风险存在强烈的回避心理，发展活力不足；董事会成员等经营管理者一般只能拿到由上级政府核定的工资薪酬，缺乏开拓创新的物质利益激励。三是经营人才素质受制约。董事会成员大都是原村社班子人员，经营能力普遍偏低。四是农村产权流转交易平台建设滞后。

参考余姚市兰江街道南郊股份经济合作社、江北区庄桥街道东邵股份经济合作社等的做法，秦巴山脉区域农村集体资产股份流转和有偿退出可采取以下做法。通过优化资产结构，在资产评估的基础上，通过拍卖、转让等手段，在股东内部进行公开竞价，实施股权重组，建成一个或若干个具有市场主体地位的公司制法人实体。新组建法人实体在设立之初原则上只局限于原股东，成立后实行公司化运作，股权可转让。股权转让需签订转让格式合同，经股东代表大会公证后实行登记过户。对无力实施公司化改革的股份社，经股东代表提议，全体股东投票决定，乡镇（街道）同意，并履行清算、公告手续后，合作社实行终止退出。农民集体资产股权转让操作程序具体见图3-2。

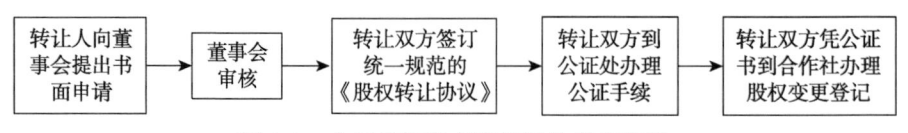

转让人向董事会提出书面申请 → 董事会审核 → 转让双方签订统一规范的《股权转让协议》 → 转让双方到公证处办理公证手续 → 转让双方凭公证书到合作社办理股权变更登记

图3-2 农民集体资产股权转让操作程序

对如何选择股权管理模式，总的原则是提倡实行不随人口增减变动而调整的方式，并把握在起点公平基础上更多体现效率。从严格意义上说，鉴于原始资产都是土改后入社的原始农村集体经济组织成员拥有及其后代继承，只要其没有退出或转让股份，可以永远拥有。对集体资产股份继承可借鉴日本农业协同工会正会员与准会员的概念，可分正社员与准社员，其职责、权利和义务应有所不同，并在章程中予以明确。

（4）集体资产股权抵押和担保模式选择。主要是把股份社区经济合作社股权纳入农村有效担保物范围，依托辖区农村金融机构，建立股权融资平台，制定具体操作办法，切实解决农民生产生活资金需求。综合全国其他地方的案例，秦巴山脉区域农村可采取以下几种模式。

一是按资产市场价评估进行抵押担保。主要做法是，对符合条件的农民专业合作经济组织成员（自然人或涉农企业）为满足生产、经营、创业等资金需求，经有关部门对农村集体经济股权确权后，以合法取得的农村集体经济股权作为抵押向银行申请贷款，抵押当事人按照市场评估价值或双方认可的价值签订抵押合同和贷款合同，办理抵押登记手续，金融机构据此发放贷款。借款人获得的信贷资金必须用于创业或发展再生产。

二是按资产股份预期收益进行抵押担保。在征求股东代表会议同意的基础上，坚持方便、优惠、灵活的原则，把股份社区经济合作社股权纳入农村有效担保物范围，依托辖区农村金融机构，建立股权融资平台，制定具体操作办法，建立风险防范机制，允许农民利用股权开展抵押贷款融资，切实解决农民生产生活资金需求。

三是按信用定额进行抵押担保。探索采用信用定额方式进行抵押担保，农村信用合作社推出农户小额信用贷款，该贷款是农村信用合作社基于农户及个人的信誉，在核定的额度和期限内向农户发放的无须提供担保的信用贷款，农户小额信用贷款直接服务于"三农"建设，实行"一次授信、随用随贷、余额控制、循环使用、动态调整"原则。农村信用合作社在集中授信与公议评定的贷款授信额度内确定一定额度的农户小额信用贷款，并实行利率优惠等政策。

四是农村集体资产股权抵押担保采用授信额度方式。具体做法是，首先是建立每户成员的信用档案。其次是确定贷款额度。村镇银行应根据申请人的信用档案、资金需求、自有资金比例等因素综合确定借款人贷款额度。最后是质押贷款。借款人提出申请,并提供相应材料;经所在村集体经济组织审查同意,取得股份抵押登记证明材料;村镇银行进行审查、审批;签订合同,发放贷款。

6. 新型农村集体经济组织治理结构完善问题

(1) 处理好与其他市场主体的关系。当前,农村集体经济组织与农民专业合作组织、工商企业、农户个体等在业务经营领域存在很多交叉。在市场经济条件下,农村集体经济组织要承担起应有的职责,必须处理好与其他市场主体的关系。

一是明晰农村集体经济和集体经济组织的边界,主要是明晰集体经济和合作经济、集体经济组织与合作经济组织的区别。实践中集体经济和合作经济常被混淆。作为具有生产关系性质差别的经济形式,二者具有明晰的区别,如表3-6所示。

表3-6 实践中集体经济与合作经济的区别

类别	集体经济	合作经济
所有制基础	劳动群众集体所有制	个人所有与共同所有相结合
成员构成	以乡镇、村(组)行政边界为界,成员由集体组织自己认定,一般以户籍为主要认定依据,考虑年龄、婚嫁、历史等其他因素	村民、企业、集体经济组织、合作经济组织等市场主体,以及政府涉农服务部门、社会组织等非市场主体,不受行政边界限制
股权结构	共同所有,折股量化	自愿入股,股权形式和股权份额多样化
承担职能	发展经济、公共服务、乡村治理	为成员生产经营活动提供服务

二是理性看待农村集体经济组织的特殊性,确定适宜从事的生产经营领域。一直以来,农村集体经济组织,尤其是村集体经济组织,并不是单纯的经济组织,也不单单承担经济职能,还要承担基层治理、组织建设、公共服务等多重职能。农村集体经济组织的特殊性源于集体所有制所衍生的区域性、公共性、综合性的特点,由此,在长期发展过程中,其形成和积累的资产中有很多是非经营性资产。这使得农村集体经济组织的比较优势领域集中在区域性、公共性、综合性的公共服务和生产经营领域,即管理集体资产、开发集体资源、服务集体成员。

三是建立农村集体经济组织与农民合作组织、农户及其他市场主体分工协作、网络联结的关系。在明晰边界、明确定位的基础上,要处理好集体经济与其他经济的关系,使集体经济组织成为农村经济体系的有机组成部分。

(2) 完善集体经济收益分配制度。探索农村集体经济多种有效组织形式,完善分配制度,是发展壮大农村集体经济、保护广大农民群众的合法权益、促进农民财产性收入可持续增长的有效手段。

一是完善分配原则。坚持"效益决定分配"的原则,村集体经济合作社要依据当年的各项收入扣除生产经营和管理服务成本、弥补亏损后，按章程规定提取公积金、公益金，剩余部分可按股份对成员进行分配。要处理好分配和积累的关系，提取公积金、公益金要根据实际情况确定比例，收益多时应当控制分配额度，可以结转下年使用，实行以丰补歉，使成员的分配水平可持续提高。

二是规范收益分配。集体收益的分配要正确处理好国家、集体和个人三者之间的关系，除按税法规定上缴国家的之外，主要体现在农民的财产性收入的增长和集体资产的保值增值。

三是强化民主管理。农村集体经济组织要建立健全相关财务管理制度，将收益分配管理纳入财务预决算，交成员代表大会审议。坚持勤俭节约，反对铺张浪费，严格控制非生产性开支。

四是落实监管措施。要加强农村集体经济组织收益分配的监管，强化有效监管手段，切实推动收益分配制度的不断完善。实行分配方案审核制度，农村集体经济组织拟定的分配方案在提交民主讨论前，要报街道三资监管服务中心审核。做到监管部门实时查询、实时指导。

（3）新型集体经济组织内部治理结构模式选择。从全国各地的实践看，目前已完成产权制度改革的农村集体经济组织，其董事长或理事长大多仍由乡镇党委书记或村支部书记兼任。改革后组建的新型集体经济组织要建立健全成员（股东）代表会议、理事（董事）会和监事会等组织治理结构，充分保障集体经济组织成员的知情权、参与权、表达权和监督权。具体包括以下几方面。一是要根据合作社（公司）章程，不断完善社区股份合作社、有限责任公司的成员（股东）代表会议、董事会和监事会等法人治理结构。二是建立社区经济合作社成员（股东）代表会议制度和理事会、监事会，并规范运作，特别是村经济合作社和乡镇经济联合社的理事长应在具有集体经济组织成员资格的人中选举产生。三是对目前暂由没有本集体经济组织成员资格的党政领导干部兼任理事长的，在过渡期内要注重做好人才培养和政策宣传工作，待过渡期满应按政策规定改选理事长人选。四是村委会主任和经济合作社理事长应分设，一般不能由同一人兼任。五是村党支部书记为本集体经济组织成员，建议其兼任经济合作社理事长，但一般不宜同时兼任村委会主任。六是村党支部书记不是本集体经济组织成员，村集体经济组织可依照章程，聘书记为外部理事，书记通过选举兼任经济合作社理事长。

（4）加强集体资产财务管理。一是要完善集体资产财务管理制度。建立健全集体资产管理台账，实时动态记录集体资源资产变更情况。建立健全集体资产的登记、保管、使用、处置、清查和定期报告等制度，筑牢防范集体资产流失的制度防线。二是强化集体"三资"监管。一方面，加强行政监督，可在县镇两级分别成立农村集体资产监督管理委员会，专项负责对集体"三资"和集体经济组织投资经营活动的服务监管。另一方面，完善民主监督，将"四议两公开"延伸到农村（股份）经济合作社和经济合作社的财务管理之中，建立健全集体经济组织民主理财监督制度，使集体经济组织的经营活动置于全体村民股东和监事会的民主监督之下。此外，还要实施平台监管，依托集体"三资"监管平台，实行集体资产运营活动的电子记账、电子审批和对所有集体"三资"信息实现网上查询，对集体资产进行动态监管，实现集体资产财务管理的制度化、规范化和信息化。

7. 新型农村集体经济组织与村委会或社区管理关系问题

（1）全面完善集体经济组织管理制度。完善集体经济组织内部管理制度。按照"扩面、集成、提速"的要求，加大力度推进秦巴地区农村集体产权制度改革，重点是通过清产核资、成员界定和股份量化理顺秦巴山脉区域集体经济组织的内部产权关系，构建集体经济组织清晰的产权结构和健全的治理结构。结合清产核资工作，进一步完善农村集体"三资"管理，防范内部人控制风险和集体资产流失。一是充分发挥农村基层组织的导向作用。构建有效的激励机制，通过"保底底薪+绩效奖励"的薪酬结构、股权激励等方式，对集体经济组织管理人员予以奖励。二是有效发挥乡村能人的带动作用。运用"物质+精神"的双重手段，促进农民工、大学生等各类乡村精英人员回归家乡，探索将精英人才纳入村级领导班子或集体经济组织管理层，或通过产业合作的方式实现收益共享。三是加快完善集体经济组织内部管理制度，加大力度推进秦巴地区农村集体产权制度改革。

（2）实现"政经分开"以促进农村基层治理转型。2015年11月，中共中央办公厅、国务院办公厅印发的《深化农村改革综合性实施方案》明确提出："探索剥离村'两委'对集体资产经营管理的职能，开展实行'政经分开'试验，完善农村基层党组织领导的村民自治组织和集体经济组织运行机制。"村"两委"与村集体经济组织的"政经关系"一直是困扰我国基层治理的重大问题。早在20世纪80年代农村改革之初，中央就曾要求在废除人民公社体制过程中实行"政经分开"。一是广东省南海模式。广东省南海模式主要围绕以"政经分离"为核心的改革思路，在农村形成基层党组织、村级自治组织和村集体经济组织各归其位，清晰明朗的治理新格局。通过分离基层领导干部选举和任职，从自治组织中剥离集体经济组织，理顺集体资产产权关系并进行账目分离，开设行政账目与经济账目，实行资产、账务和核算三分离等措施，创新农村基层治理制度，打破"三位一体"的管理体制，实现了农村基层治理由"政经合一"向"政经分离"模式的转换。重要的是，南海"政经分离"的改革在保护农民权益的前提下，兼顾了效率、公平与社会稳定，使破解城乡二元制难题成为可能，对新时期深化农村改革和推进城乡一体化进程具有重要意义。二是江苏省枫桥模式。江苏省枫桥模式所坚持的根本原则为"行政类事务划归社区管理，经济类职能留给股份合作社"，以村民入股的方式组建村级股份合作社，打破行政村管辖格局，进行社区化管理，由社区承担原行政村负责的行政事务，公共服务开支全部由财政承担。在社区硬件的配置、专业社工队伍的建设及公共服务等多方面采取优化措施，形成了一个规范化、制度化、常态化的基层服务体系。三是浙江省温州"三分三改"模式。"三分三改"中的"三分"是指政经、资地及户产的分开。其中，"政经分开"指的是实行村"两委"与村集体经济组织的分离；农村集体土地资产和其他非土地集体资产分开则是作为资地分开的内容；户产分开分别是指户口与产权两者关系的相互分离。"三分三改"中的"三改"是指股改、地改、户改。这三种改革分别是对农村经营性资产进行股份化改革的股改，通过组建土地合作社等多种方式明确土地承包农户股份的股改，以及去除依附在原有农村户口上的一系列附属功能的户籍改革，从而达到实现农民与市民之间及城乡之间的待遇平等的目的。

以上三种模式存在诸多共同点，首先，三种模式均分离了村"两委"与村集体经济组织。三地在改革中，都以"政经分开"为中心和切入点来进行基层治理模式的创新与实践。其次，农村基层组织职能回归并向专业化发展。党组织主抓思想和方向，发挥领导核心作用；村委会主抓社区管理与公共服务，提高管理水平和服务质量；集体经济组织则走专业化与市场化道路，构建经济发展平台，促进农村经济健康快速发展。最后，创新基层治理体制机制。农村基层"政经分开"的实施必定对农村基层治理的结构和治理的方式产生直接且深刻的影响。总的来说，三个地区在"政经分开"的改革思路下，改革方式和侧重点不尽相同，各有特色，这对农村综合改革及基层治理的创新与改革起到了很好的示范作用。

8. 改制后农村集体经济发展问题

（1）多维度创新农村集体经济运行机制。要构建符合社会主义市场经济运行机制的集体经济治理体系，形成既能体现集体优越性，又能调动个人积极性的农村集体经济运行新机制。在修订相关法律时，对集体成员身份资格的确认、退出，以及股份制改革中的股权设置、流动、继承，做出比较清晰和具有可操作性的法律规定。这也属于村民自治的内容，要给予村集体自行决定的权力，在法律上明确底线、原则和导向即可。为了增强集体经济组织的活力和竞争力，应探索建立开放性的集体股份权能的动态调整机制，如赋予新加入人才一定的集体股份，并探索其股份权能的实现形式。目前，很多地方还是由村委会代行村集体经济组织的职能。国家也正在全面推行村党组织书记通过法定程序担任农村集体经济组织负责人，以强化农村基层党组织的领导核心作用。完善村集体经济组织运行机制，需要重视建立基层党建、村务管理与现代企业制度的衔接机制，充分发挥村集体经济组织作为特别法人的市场主体地位。在经营性领域，要充分发挥现代企业制度和市场决定资源配置的作用，加大对职业经理人的引进、培养和使用，探索集体资源资产的资本运营方式，增强保值增值能力。这方面可以参考国有企业改革、国有资产管理和社保基金管理等的经验。在非经营性领域和公共服务、公益性服务领域，应探索发挥基层党组织和村集体经济组织的主导作用，提高非经营性资产的使用效率，增强农村集体经济在农村经济社会发展中的基础支撑作用。这些都是以防止内部少数人控制和外部资本侵占集体资产，以及杜绝侵害集体成员利益、弱化集体成员地位为前提。

（2）强化集体经济发展支持政策。一方面，要强化针对集体经济发展的一般性政策创新，包括财政出资设立集体经济发展专项基金，作为集体经济发展的财政奖补资金或贷款贴息、融资担保资金，专项用于支持集体经济发展。同时，根据集体经济发展的现实需求，系统化地构建土地、税收、金融等多维度的支持政策。另一方面，要针对农村集体经济联营制的特殊性，创新差异化支持政策。除了投融资和整合项目资金予以支持之外，还应对联合社可能的跨区域投资提供具体政策支持。同时，鼓励联合社和村集体联合承接政府的购买公共服务，赋予其直接承接基础设施建设的资格，扩大农村小微型基础设施建设村民自建的范围和规模，从而拓宽集体经济组织的收入来源。

（3）探索以财政投入注入撬动集体经济活化的新机制。除了明确农村集体经济组织作为各级财政投入到村的发展类资金承接主体外，针对大多数地区集体经济十分薄弱、起步难的状况，由财政投入首先向集体经济组织注入一笔启动资本，以此为杠杆引入社会资本活化集体经济。要鼓励集体经济组织采取独立或与龙头企业、专业合作社合作入股、合作经营等多种方式，实行市场化运作，拓展资本来源渠道。对于由国家项目投入使土地地力条件提高而导致的土地增值，探索以股权量化的形式从增值收益中提取一定比例给农村集体经济组织。

（4）建立多种形式、多种渠道的集体经济开发模式。规范发展新型集体经济组织，鼓励以集体资产股权入股等形式组建集体资产管理公司、股份经济合作社等经营实体，打造多样化的集体经济组织产业形态，不断发展壮大农村集体经济。探索集体资产出租、集体入股分红、集体经营收入等多种经营方式，大力实施农地盘活、农房盘活、林木盘活、人力盘活、农村闲钱盘活、集体资产盘活"六个盘活"，让"死资源"变成"活资产"。充分用好"四荒"（荒山、荒沟、荒丘、荒滩）资源开发和利用的相关政策，探索"四荒"资源开发的新模式。一是产业带动。围绕苹果、猕猴桃、设施蔬菜、奶山羊、核桃、食用菌等特色产业，支持农村集体经济组织发展现代特色农林业、品牌农业和生态循环农业。鼓励农村集体经济组织利用闲置资产与企业合作兴办加工企业和服务企业，大力发展农产品加工、储藏保鲜等经营项目，拉长产业链条，增加集体经济收入。二是资源开发。对村集体未承包到户的土地、森林、山岭、"四荒"、园地、水面等资源，利用土地、老庄基复垦等项目，变闲置为利用，开发农村集体经济组织增收项目。三是资产盘活。充分盘活村级集体闲置的各类房屋、机械设备等资产，开展生产经营活动，实现集体资产保值增值。四是服务创收。鼓励农村集体经济组织牵头组建劳务合作社或劳务中介公司，承接劳务输出、环卫清洁、河道保洁、物业管理、社区服务、村级公路养护、绿化管护、家政服务、企业后勤等业务，增加集体经济收入。五是物业租赁。鼓励有条件的村在城镇通过异地兴建、联村共建等形式，新建专业市场、门面商铺、仓储设施等物业，通过物业租赁等方式增加集体收入。六是乡村旅游。鼓励具有民俗文化、田园风光和自然景观资源的村领办创办乡村旅游经济实体，挖掘乡村旅游资源，增加集体经济收入。七是股份合作。支持农村集体经济组织与企业、合作社和其他经济组织开展股份合作；支持乡镇、村民之间打破行政区划和地域限制，开展多层次、多渠道、多方面、多要素的合作，发展"飞地经济"，增加集体经济收入。

（5）拓展多元增收渠道。当前和今后一个时期，围绕建立一项适应社会主义市场经济体制、符合农业生产特点、充满生机和活力的农村基本经营制度，需要凝聚共识，统筹谋划，协同推进，毫不动摇地坚持集体所有制，着力解决农村集体经济在发展中面临的体制机制性约束，在改革的关键环节、重点领域取得突破，探索集体经济的有效实现形式与发展模式，促进新型农村集体经济发展壮大。

四、建议

1. 营造有利于村集体经济发展的政策环境

制定符合农村集体经济发展实际需要的优惠特惠政策，完善财政引导、多元投入共同扶持集体经济发展的机制。进一步加大财政对农村基层组织的转移支付补助力度，保证一定的逐年增加量，特别是中央财政应大幅提高对困难山区的转移支付标准，切实为农村基层组织正常运转提供可靠有效的财力保障。同时，国家的乡村振兴及各项支农惠农政策也应向困难山区倾斜，加大支持力度。要逐步增加政府对农村公共服务的支出，减少农村集体经济组织的相应负担，出台集体经营性收益分配向公共服务倾斜的激励政策，健全农村集体经济组织对公共服务、公益服务成本的分摊机制。在经营性领域，应给予农村集体经济组织完全的市场主体地位，并通过税费优惠引导其向综合性、区域性服务和薄弱、急缺领域发展。加大力度培养农村集体经济组织的人才队伍，包括发展带头人、职业经理人及财务、信息化、审计等管理人员，及早关注部分农村集体经济组织管理层"后继无人"的问题。加大力度，创新方法，统筹解决农村集体经济发展的用地需求。完善金融机构对农村集体经济组织的融资、担保等政策，健全风险防范分担机制。探索在不同层面设立农村集体经济发展引导基金、风险基金、担保基金等。制定出台农村集体经济发展的规范性指导意见，推动农村集体经济组织管理系统、财务系统、审计系统、统计系统、监测系统、监督系统的信息化、标准化，编制典型案例集。尽快出台农村集体经济组织的相关法律，为农村集体经济发展提供法律保障。加大扶持力度，并把推进农村集体产权制度改革与美丽乡村建设、乡村治理、基层组织建设等重点工作有机结合起来，统筹推进，提升改革的综合效应，不断壮大集体经济，增加农民的财产性收入，提高农民群众的幸福指数。一是在财政投入上，上级部门要设立村集体经济发展专项扶持基金，对由村集体经济组织为主体开展建设的经济项目，县财政每年安排一定资金，通过贴息或专项补助的方式给予必要的支持。二是在土地政策上，完善农村集体经济发展给予建设用地支持，用于发展村集体经济物业经济。探索建立集体建设用地流转制度、有偿使用制度。三是在税费政策上，对村集体所交的房产税、营业税、土地使用税及村集体公益事业建设工程的税收给予减免，最大限度地减少村级负担。四是在金融政策上，县财政要加大对农信担保公司注资，加大对村集体经济经营项目的信贷支持力度，给予最大限度的利率优惠。

2. 选优配强村"两委"班子

要通过重构农民集体主义价值观念，为农村集体经济发展注入精神动力。切实选优配强班子，真正把能力强、素质好的"能人"选到村党支部书记、村委会主任的岗位上来。对农村"两委"干部、小组长、经济合作社的理事长进行专门培训，不断增强致富带富能力。要以农村集体经济组织管理者这一"关键少数"为人才队伍建设的主体，突破农村集体经济组织缺专业人才、缺管理人才的现实障碍，创建一支优秀的农村集体经济组织干部队伍。采取多种有效形式，加大对农村基层干部的培训教育力度，不断提高文化知识水平、经济管理水平、政策法律水平、领导艺术水平和实际工作水平，提升农村干部队伍整体素质，增强发展农村经济、带领群众致富的能力。加强后备力量的培养，注重把农村有文化知识、有经济头脑、有致富能力的青年人才吸纳进入干部队伍，不断充实新鲜血液，增强组织活力，确保农村基层组织具有长效运转的旺盛生命力。一方面，对内选拔和培养。要拓宽农村集体经济组织干部选拔渠道，大胆起用政治意识、管理能力和农业发展能力都较强并且群众信任的优秀人才，积极完善农村集体经济组织干部队伍建设。要完善农村集体经济组织干部培训队伍制度，加强集体经济和市场经济相关政策知识、现代农业知识和科学技术知识的培训，提高农村集体经济组织干部市场经济管理水平和科学管理水平，充分发挥农村集体经济组织干部示范和带动作用。另一方面，对外招贤纳士。鼓励和引导各类返乡人员或在职干部职工、退居二线的领导干部、退休干部职工等人员，依照法律、法规、政策法规和有关章程规定，创办或参与农业专业合作社、农业互助合作社等集体经济组织，以保护农民权益、促进集体经济发展、互利共赢为基础，依靠土地、山林、池塘等资源性资产，灵活运用合同、租赁、股份等合作渠道，培育产权清晰、利益共享、风险共担、机动灵活的集体经济组织，帮助农民稳定增加收入，加快推进乡村振兴。

3. 建立规范科学的评估机制

目前村集体和农民的资源资产在折价入股过程中，缺乏权威的评估机构、成熟的评估制度、规范的评估程序及科学的评判标准，有可能被"打折"入股。建议要以县为单位尽快成立有资质的第三方评估公司，对土地、森林、山岭、草原、荒地、水面等资源进行科学评估，避免资产低估，充分维护集体成员的合法权益。制定资产增值保值体系和台账管理制度，对村级集体资产运行体系及内部控制条例加以优化，通过详细地核算资产来确定固定资产及债权债务。

4. 建立健全新型农村集体产权制度的运行机制

首先，建立健全沟通协调机制。促进信息共享尽快实现，以此为基础，使得农村基层干部群众的政策宣传得到落实，并能对舆论进行正确的引导，使得农村集体产权制度改革能取得综合性成效。这需要与产权的认定互相配合。对土地制度改革进行深化，建立股份制及股份合作制的形式。其次，建立健全的"三资"管理机制。这里提到的"三资"，主要指的是资产、资金及资源。搭建交易平台，如乡镇产权交易中心等。产权教育的范围涵盖集体建设用地、林权、荒地权益。最后，必须要提高法人治理结构的完善程度。要想实现有效的农村集体产权制度改革目标，应该提高产权公司治理结构的完善程度，这样才能使资产得到公平分配。

5. 进一步规范集体经济组织财务收支

理顺集体资产监管职能部门，按相关法规要求明确财政、审计、纪检、农业农村等部门的具体职责，按职责划转与设置人员和机构。特别要加强对基层集体资产监管部门的人员和机构设置，使集体资产监管职权明晰。发展壮大农村集体经济，应加大农村集体资金、资产、资源的管理力度，建立"群众民主监督、会计核算监督、上级审计监督、电子网络监督"四位一体的监督机制，着力构建"管理规范、监督有力、运行高效、富有活力"的农村集体"三资"管理体制和运行机制，保证村级集体资产安全与增值，不断提高村集体资产的利用率。加强村级债权债务清理。村级债权债务是当前制约农村集体经济发展的重要因素，因此要对各村债权债务进行一次彻底的清理整顿，加大债权清收力度，多渠道化解村级债务，为村集体经济发展创造良好的发展环境。

6. 进一步加强示范推广和宣传教育

围绕权能赋予、民主程序、权益保护等形成的好机制、好做法，扶持集体经济发展的好政策、好措施，集体经济发展效果明显的好思路、好模式，挖掘并打造一批能经营、能盈利、能带动的集体经济示范村，及时总结典型经验，加大宣传推介力度，为发展集体经济营造良好氛围。进一步提高思想认识，把农村集体产权制度改革作为实施乡村振兴战略的重要抓手，切实增强工作的责任感和紧迫感。要层层落实责任，建立党政齐抓共管、部门各负其责的工作机制，形成工作合力。要积极开展形式多样的宣传工作，全面、准确地宣传农村集体产权制度改革的重大意义、政策原则、目标任务和方法步骤，进一步化解基层干部思想上的畏难情绪，主动消除农民群众认识上的各种误区，充分发挥群众的主体作用，调动广大群众参与改革的积极性、主动性和创造性，为改革顺利推进营造良好的氛围，奠定良好的基础。

第三节　秦巴片区农村集体经济调研

一、陕西省安康市农村集体经济调研

安康市位于陕西省东南部，北靠秦岭，南依巴山，安康之名意为"安详康泰"，被誉为"西安后花园"。安康市地处秦巴腹地，汉水之滨被称为"秦巴明珠"。安康市面积为 23 391 平方千米，常用耕地面积为 191 478 公顷，林地面积为 1 658 496 公顷，荒山荒地面积为 91 691 公顷，水域面积为 39 861 公顷。安康市辖 9 县 1 区和 2 个开发区，139 个乡镇，1630 个村委会和 202 个居委会；户籍总人口为 303.7 万人，其中，户籍乡村人口为 188.65 万人。2019 年安康市地区生产总值达 1182.06 亿元，全市农林牧渔业总产值为 247.86 亿元，农村居民人均可支配收入为 10 475 元，全市成立农村集体经济组织 1782 个，全市各县区 1697 个村完成股权量化，确定集体成员 237.88 万个，颁发股权证书 54.85 万份。安康市聚焦乡村振兴，不断推动安康市生态富硒特色产业快速发展，全市农村经济发展稳中有进，总量持续增长。

（一）安康市农村集体经济发展总体状况

（1）村集体经济资产总量不高。2019 年，集体资产总额为 150.1 亿元，村均集体资产为 837.6 万元，其中，经营性资产总额为 14.72 亿元，占全省经营性资产总量的 3.1%；非经营性资产为 135.38 亿元；资源性资产为 2632.55 万亩（其中，农用地 2589.74 万亩，建设用地 35.02 万亩，未利用地 7.79 万亩）；村级负债合计 5.9 亿元（其中，经营性负债为 98 万元，兴办公益事业负债为 1.1 亿元）。农村居民人均可支配收入为 10 475 元，其中，来自集体直接分配的财产性收入为 52.3 元，占农村居民人均可支配收入的 0.5%。

（2）村集体经济创收能力不高。2019年安康市村集体经济创收总收入为3.58亿元，其中，经营性收入为940.09万元，发包收入为642.23万元，投资收益为31.58万元，补助收入为31 615.17万元，其他收入为2582.57万元；总支出为1.82亿元，其中，干部报酬为1.25亿元；公益性基础设施投入为2.4亿元，集体建设性用地出租出让收入为707万元。

（3）村集体经济发展不平衡。2019年，安康市无经营收益的村有582个，经营收入5万元以下的村有791个，5万~10万元的村有284个，10万~50万元的村有107个，50万~100万元的村有14个，经营收入超过100万元的村有4个。

（4）村经营及收益情况。从调研的14个村来看，经营性资产总额为4440万元，主要由财政扶持、中国建设银行等其他部门捐赠、苏陕协作资金等构成；债权投资总额为2512万元，股权投资总额为1166万元，自主经营总额为758万元。10个村有债权投资收益，5个村有股权投资收益，3个村有自主经营收益。债权投资收益为98.76万元，平均收益率为3.9%；股权投资收益为79.6万元，平均收益率为6.8%；自主经营收益为54.5万元，收益率为7.2%。债权投资收益率和股权投资收益率较低，增长空间和潜力较小；自主经营收益率较高，但经营风险较大。

（5）农村产业基础较差。就综合情况看，安康市农村产业普遍较差，具有农村产业的村非常少，占比不到全市农村总数的5%，大多数农村缺乏产业基础，呈现"无资金、无技术、无人才、无劳力"等状态，几乎不具备产业发展条件；涉农业的产业一般都是种养初加工，如茶叶和竹子，涉服务业的产业大多是农家乐和垂钓，第二产业涉足非常少。

（二）农村集体经济发展中存在的问题

（1）基层对巩固集体所有制执行有偏差。集体所有制是社会主义公有制的重要组成部分，是生产资料和劳动成果归一定社区范围内的劳动群众集体所有的形式，具有社区性、封闭性、集体财产不可分割性。存在部分县、镇对村集体资产的归属界限不清楚，移民搬迁中的各种层次的集体利益关系相互交织，经营性收益的社区性和封闭性被打破等问题。

（2）成员身份矛盾凸显。在农村产权制度改革工作环节中，成员身份确定是成员享受成员权益的"表"，但后期集体成员享受的各项权益才是农民群众的关注焦点，集体成员权益涉及土地承包经营方案、宅基地的使用方案、征地补偿费的使用、分配方案等核心利益。

（3）集体经济组织和农民积极性不高。集体经济组织和农民在政策制度允许的范围内来"唱戏"，应该是想唱什么、用何种方式唱、谁扮演什么角色都可以。但是部分政府部门没有把选择权交给农民，如对集体经济组织人员任职与待遇、集体资金使用方向、产业发展内容、分配方案等细节全部都由政府部门"代劳"，造成了部分集体经济组织和农民等、靠、要的思想。

（4）发展与风险防控并存。安康市各地方村集体立足资源禀赋，突出特色优势，因地制宜发展协作共赢型、资源开发型、资产经营型、产业带动型、服务创收型等类型的集体经济，增加集体财富。会计建账率不高，有些村集体的债权投资合同无抵押担保，甚至收益不明确。伴随集体经济的发展，村集体经济组织与村委会账目混设、违规举债、承包合同暗箱操作、违规侵吞集体资产等现象可能会出现。

（5）农村资源要素活力不足。阻碍农村集体经济发展的根源是要素配置扭曲。农村集体土地所有权虚置、留守农村的优质劳动力缺乏、资本投入回收周期长、农业技术和大型农机具普及率低、农业与农村各类数据体系未统筹开发和利用使农村土地、劳动力、资本、技术、数据等要素资源质量和配置效率不高，不能实现合理流动。调查的14个市级重点村中，利用村集体资源要素的有3个村，实现收益的只有2个村，资源要素与资本、劳动力等要素呈现背离状态。

（三）农村集体经济发展壮大的对策

（1）把握正确改革方向。突出工作重点，夯实产权制度改革基础框架。坚守改革的政策底线，时刻对标政策目标，把好改革的正确方向。清产核资方面，要严格落实中央有关政策精神，认真开展查缺补漏，确保原始报表数据准确、内容完整、档案规范，防止集体资产流失；高度重视集体资产的所有权确权到村、组等不同层级的农村集体经济组织成员集体，不能打破原集体所有的界限；将财政投入到村项目形成的资产结合帮扶资产登记确权工作，确权到村集体，及时按规定办理相关资产移交手续。组织建设方面，在有集体统一经营资产的村组，未建立集体经济组织的，应尽快建立健全集体经济组织，办理组织登记赋码，并在村党组织的领导下依法行使集体资产所有权。

（2）建立健全政策体系。对标整省试点方案，统筹安排工作进度，注重改革协调推进，确保改革如期完成。统筹财政、市场、发改、税务等产权制度改革领导小组成员单位力量，以目标和问题为导向，对于深化改革中遇到的土地资源如何保护开发利用，财政帮扶资产如何确权管护，困难地区集体经济空壳村、薄弱村如何发展提升等问题，围绕产业发展、运营管理、项目申报、财政扶持、金融服务、人才激励等内容，各相关部门应尽快出台扶持政策措施，保障农村集体经济组织平等使用生产要素，公平参与市场竞争权利，营造有利于发展壮大集体经济的政策环境。

（3）加强集体资产管理。理顺集体资产监管职能部门，按相关法规要求明确财政、审计、纪检、农业农村等部门的具体职责，按职责划转与设置人员和机构。特别要加强对基层集体资产监管部门的人员和机构设置，使集体资产监管职权明晰。

（4）实施壮大集体经济行动。按照消除空壳村、提升薄弱村、壮大一般村、做强富裕村的思路，围绕选准一个好产业、组建一支好团队、探索一套好机制的"三好"目标，统筹各类财政资金，实施坚持和加强农村基层党组织领导扶持壮大农村集体经济行动，引导各地因地制宜、因村施策，建立利益联结、运营管理、政策支持和要素流转机制，多种形式发展壮大集体经济。

（5）总结推广示范经验。围绕权能赋予、民主程序、权益保护等形成的好机制、好做法，扶持集体经济发展的好政策、好措施，提出集体经济发展效果明显的好思路、好模式，挖掘并打造一批能经营、能盈利、能带动的集体经济示范村，及时总结典型经验，加大宣传推介力度，为发展集体经济营造良好氛围。

（四）调研案例

1. 平利县长安镇茶叶产业带动农村集体经济

平利县长安镇位于陕西省东南部，地处北纬32°22′、东经109°25′，海拔464~1200米，多年平均气温14℃，极端最高气温41.7℃，极端最低气温−9.5℃。无霜期250天，年平均降水量958.5毫米，属温热半湿润区。308省道、安平高速穿境而过。截至2017年，全镇土地面积216.36平方千米，辖20个行政村，总人口19 158人。境内冬无严寒，夏无酷暑，植被茂盛，峰峦叠嶂，溪流纵横，气候温和，土地肥沃，且富含锌硒等人体必需的微量元素，生物多样性明显，属南北气候过渡地带，是发展有机绿色农业的最佳生态区域。近年来，长安镇坚持以茶兴镇，坚持茶产业率先发展不动摇，2018年已建成省级、市级现代农业园区6个，种植规模达到2.1万亩，年产值3.5亿元。

长安镇以"公司+基地+农户"的模式，建设茶叶深加工企业10家，带动全县发展茶叶基地近20万亩。引进龙井43号、福鼎大白茶、浙农117、乌牛早等无性系优良茶树品种，年产茶1200吨，涵盖绿茶、红茶、黑茶、白茶、绞股蓝等茶产品。目前主要问题有以下几方面。一是企业支撑带动力不强，缺乏现代管理理念；二是市场开拓相对滞后，产品结构不合理；三是缺乏专业技术人才；四是综合开发程度较低，产业链较短；五是农村季节性劳力紧缺，茶叶采摘成本大；六是企业固定资产投资过大，生产线利用率低，整个行业产能未达经济产量。通过进一步优化产品结构，强化新产品开发，培植壮大茶叶龙头企业，倾力开拓茶叶营销市场，加强科技人才引进工作，深度开发茶饮品、茶食品、茶用品、茶提取物等，促进本地茶叶产业发展。

2. 石泉县农村经济振兴

石泉县饶峰镇胜利村原来是个贫困村。2015年换届后，在新村党支部书记杨卫东的带领下,开启了"支部引领、旅游兴村"的创业之路。2016年又在省市壮大村集体经济试点工作的推动下,积极探索"合作社+协会+企业+农户"发展模式,盘活"三资",利用财政奖补的杠杆作用,撬动银行、企业、民间、农户等多重投资,激发了全民参与、共同发展的热情,实现了农民向股民、村民向业主、农民工向技术工人的角色转变。两年多的时间,一个全新的特色旅游村异军突起。三家企业、合作社流转土地2100余亩,山林3000余亩,建成占地面积200余亩的饶峰驿站,200余亩的百合花园,2000平方米的生态市场,3000平方米的农业科技体验馆,12 000平方米的斗牛场、跑马场、赛车场,占地40余亩的竹园客栈、生态养老区,400亩的枇杷园、苗木花卉园、600亩的核桃园、李子园,50亩的黄花产业园,7000平方米的农产品加工厂,以及素质拓展基地、生态餐厅、游泳馆、儿童拓展乐园、垂钓园、百姓舞台、生态广场、大型停车场、百鸟园、雕塑厂、鲜果采摘园、电商室、宾馆、子午农家(16户)等多处旅游观光项目。自2017年5月试营业以来,已吸引游客42万人次。2018年6月1日的首届百合花节,招来了全国各地7万多名游客,给石泉带来了3000余万元的旅游收益,吸引了来自全国各地60余万人的直接点赞。2019年十一期间,胜利村又举办了声势浩大的农民丰收节和国际斗牛大赛。企业和农户直接收益1200万元以上,带动周边行业增收2000万元以上,创税130余万元,解决了400余人务工问题,实现了整村脱贫。辐射带动周边200余户贫困群众脱贫增收,群众纯收入从2015年的7000元,增长到2018年的17 000余元。该村先后获得"陕西省旅游示范村""陕西省万企帮万村先进集体""陕西省美丽宜居示范村""陕西省休闲农业示范园"等多项省级表彰。

中坝村是石泉县一个偏远的高山小村,近几年来,依托水乡、峡谷、溶洞等自然资源,打造"七十二作坊"体验游乐小镇,形成了酒肆、油坊、铁匠铺、草鞋铺等30余个传统作坊,以及巴人部落、慢生活馆、游泳池、房车营地、荷花塘、摄影广场等农耕民俗文化展示体验产业形态,采取订单生产、保护价收购等方式,构建起了"山上"供"山下"的三产融合、农旅融合产业体系。年客流量平均净增长近20万人次。据不完全统计,2017年全村共有25户粮食、蔬菜、油料等种植户的近20吨种植产品、12户畜禽养殖户的近千头(只)畜禽养殖产品、12户近15吨传统特色手工制作农产品实现了就地销售,全村农业总产值提高10%以上,参与农户平均收益提高20%。作坊小镇以篝火晚会、舞狮子、彩龙船等为主要表现形式所搭建的文化平台,在继承和传承民间乡土文化、提高参与意识的同时,寓教于乐、潜移默化,初步形成了农耕文化展示体验、民俗文化展示体验和餐饮、观光等特色旅游服务项目。原来沉寂没落的山村变为兴旺繁华的乡村旅游目的地,带动了相关农业种养殖和餐饮、住宿、农产品加工等产业的发展,促进了地方传统文化的繁荣、古老手工艺的传承体验,也使人们回归到了朴素、自然的乡村情怀。

3. 镇坪县农村集体经济振兴

镇坪县是安康市也是陕西省最南端的一个不足 6 万人的山区小县，既是曾经的深度贫困县，也是 2018 年整体脱贫县。该县在全力脱贫摘帽的同时，经过一年多的努力，在全市率先实现了全县 58 个行政村的集体经济全覆盖。通过倒逼村级基层组织融入现代产业的经营管理的方式，全县各村集体经济发展初步呈现出丰富多彩的多元化趋势，实现村集体经济与龙头企业双赢发展的局面。顶层设计，三级领导抓落实。镇坪县实行"县长+局长+镇长"的责任落实体系。县委、县政府印发了《镇坪县推进"资源变资产、资金变股金、农民变股东"改革试点方案》，高效有序地推进了 58 个村集体经济组织的建立。镇坪县在 2017 年本级财政收入只有 4700 万元的情况下，采取整合财政资金、推进资产股份量化的办法，安排资金 6380 万元，制定了每村 110 万元的股本资金扶持措施，做到了每个村集体经济组织都有机构管事、有资金经营。多措并举，齐心协力促发展。统一采取"集体经济+龙头公司"的合作模式，9 个现代农业园区、11 个产业龙头企业、13 个家庭农场，联姻对接带动发展 58 个村股份经济合作社。鉴于底子薄、抗风险能力弱，镇坪县推行村集体经济股本不承担经营风险、实行保底分红。建立"4321"收益分配机制：纯收入的 40%作为集体经济滚动发展基金，30%用于农村公益事业，20%用于全体股民按股分红，10%用于扶危助残济困。完善管理，防范风险强内控。制定《镇坪县村股份经济合作社项目资金管理办法（暂行）》，由县财政局指导，全面建立了货币资金管理制度、票据管理制度、财务预决算制度、经费开支审批制度、对外投资管理制度、财务公开制度、民主财理制度、资产管理制度，有效促进了集体经济规范有序运行。

4. 岚皋县林地资源盘活农村集体经济

地处秦巴山脉区域腹地的岚皋县曾是国家扶贫开发重点县，也是陕西省以前的 11 个深度贫困县之一，在之前的脱贫攻坚战中属于坚中之坚区域。20 世纪 80 年代初，包产到户政策有力地激发了岚皋县的生产潜力，对改变农村面貌发挥了应有的作用，但是，随着经济社会发生深刻变化，农村又出现了空壳村等新问题。岚皋县普遍存在不少的林地，及荒山、荒沟、荒丘、荒滩等"四荒地"，这些尚未承包到户的土地虽然具有开发潜力和价值，但由于地处偏僻，缺乏交通设施，长期处于"沉睡"的状态。

通过以"资源变资产、资金变股金、农民变股民"（即"三变"改革）为重点的农村集体产权制度改革，引导村集体将这些"四荒地"评估作价、量化到户的基础上，由农村新型集体经济组织进行通盘规划和开发，使长期"沉睡"的土地资源变为开发性资产。佐龙镇佐龙村农村股份经济合作社在 200 多亩荒山坡地上建设了香椿生产基地，产品进入西安市、重庆市、武汉市等大城市超市，打开了集体经济增收空间。四季镇天坪村农村股份经济合作社以兴建交通设施办法，开发出地处偏远的500多亩集体林地，利用林下良好的生态环境，大面积种植魔芋和中药材，发展乡村生态旅游，拉长了可持续发展的生态农业链。"三变"改革激活了长期没有利用的土地，不仅充实了集体经济的"家底"，还让农民实实在在增加了财产性收入。岚皋县激活"沉睡"资源创造价值的土地超过2.2万亩。

城关镇永丰村以前是一个海拔较高的山村，由于进城人口较多，举家搬迁安置力度大，高龄"五保户"增加，60%以上的集体土地资源处于"休眠"状态。2018年年初，永丰村这些土地流转到集体组织，建起了以鱼塘养殖为主，垂钓、采摘、观光等一体化的休闲农业观光园区。园区鱼塘共投放鱼苗3万尾，种植樱桃、花椒、巫山脆李533亩，荒草丛生的土地重现勃勃生机。随着休闲农业园区步入发展进程，永丰村村民们当年就得到了分红，给家家户户带去希望。

岚皋县实践证明，发展壮大农村集体经济有利于盘活农村闲置资源，能够改变空壳村的发展轨迹。

二、陕西省汉中市农村集体经济调研

汉中市以"三变"改革为抓手，通过大力推行"党组织+村集体经济组织+N个新型经营主体+贫困户（农户）"的合作经营模式，推动集体、企业、贫困户联产联业、联利联心，推广合作式、托管式、订单式、代养代种等多种带贫模式，将贫困户精准嵌入产业链，吸附到新型经营主体周围，稳定获得订单生产与劳务，实现了脱贫致富。2021年，全区207个村（社区）完成了集体产权制度改革清产核资工作，60个村（社）完成了股权量化工作，其中，19个村（社）完成了股权量化工作并发放股权证10 640本。村集体经济积累平均达到50万元，通过集体分红、土地流转等方式带动群众户增收2000元以上。

（一）汉中市宁强县汉水源村

宁强县汉水源村位于秦巴山麓的宁强县汉水源街道办事处以西15千米处，四面群山环抱，有得天独厚的自然景观，森林资源丰富，因汉水源头而得名。2019年，汉水源村辖13个村民小组583户2036人，在村从业人员有900余人，全村党员有62名，其中，女党员有10名。汉水源村共有建档立卡贫困户156户497人，2016年底脱贫119户386人，2017年底脱贫20户73人，2018年底脱贫7户23人。汉水源村雨量充沛，空气湿润，属暖温带山地湿润季风气候，降水强度大，年降水量最高达1812.2毫米。海拔850~1500米，土壤主要是地带性的黄棕壤，成土过程以黏化与腐殖质积累为主，多为弱酸性，富含有机物。自然水系丰富，通过山谷地形汇入汉江，村域面积为14.5平方千米，有林地3.8万亩、退耕还林 1809 亩、耕地面积 4668 亩，其中，水田 1114 亩、旱地 2121 亩；农作物面积为 1655 亩，经济作物面积为 920 亩，现有规模以上茶园及银杏基地 1120 亩。2017 年农村居民人均纯收入为 6390 元。全村以外出打工输出为主，外出打工收入占其总收入的 2/3；流转土地 500 余亩，带动贫困户 30 余户；在江苏省、天津市对口协作机遇政策支持、重大项目、资金投入方面争取到了更多有利条件，缩小了与发达地区的发展差距，实现了共同富裕。总体上看，汉水源村区位、农业基础条件、交通、人文与自然资源等优势突出，同时，乡村振兴、汉水源旅游景区和南水北调中线水源地发展等也为其带来颇多机遇。

汉水源村在发展中存在的问题有以下几方面。一是传统农业产业底子薄、基础弱，耕地量少质差，基础设施残缺，自然灾害频发，传统农业产业效益低，几乎没有竞争力；二是农业特色产业质量不高、水平较低，资源丰富但深度开发利用水平低，基地规模小，生产效益不理想；三是农村新兴产业起步较晚，规模小，特色农产品加工业块头小、档次低，农村电商等新业态刚刚起步，辐射带动作用不够，对农业农村经济支撑乏力；四是农村农业从业人员数量不断减少，年龄不断老化，素质不断降低，新型农业经营主体尚处于初步发育阶段，农村技术人才、经营人才、管理人才普遍缺乏，若指望以现有的农业农村人力资源实现乡村振兴，实在是"小牛拉大车"，力不从心。农村人力资源"空心化"已成为制约汉水源村乡村振兴的突出瓶颈。另外，农家乐旅游、农家饭菜、乡村住宿、农产品、漂流等项目潜力有限，游客体验满意度不高，深度发展面临较多困难。

对汉水源村的发展有以下几点建议：①进一步完善乡村振兴的发展规划。为切实发挥规划的引领作用，建议尽快组织有关方面组建强有力的工作专班，加快乡村振兴战略规划编制工作，要从实际出发，将十大产业有机地结合起来，制订符合并具有汉水源村特色的乡村振兴战略规划；坚持严谨的科学态度，对所有规划都要进行科学论证，广泛征求各方面意见，特别是相关领域专家的建议，减少盲目性和随意性。规划一旦确定，就要坚持一张蓝图画到底、一届接着一届干的原则，用水滴石穿的韧性推进规划变现实。②加快构建现代农业产业体系、生产体系、经营体系。加快现代农业产业体系、生产体系、经营体系的构建，应抓好以下几个方面。一是要突出特色引领。汉水源村农业产业的最大特色应立足于绿色有机。无论是拥有的生态特色资源，还是肩负的国家生态安全担当，无论是农产品市场需求，还是农业转型发展内在需求，都决定了汉水源村必须高举绿色有机农业旗帜，打响品牌，彰显特色，以特取胜。二是要明确主导产业。汉水源村气候资源的多样性和土地资源的紧缺性决定了农业特色产业既不能"单打一"，也不能"小而全"，必须因地制宜，突出重点。汉中市委员会、汉中市人民政府提出的杏树套种丹参、油用牡丹、金丝仙菊、万山牧业和冷水鱼、中华蜂养殖等产业，是在反复论证的基础上确立的，具有较强的代表性，应集中力量做大做强；对其他可发展、有市场、效益好、显特色的小产业，可由市场调节，逐步培植。三是要主攻产业短板。突出农产品加工和农业标准化基地的两大短板：农产品加工业主攻扩规模、提水平，如丹参种植的规模较小，仅有 200 余亩，加上缺乏相关的种植技术人才，经济效益不理想，建议与相关农业院校开展合作，提高管理技术，增加经济效益；产业基地主攻提标准、提效益，种植业相关的配套设施还不完善，机械化水平较低，应尽快补齐短板，提高质效。四是要加速三产融合。农村产业不能仅就农业论产业，还要在农业以外想办法，有效途径就是第一、第二、第三产业有机融合。要把农产品精深加工、休闲观光农业、创意农业、农村电商、现代农村服务业等农村新业态纳入农业农村产业建设的重要内容，以产业链和价值链为纽带，加速推进三产融合。③在人才引进、农民培训和创造良好农村创业环境方面，政府要出台政策措施在社区大力实施乡村人才培育工程。一是大力培育新型职业农民。率先开展职业农民职称评定试点，对符合条件的职业农民进行资格认证，制定出台支持职业农民的配套政策，吸引更多农民提高素质，从事农业。二是实施新型农业经营主体培育工程。加大对农民专业合作社、种养大户、农业产业化龙头企业等新型主体政策扶持力度，促进他们加快成长，更好发挥示范带动作用。三是加强村党支部书记的带头作用，提高村党支部书记的综合素质。把村党支部书记的选拔培养作为组织部门的重要工作议事日程，制定相应政策，采取多种方式，加大培育力度，提高其综合素质。④增加体验项目的精神内涵，延长游客停留时间。乡村旅游的开发建设就是应该通过多样的体验形式，让游客感受乡村最本质的魅力。农耕民俗体验、农事节庆活动等可以成为乡村独具特色的体验，成为游客感知乡村最直接的表现。但游客需要的不仅是客观地体验这些原始产品，还是要利用这些资源营造出游客内心所期望的、在日常生活中无法得到的体验。比如，可以考虑将丹参、金丝仙菊种植基地打造成私享药园，以"种植快乐，收获健康"为主题，设置种植、采摘、加工等环节，增加旅客在农田上拥有对农作物耕种的参与感和体验情怀。

（二）汉中市洋县柳山村

柳山村位于洋县龙亭镇西北部，距县城 10 千米，贯长公路穿境而过，位于陕西省朱鹮和长青两个国家级自然保护区内，生态环境极佳。2019 年，柳山村辖 8 个村民小组，有 455 户 1607 人，其中，党员 52 人。全村共有劳动力 800 人，其中，外出务工青壮年约 460 人。柳山村属北亚热带内陆性季风气候，境内四季分明,光照充足,气候温和湿润,年平均气温 14.5℃,最高气温 38.7℃,最低气温–10.1℃;年平均日照 1752.2 小时,日照率 39%;年平均降水 839.7 毫米,最高降水 1376.1

毫米，最低降水 533.2 毫米，年平均降雨 120 天，月平均降雨 10 天，最多降雨期为 7 月、9 月、10 月；年平均无霜期 239 天。全村共有水田 1038 亩，旱地 2003 亩，林地 200 亩，目前主要有猕猴桃、桃李小杂果、香菇三个主导产业，尤其是带动 455 户群众参与发展的猕猴桃产业，发展成效较好，主要以种植业为主，农业产业体系不完整，产业链条比较短。村庄房屋街道已进行亮化提升，境内有一处柳山湖，整体环境良好，但村内污水处理机制尚不完善，部分农田存在水土流失情况。

柳山村发展中有以下几方面问题：①由于处在丘陵地势高处，水资源供应不足，仅能满足居民生活用水，村庄发展加工业等产业用水受到限制。②人才缺乏，村内劳动力以妇女、中老年为主，年轻人后备力量不足，懂农业、爱农村、爱农民的年轻人不多。从企业固定人员构成看，缺乏专业的技术人才，难以较好地利用当地野生种质资源。劳动力老龄化趋势严重，年轻人进城比例增加，返乡人数递减，农村劳动力多集中在 55 岁以上，农业产业后继无人，给日后工作增加了不少困难，村庄面临无壮劳力的窘境。③企业销售渠道较为单一，目前主要是一对一的供货方式，统一销售。企业目前的经营主要局限于猕猴桃果的销售，相关产品的产业链较短。④基础设施建设投入力度不足，农户在产业发展中遇到的困难不少，通村硬化道路方面，一些路段标准过低不足以会车，有些路段还未硬化，影响农户运输蔬果，需要升级改造；农村通信网络设施建设不健全，影响村民对最新最前沿信息的了解。

对柳山村的发展建议有以下几方面：①实行雨污分流，雨水排放采用明沟或暗渠收集，就近排入村庄水系，如池塘、河流或湖泊等水体，利用有效生物净化后用于灌溉。污水收集后可以通过相关技术进行处理后用于灌溉。同时，升级农业节水技术水平，提升农业节水装备智能化水平，推进全域节水技术的应用，构建柳山村节水制度及节水文化。②逐渐增加专业人才的比例，提高企业产品研发能力、抗病抗灾能力。加强对年轻人创新创业的支持，尽可能创造良好的双创环境，激发他们的创新创业活力，增强年轻人返乡创业的吸引力，为困难户实现脱困和乡村振兴提供内源活力。③果业应该逐步打造自身品牌的知名度，利用好方便快捷的互联网销售和物联网配送资源，建立起店面-商家、线上-线下、网络-实体等多方面全方位的立体销售模式，提高收益。果业可根据当地实际情况，结合猕猴桃果的营养价值，开发果干、果酒、零食等深加工产品，提高经济效益，增加农民就近工作岗位。④加大基础设施建设力度。完善提升通村道路，对于能够水泥硬化的道路，要严格按照农村村级道路标准建设，方便进出村的车辆会车，对于无法硬化的、连接村民点的道路，可以就地取砂石做基本硬化。同时，要提高山区农村基础设施建设的思想认识，这些设施是百年大计，是方便城乡要素流动的基础。要加快通信网络建设，为加强山区对外交流、发展产业奠定基础。

三、陕西省商洛市农村集体经济调研

（一）商州区李岭村调研

李岭村地处商洛市商州区板桥镇东北部，全村总面积为12平方千米，耕地面积为2405亩。由于产业基础薄弱，经营管理不够规范，李岭村市场竞争力不强，农村集体经济基础差，无集体积累，以前属于商州区典型的贫困村。2017年，全村尚有贫困户184户570人。李岭村在村第一书记李文高和区农业局驻村工作队及其他村干部的领导下，采用"合作社+贫困户"的产业发展模式，结合李岭村独特的土壤、水质、气温等环境优势，协助成立了以26户贫困户为成员的食用菌专业合作社，流转土地30余亩，由合作社组织菌棒生产、基地建设，2017年发展食用菌26.5万袋，实现增收2.0万元。贫困户直接参与入股，参与合作社分红，实现资源变资产、资金变股金、农民变股民，保证贫困户有稳定的收入来源，为实现脱贫摘帽目标奠定了坚实的基础。区农业局驻村工作队以产业为抓手，助推产业脱贫。结合李岭村的实际，协助成立了食用菌、烤烟、杭菊三个合作社，2016年使40户贫困户依靠产业实现精准脱贫。为了更好地发展产业，村支部和区农业局驻村工作队积极争取政策扶持，为发展产业提供保证。2018～2019年，在发展食用菌、烤烟、杭菊等产业中，为贫困户争取到生产发展扶持资金及产业提升配套资金70多万元，协助48户贫困户办理产业发展贴息贷款233万元，修建产业路800多米。2017年发展食用菌26.5万袋、烤烟244亩、杭菊630多亩、中药材220亩、核桃园120亩、养猪100头、养牛17头、养羊80只、务工100人，达到一般贫困户户户有产业，脱贫有门路。

李岭村通过重点发展龙头产业、打造乡镇品牌，以少带多，调动了农民生产积极性，让农民主动参与到企业和合作社中去，将资金变股金，使得农民自己成为最大的受益者。

商洛市商州区亿阳杭白菊种植专业合作社成立于2016年，注册资金50万元，位于商洛市北部板桥镇李岭村，是在板桥镇李岭村50户杭白菊种植户的基础上，通过扩大种植规模再吸收本村群众成立起来的。板桥镇李岭村位于丹江源头，距离商州城区30千米处，属于典型的暖温带季风性半湿润山地气候，境内由山川道、河谷区、丘陵区、低山区多种地貌类型复合而成，西北有秦岭天然屏障，具有四季分明的气候特点，优越的条件是生长杭白菊的最佳区域。2017年，该合作社覆盖板桥镇、牧护关镇、洛南县、柞水县，带动350余户农民种植杭白菊增加收入。该合作社集生产、初加工、产品销售于一体，提供信息咨询、技术培训等服务。该合作社成立后，采用"基地+专业合作社+贫困户+收购"的运营合作模式，做到产业高标准、低投入、高产出、高收益。2019年，合作社有种植基地630亩，胎花亩产600斤，按照合作社保护价4元/斤收购，可实现产值151余万元，已成为板桥镇合作社带动基础产业发展的典范。

商洛市福众岭农业有限责任公司由陕西福德瑞农业科技有限公司、西安众农农业科技有限公司、商州区李岭特色产业农民专业合作社共同注资成立，是李岭村在脱贫攻坚和"三变"改革中引进组建的农业股份合作企业，公司成立于2017年11月，注册资金1000.00万元，位于板桥镇李岭村，按照"公司+基地+贫困户"的产业经营模式，以食用菌、有机肥、光伏、有机农业及休闲农业五大产业为主线，精心打造三产融合健康产业园区，计划总投资3.33亿元，分四期规划建设。现代香菇产业示范园为一期工程，计划总投资3330.00万元，规划占地72亩，建设综合车间1272平方米、恒温培菌车间40座6255平方米、烘焙车间1座1061平方米、分拣车间1座639平方米、日光保温出菇大棚29栋10 090平方米及辅助工程，并引进全国先进的食用菌生产"全氧发菌"技术，设计年产能1000万袋。2019年，公司已完成投资2000余万元，建成生产大棚1座1372平方米、培菌车间39座5925平方米、出菇大棚28座9382平方米、菌蔬互补有机蔬菜大棚1座200平方米、办公区2处862平方米、职工宿舍456平方米、冷库2座900平方米（3600立方米）、分拣车间1座316平方米、烘焙车间1座450平方米、库房2座470平方米、堆料场1处2700平方米。公司与河南最大的食用菌生产商河南世纪香食用菌开发有限公司合作，建设了羊肚菌及夏菇生产基地6000平方米。通过"认领+认袋""认领+认劳"的食用菌"认领分红"模式，带动了卡内贫困户700户。基地纳入全区第7个食用菌产业脱贫种植示范基地，强化组织领导，加大政策、资金、技术等方面支持，促进基地尽快建成投产，发挥示范带动效应，实实在在带动贫困户增收脱贫；依托农村集体产权制度改革、"三变"改革，充分利用当地林地、耕地资源，做好集体资产清产核资、农户土地林地确权入股工作，支持企业做好后续有机肥加工、有机果蔬基地、钙果基地及休闲农业建设，实现多业并举，第一、第二、第三产业融合发展。

李岭村在脱贫攻坚过程中整体表现良好，但是存在以下问题：①基础设施有待完善提升，资金缺口较大。李岭村村内设施不够齐全，水、电、道路等还需要进一步完善，村里道路过窄，不利于企业和合作社的产品运输，对村里的发展具有一定的阻碍作用。村里通信信号不够好，有些村庄甚至基本没有信号，与外界沟通有一定的困难。村庄的垃圾堆放问题、水源问题、交通问题等基础设施问题较为紧迫，这是今后乡村振兴工作应该解决的第一问题。村里困难人口较多，所需要的乡村振兴力度较大，需要解决的问题较多，任务繁重，而村里资金缺口较大，不利于进一步地开展乡村振兴。②产业结构较为单调，有待进一步优化。李岭村主要有三个合作社，分别为杭白菊、烤烟、食用菌合作社，以及一个以食用菌、有机肥、光伏、有机农业及休闲农业五大产业为主线的商洛市福众岭农业有限责任公司。第一产业主要是杭白菊和食用菌，杭白菊已经实现盈利，但是还没有形成规模化和品牌化。第二产业烤烟没有品质优势和整体品牌效应，难以形成一定的规模。③困难户主动致富的动力不足，政策宣讲不到位。部分困难户的依赖思想较为严重，存在"坐、等、靠"的消极思想，主动致富意识薄弱，不把乡村振兴认为是自己的事情，这大大增加了乡村振兴工作的难度。这部分人群大多数文化水平较低，观念落后，自主发展能力不足，对今后乡村振兴工作的开展造成了较大的影响。而这种情况存在的部分原因就是涉农政策宣讲不到位，没有进行单独到户的宣传教育，导致农户对政策理解不到位，半信半疑，犹豫不决。

对李岭村实现乡村振兴的建议有：①继续加大基础设施建设力度，引进外来资金。引进更多的企业投资和国家基金，完善提升通村道路，对于能够水泥硬化的道路要严格按照农村村级道路标准建设，方便进出村的车辆会车，提高合作社和企业产品的运输速度；对于无法硬化的、连接村民点的道路可以就地取砂石做基本硬化。加快建设乡村通信信号塔，让村民与外界的联系更加便捷，为困难地区的产业发展奠定基础。也可以动员村民集资修建村庄的部分基础设施，提高村民对乡村的热爱程度，实现共同富裕，共同建设美丽新乡村。②深刻认识产业结构，建立完善的产业经营体系。李岭村应该结合乡村振兴战略，在产业结构、布局和开发上因地制宜、循序渐进，大力发展既有区域资源优势又适应市场需求的支柱性产业、特色农业产业。以第一产业做引导，侧面带动第二产业、第三产业的发展。可以将部分相互适应的产品捆绑销售，实现双赢，进一步优化乡村发展道路，提高抗市场风险能力。③农民的致富动力有待加强，涉农政策宣传尚需加强。村干部应该积极营造乡村振兴的良好氛围，激发农民致富的内在动力，积极引导返乡农民带头创业，带领其他村民走上致富道路，要避免村干部职业化而产生的"等、靠、要"思想，加大农业政策的宣讲力度，利用线下、线上等模式宣传涉农政策，让农民感受到政策是与他们自身息息相关的，激发农民自身致富动力。对于思想较为落后的村民应该主动给予引导，通过走访等方式单独进行思想教育，循序渐进，逐渐让政策深入人心。另外，可以通过建设村报栏、村史馆等方式宣传党和国家的政策。同时，党支部各个成员必须再定期参加政策培训，只有干部深入了解和理解了政策内容，才能够更好地将内容传达到村民心中，才能让村民更容易接受涉农政策。

（二）商州区吴庄村

吴庄村位于陕西省商洛市商州区杨峪河镇西南部，距商洛市区 20 千米，203 省道穿村而过，由原石龙湾村、南岔村、姚河村、吴庄村四个自然村合并而成，地势南高北低。全村共辖 33 个村民小组 686 户 2535 人，少数群众居住在省道沿线，大部分群众分散居住在六条沟域，总体分布呈"一条省道穿中间，六条沟域散两边"的鱼骨状，全村有劳动力1100人，其中，常年在外务工劳动力有900余人。全村总面积为19.0平方千米，耕地面积为1050.0亩，林地为2.8万亩。在开展脱贫攻坚工作之前，全村识别核定贫困户395户，共计1464人，贫困发生率高达57.8%，主要原因是受制于居住分散/产业零散/人心涣散等客观条件，因此，多年间吴庄村的发展举步维艰。

2016年，吴庄村来了一批驻村工作队，主要任务是配合村支部全面发动村民积极投入到脱贫攻坚的工作中。三个转变，让干部和群众先心动，再行动。党支部深刻认识到扶贫要解决的主要问题就是"扶持谁、谁扶持、怎样扶"。党支部以群众得实惠为落脚点，坚持依据各项扶贫政策来策划项目，共策划了产业基地建设、基础设施建设、人居环境美化、社会事业发展、住房保障建设工程等五大类22个项目。尤其是围绕给贫困群众建设一个长期"产业银行"做文章，光伏、食用菌、中药材种植、土蜜蜂养殖、经济林、劳务输出、电商等七大产业初步形成。面对群众自我发展意识不强，"等、靠、要"依赖思想比较突出的问题，工作队通过"点对点"政策宣传，消除了贫困户"等、靠、要"思想，提高了老百姓的政策知晓率，增强了老百姓的脱贫积极性。吴庄村群众有种植中药材的传统，全村仅种植的中药材就有天南星、猪苓、天麻、菊芋、万寿菊、土荆芥等近20种。经过调研，该村确定中药材种植收缩品种扩大规模，重点发展菊芋、丹参、土荆芥三个品种。为了实现产业大发展，工作队聘请专业技术员为产业发展提供产前、产中、产后全程技术服务及本地农民技术员培养工作。

由村支部牵头谋划，培育新型农业经营主体，吴庄村成立了商洛市吴庄实业有限责任公司，由村主要领导担任公司法人，面向社会招募了3名懂经济、善管理的管理人员，组建了企业管理层，制定了相关制度，确保良性运作。采用"企业+基地+贫困户"的模式，将6个小组148户的360亩耕地和1200亩林地作为资产股，每户认领3千瓦光伏、2000袋食用菌、10箱土蜜蜂或1000只散养鸡等作为生产股，将政府补助给贫困户的产业扶持资金（光伏每户补助1万元、食用菌每袋补助2元）作为贫困户投入到光伏、食用菌等项目的政策股，让每个贫困户变成股民。农户通过将自己的土地、山林、资金等资源流转给企业或专业合作社，分得部分股份，按股分红。吴庄村设置集体资产股、土地股、资金股、人头股4种股权。2017年，通过光伏、食用菌、生态养鸡认领分红，实现"三变"，体现实效，有126户贫困户成为首期股民，股民可以分获股金，分享"三变"成果，让农民有了新的发展方向和致富道路。

贫困群众参与齐心干。吴庄村在一批返乡创业能人的带动下，贫困群众积极主动参与脱贫行动，全村各类脱贫主导产业稳步发展。光伏产业一期370千瓦项目于2017年11月25日建成并网发电。食用菌大棚于2017年9月底建成并交付使用，实现销售收入33万元。中药材传统产业发展势头良好，以菊芋、丹参等为主，种植各类中药材1800多亩。土蜜蜂养殖稳步推进，2019年，全村已经发展到650箱，具有一定规模。

吴庄村在发展过程中存在的问题：①产业薄弱缺乏特色。产业类型过于单一，且产业化水平低，科技水平较低，没有形成非常有特色的产业型企业，村子领头的新型企业还没有在市场上形成一定的影响力，给农民所带来的经济收入还尚未稳定，且收入较低。交叉性产业发展不充分，没能够将村里的各个产业进行较好的结合，农业下游产业未形成规模。吴庄村经济仍然是以传统农业作为支撑，没有形成一个完整的产业链，整体上仍然是处于低效循环阶段，所以农民的收入还停留在相对较低的阶段。②村庄基础设施建设还需完善。吴庄村对外交通道路主要是203省道，路面宽度约为12米，往东通向商洛市，往南通向闫村镇，整条道路贯穿吴庄村。进入吴庄村的四个管辖村都修建有通村路，村民居住房屋和基本农田分布在道路两侧。村子的多条主路和次路都进行了修缮、绿化处理，但仍然有部分次路是土路，缺乏绿化、亮化，道路周边整体环境较差。另外，吴庄村的其他公共基础设施建设不完善，如篮球场、公共健身场所、公共卫生间、污水处理站、垃圾中转站等。村内居住环境尚可，但是日常生活垃圾随意堆放，居民生活垃圾污染及畜牧养殖污染问题较为严重，对村容村貌影响较为严重。③布局规划尚未实施到位。吴庄村在土地资源整理、用地规模规划、村庄整体布局规划及移民搬迁等方面做了全面规划，涉及村庄建设规划、产业发展规划和社会事业发展规划等。在后期规划实践过程中，虽然总体改造效果良好，但是仍然出现了一些问题。在村庄建设方面，主要有村庄建设项目进度较慢，质量没有达到预期效果，环保环卫设施较少，对山林、环境损害较大，污水排放系统不够完善。在产业发展方面，没能够形成具有乡村特色的现代化产业，现有产业规模不够大，农民自主创业积极性不高，板栗、核桃、中药材和香菇四大产业没有融合发展，导致各个产业发展较为单一化。没有追求产品的进一步加工制造，仅仅停留在产品的初加工阶段，导致企业利润较低，农民收入较低。在社会事业发展方面，吴庄村计划建设的停车场、超市、幼儿园、卫生院等还没有完成建设，进度较慢。

对吴庄村今后乡村振兴的建议：①加大产业优化力度，促进产业交叉融合。吴庄村应该找准产业发展的优势，同时，深刻认识劣势所在。吴庄村地理资源条件较好，区域农业基础雄厚，交通总体较好，距离市区较近，因此，可以根据城镇居民市场需求，因地制宜，在农作物上，发展地理环境和经济收益相互平衡的作物。在产业发展上，应该将各个产业进行深度融合，在资金、资源、空间等各个方面进行交叉发展，共同进退，不可各自为政。将现有产业进行升级，形成从原材料到最终产品的一条龙生产，这样可以更好地把控产品质量，稳定产品价格，增加农民的收入，提高农民的积极性。②加快基础设施建设进度，提高建设质量。

在乡村振兴过程中，要注重新农村的可持续发展，提高村民的文化思想水平，建设美丽新乡村。在这个过程中，基础设施建设是不可缺少的，完善通村道路，尽快实现村与村之间、户与户之间各条道路硬化。加快建设村民娱乐文化设施，这些设施的建设是吴庄村具有长远前景的必要条件。同时，加快建设幼儿园、小学、中学等教育机构，不让乡村振兴和教育相分离，降低村民的教育支出成本，可以让村民更加放心地参与到乡村振兴中。③根据新的形势及时改良规划方案，加快规划实施进度，各个村之间同步实施。截止到 2018 年 8 月，规划的大部分内容已经完成，解决了全村的住房问题，改善了村容村貌，在建设过程中逐步完善水电设施、垃圾中转设施、道路绿化设施、其他文娱活动设施等，让村民的生活更加有滋有味；另外，要根据市场需求，及时调整企业的侧重点，在原有产业链的基础上可以再投资，做成较为完整的生产线，成为集原材料把控、产品加工、运输、销售于一体的企业，甚至可以打造自己的产品品牌，获得更好的市场价值，这样就可以提高村民的收入，进一步提高村民参与、参股的积极性，更好地贯彻落实资源变资产、资金变股金、农民变股民的新"三变"模式。

（三）丹凤县棣花村

棣花村东距县城 15 千米，棣花镇政府驻棣花村，312 国道、西南铁路和 G40 沪陕高速公路穿镇而过。棣花镇位于丹凤县西北部，丹江沿岸，面积 77 平方千米，共 5500 户 20 796 人；辖 8 个行政村，90 个村民小组。2019 年，棣花镇有森林保护区 5000 亩、林场 18 个、自然保护区 1 个。在小说《秦腔》中，著名作家贾平凹把棣花镇的风土人情和山水景色写进了书里，吸引各地的游客纷至沓来，棣花古镇现为国家 4A 级旅游景区。棣花村是典型的文化传承村，同时也是中国美丽乡村，对中国乡村具有一定的示范作用。

丹凤县棣花三产融合大园区由"一心一环三大板块"组成，即以棣花古镇 4A 级景区为核心，以棣花文化旅游产业园区、北部坡塬地带现代农业大园区和万湾省级农业园区三大板块组成，总面积 5.28 平方千米。丹凤县按照"精品景区+乡村旅游+精准脱贫"的总体思路，采取城镇景区化、乡村景观化、产业绿色化路子，依托农业园区、人文景观、山水资源发展全域旅游，通过园区变景区、资金变股金、农民变股东，初步探索出了三产融合发展新路子，实现了全面脱贫。景区带动周边 550 余户农户利用各自房屋从事三产服务，实现了"死产"变"活产"。2017 年园区内新增农家乐 15 家、农家宾馆 8 家。在陈家沟、许家塬、巩家河 3 个村坡塬地带建成了万亩核桃、千亩樱桃和千亩葡萄园，形成了生态田园景观，实现了园区变景区，延伸了核桃、樱桃、葡萄的产业链，提升了附加值，提高了企业效益，为农民创造了发展农家乐、农家宾馆、养生养老等新产业的条件和机遇。

棣花村在发展中存在的问题：①种植业存在问题。葡萄园品种单一，没有种植优良品种，导致葡萄园效益低下。②宣传需要加强。园区在旅游方面质量较高，让游客能有愉快和轻松的体验，但是该区的游客仍较少。③农家乐有待提升。④娱乐设施较少，不能很好地满足游客需求。⑤农民参与园区发展的途径较为单一，经济来源较少，收入较低。

对棣花村发展的几点建议：①寻求与院校合作，加强对葡萄等种植业的指导，更新品种，改善耕作措施，以提升产量，增加效益。②一方面重视游客体验，开发赠送小礼品等措施鼓励游客对周围人的宣传，提升口碑；另一方面增加广告投入，提升知名度。③加强培训指导，激发农家乐主体人员对厨艺的追求，积极引导建立当地有特色的农家乐。④通过合作社资金支持的方式增加娱乐设施，提升游客的体验和刺激消费。⑤除了种植和打零工外，合作社还可以通过与政府部门合作，对农民进行培训指导，鼓励农民利用现有环境进行创业，既满足旅游开发，又增加农民收入。

四、重庆市奉节县农村集体经济调研

奉节县位于重庆市东部，东邻巫山县，南界湖北省恩施市，西连云阳县，北接巫溪县，属长江三峡库区腹心，地势东部高、中西部低，全县最高海拔为2123.0米，辖区面积为4098.0平方千米。境内河流众多，属长江水系，其中，长江干流长41.5千米。奉节县属亚热带湿润季风气候，四季分明，无霜期长，雨量充沛，日照时间长，区域内水能、矿产和生物资源丰富，适宜农业和旅游业发展。奉节县坚持全力建设长江经济带上的绿色生态强县和区域性功能中心的工作思路，2018年实现地区生产总值287.4亿元，财政收入完成36.4亿元，城乡常住居民人均可支配收入分别达到28 105元、11 146元，比上年常住居民人均可支配收入分别增长8.8%、9.8%。奉节县是重庆市人口大县、农业大县、三峡移民大县，也是地区支撑产业"空洞化区"、长江经济带三峡"断裂"带。受自然条件和经济发展两方面制约影响，农业增长对经济增长的贡献率约为8.0%，特别是脐橙、油橄榄、中药材等山地特色高效农业发展形势良好。

奉节县村集体经济组织发展要坚持管理创新"破空壳"、制度创新"添动能"、发展创新"兴业态"、治理创新"强堡垒"，积极共建"村级组织有号召力、集体经济有产业支撑、广大村民有稳定收益"的利益共同体，推进全县农村集体经济健康发展、持续发展、长久发展；要着力推进治理创新，把农村集体经济组织作为基层党建的"助推器"和农村社会和谐的"稳压器"，发挥集体经济组织的外延效应和补充功能，解决村级组织"说话有人听、干事有人跟、有钱能办事"的问题，提升基层组织的组织力和领导力，增强村民认可度和获得感。

奉节县坚持实践与探索并举，成立了由县长任组长，分管副县长任副组长，县农委、发展改革委、财政、水利等13个部门为成员的领导小组，出台《奉节县发展壮大集体经济工作方案》，组建村股份经济合作社，对应成立实体公司，将村委会事务与集体经济事务逐步分离，引进人才的同时开展专业培训，夯实基础，搭建平台，建立完整的村集体经济组织。加大政策支撑、项目支持、产业扶持的力度，统筹整合资金，持续2年每村投入不少于20万元专项资金，为集体经济发展注入活力。因地制宜探索农村集体经济发展模式，积极探索服务创收型、租赁经营型、资源开发型、资产经营型、股份带动型等集体经济发展新模式，为集体经济发展提供新思路。奉节县在全市率先对集体经济组织登记注册，统筹资金1.66亿元发展农村集体经济，按照"补+投+贷"联动模式，县财政投入1000.00万元，为356个村每村落实资金40.00万元、20个村每村落实资金100.00万元，全面推行服务创收型、物业租赁型、资源开发型、资产经营型、股份带动型等发展模式，落实股权化改革资金1.10亿元，其中，村集体经济组织持股1100.00万元，每年享受固定分红66.00万元。2017年，376个村中有116个村盈利达3.00万元以上。全县交易地票1261亩，村集体经济组织收入0.85亿元。

奉节县拥有丰富优质的农特产品资源，全县围绕"一户一个标准园，一人一亩高效田"的目标，布局"4+3+X"特色产业，形成"七分果、两分菜、一分药"的产业格局，是全国优质农产品基地大县。奉节县抢抓机遇，积极与阿里巴巴集团对接，推进农村淘宝"千县万村"工程，走上了电商致富之路。2017年，通过引进阿里巴巴等平台，建设电子商务进村工程涉及240个村级电商服务站，打通农村物流线路4800千米，农特产品线上销售累计25.00亿元，带动1.10万户农户年均增收2000.00元。推进现代山地特色高效农业，围绕低山脐橙、中山油橄榄、高山中药材等"4+3+X"特色产业，实施"一村一品"产业提升行动，全县发展脐橙33.00万亩、油橄榄13.00万亩、中药材13.3.00万亩、特色小水果12.40万亩、蚕桑10.00万亩，出栏山羊136.00万只，种植烟叶4.15万亩，实现农村主导产业全覆盖。

（一）奉节县安坪镇村民变股民，集体经济助农致富

安坪镇各村集体经济组织紧紧围绕脐橙产业做链条，积极做好群众不能做的、不好做的产业前端和后端。安坪镇三沱村分别与重庆市众力生物工程股份有限公司、远和科技公司合作，建立药肥智能微工厂，把工厂建在田间地头，量身测土配方施肥，让群众用自己生产的肥料精准种植脐橙。同时，该村还引进12家快递物流公司进村合作，大力发展电商销售，培育网络销售果农350户，平均每户销售3.50吨脐橙，成为全县上行超1000万元的电商第一村。通过抓"两端"，推动脐橙提质增效，每亩脐橙产量增长5.56%，综合生产成本降低150.00元，每斤销售价格提高0.5元。集中农村剩余劳动力，组建专业化农技服务队伍，添置植保无人机、挖土机等高新设施设备，采取"技术统标、农资统供、水肥统灌、病

虫统防、果实统摘"集约化有偿服务创收，服务区域扩大到云阳县、巫山县、湖北秭归县等地，十分"走俏"。三沱村在集体经济组织下组建农技服务队，创设劳务公司承接小型项目、危房改造，创收 360 余万元，增加集体收入 50 余万元。三是探索"三资"转化。鼓励各村在集体经济项目上"八仙过海各显神通"，推动资金入股、资产嫁接、资源增值。下坝社区、海角社区、大保村、天鹅村将资金入股到当地企业固定分红；合一村流转群众闲置土地，搭建蔬菜大棚，再转租给企业；三沱村利用地票收入、土地指标入股建设第一个村级社会化养老院；藕塘社区、新铺村、望江村等沿江村对闲置农房打包升级改造，打造渔家乐。2019 年，全镇集体经济年经营收入 288.00 万元，集体受益群众分红 10.00 万元。

搭建镇级集体经济联合总社，充分发挥基层党组织在乡村振兴中的战斗堡垒和集体经济支持困难地区人民群众脱困致富、促进区域经济社会可持续发展的作用，推动资金入股、资产嫁接、资源增值，集体经济组织演变出微加工厂、劳务公司、广告牌、蔬菜大棚、集中供水等 13 种业态，助推农村集体经济发展、增强村级组织活力。安坪镇为更好地发展好农村集体经济，让农户早日致富，结合实际，决定利用下坝场镇有利的地理条件，在该村修建集休闲、养鱼于一体的垂钓中心，只是苦于没有资金，一直没有动工，该镇积极与上级部门协调，争取到 50 万元经济资金建设乡村农家乐，农村集体经济得到壮大。奉节县安坪镇三沱村依托脐橙产业，成立专业服务团，购置挖掘机、农用车、无人机、自动检测仪等设备，在周边区域实行统一播种、统一施肥、统一灌溉、统一喷洒、统一采摘等专业化服务，发展村集体经济；利用集体经济收入参与企业入股，村民变股民，获得固定利润，进一步推动了村集体经济的壮大发展。2018 年集体经济收入达到 30 万元，按照"244"的分配机制，20%用于村集体工作开支，40%用于集体经济扩大再生产，40%分配给股民，为农村经济发展注入活力，实现了村集体经济与农户收入的同步发展。

（二）青龙镇大窝社区矿区变景区，农旅文旅融合发展

采取"公司+居委会+农户"的模式。大窝社区引进重庆崎洋农业开发有限公司，实行公司运作、居委会监督、群众土地入股，其中，重庆崎洋农业开发有限公司占股 62%，居委会占股 5%，农户占股 33%。发挥土地效益，采取土地入股的方式增加农户收入，如 2018 年完工的望月湖建设需占地 50 亩，涉及群众 22 户，没有产生任何土地流转费用，采取是股份经济合作社运营模式。建成的海豚湾农家乐、爱情堡休闲娱乐体验项目，都由大窝社区股份经济合作社负责运营，纯利润的 40%作为集体经济组织公积金、公益金，纯利润的 40%作为农家乐发展基金，纯利润的 20%作为集体经济组织成员分红基金，按一人一股进行再分配。

2017 年，奉节县青龙镇大窝社区利用集体经济发展新产业，把 20 世纪 90 年代关闭的硫磺矿区通过生态规划，创建为国家 2A 级景区，采取"公司+农户+村

集体"的模式，发展 30 万尾冷水鱼养殖，1100 亩石榴、1700 亩脆李、900 亩芍药种植，启动新一轮度假游、采摘游等项目，大力发展乡村旅游产业，重点打造矿区工业遗址文化，举办石榴、脆李等采摘节，实现了村集体经济的壮大发展，带动了当地群众发展农家乐 13 家，农村经济发展形势良好。

（三）奉节县冯坪乡百福村发展集体经济

冯坪乡百福村位于奉节县南部，距县城 42 千米，全村辖区面积为 12.48 平方千米，耕地面积为 3528.00 亩，林地面积为 964.000 亩，海拔 740~1100 米，辖 4 个村民小组 800 户 2784 人（2017 年），党支部现有党员 38 名。2017 年以前，全村主要收入以红薯、洋芋、玉米等传统农作物为主导产业，俗称"冯三坨"。由于地处偏远地区，长期受缺乏技术和市场波动影响，经济发展相当滞后，村上也无任何集体经济积累。2017 年，在冯坪乡党委员会、政府的正确领导和上级主管部门的关心指导下，百福村开展中药材种植项目试点工作，通过集体出资、村民入股的方式成立奉节县辉权中药材种植专业合作社，注册资本 500 万元，主要经营中药材的引种、种植、开发、加工销售。奉节县辉权中药材种植专业合作社技术依托重庆三峡学院、奉节县中药材产业协会、重庆市奉节县祥飞丝绸茧公司为中心的科研院所，农技部门有丰富的中药材加蚕桑林种植、管理、项目实施及技术推广、试验等方面的经验，可为项目提供有效的技术保障。

通过建设中药材加蚕桑林种植基地，带动百福村农民群众脱贫致富，积极稳妥地推进农村集体经济发展试点工作，取得了初步成效。按照"支部引领、产业脱贫、示范带动"的总体思路，坚持"量化到户、股份合作、保底收益、按股分红、滚动发展、持续增收"的发展模式。百福村召开村"两委"会议、村民代表大会及党员代表大会对百福村中药材产供销一体化项目实施方案中的发展模式、资金管理、收益分配等内容进行民主议定。由村民委员会主任余德全担任专业合作社法定代表人，积极拓展中药材销售渠道，推进产供销一体化。由奉节县辉权中药材种植专业合作社负责日常经营，流转百福村村民 200 亩土地作为中药材（浙贝母、白芍）种子种苗育种基地，通过这几年的努力，合作社繁殖育种的浙贝母种子已达到 12 万斤，扩大种植面积 1000 亩，白芍亩产值达到 10 000 元的经济效益，育种繁殖可扩大种植面积 1000 亩，为正在建设的 3000 亩县级中药材产业示范园夯实基础，达到预期效果。通过建立种子种苗育种基地，农户通过把撂荒土地流转给合作社收取租金，当上了"包租公"，有了每年 8 万元固定的土地租金收益。"管理好中药材基地我们就有收入，有钱挣心里才踏实。"刚刚领到 400 元分红的李玉胜激动地说。"以前是基地中药材种植和收获时才需要人帮忙，后来合作社与重庆市奉节县祥飞丝绸茧公司合作发展药林立体种植，中药材套种桑树，提高土地利用率，重庆市奉节县祥飞丝绸茧公司负责桑叶的回收，延长务工时间，提高收入，从 3 月采摘到 9 月管护，基地常年都有活儿干，我每年可以在合作社领到一万多元的工资。"脱贫户向永柱说。

在合作社的带领下，实现了100余户家庭在家劳动力稳定就业，走出了一条"盘活资源+群众增收"的集体经济发展新路子。通过集体经济作物（贝母种子）给全村2784人分红110余万元，111户家庭分红13万余元，带动周边农户种植1000亩浙贝母，因地制宜适度规模化发展绿色中药材"百三味"（浙贝母、白芍、牡丹）。加大产业化基地建设投入，持续增加集体经营性收入，在农民自愿的基础上，采取租赁承包的土地流转方式，发展中药材加蚕桑林药间作。将经营中的200亩基地打造成集休闲、观光于一体的育种示范基地，配套了观光和采摘路，建有标准化中药材粗加工车间600余平方米，有清洗和烘干生产线，年产中药材干货100吨。把"一片"中药材做成全产业链产值超过600多万元的大产业，彻底改变了传统的种植模式，实现了种苗、种植、植保、收获、加工、销售一条龙服务。初步形成了3000亩中药材加蚕桑林示范基地，这对于百福村来说是个了不起的成绩。全村以合作社为平台，分工协作，4名村民小组组长为管理员，负责耕种防等统一服务，农户负责中药材加桑树立体种植的日常田间管理，奉节县辉权中药材种植专业合作社负责耕种的统筹安排、技术指导和工作流程的组织监管及生产物资发放，成片经营、分户管理，推广中药材优质和绿色的生产方式，打造中药材"百三味"品牌效益。尊重群众意愿，立足增加村级经营收入，因地制宜，确定切实可行的发展思路，积极围绕全村中药材加蚕桑为主导产业，坚持走盘活资产、招商引资、绿色生态、乡村旅游、产品深加工、服务创收等多元化联动发展路子。充分发挥政策叠加、资金规模、土地立体的使用效应，扶持试点工作部署和项目谋划要紧扣上级要求。一方面，村集体通过自我发展，整合村内发展产业项目，激发村集体内生动力；另一方面，积极争取上级政府和主管部门支持，通过招商引资强化外部刺激来做好政策对接，为乡村振兴、壮大集体经济奠定了产业基础，建成奉节县内发展集体经济规模大、种植面积广的中药材产业示范基地，为推动中药材在我县规模化、产业化发展起到了示范作用。

（四）奉节县云雾土家族乡红椿社区发展壮大农村集体经济

红椿社区辖7个村民小组，总人口为1457人，共计368户；辖区面积为36.7平方千米；旅游资源丰富，拥有自然景观奉节之巅"猫儿梁"；产业优势突出，是全乡的药材种植大村。红椿社区借助中央财政扶持集体经济补助资金，围绕资金、产业、效益三大要素引领，规范发展集体经济，取得积极成效，群众积极性大大提高，参与性更强，支持力度更大，认可度大幅提升。一是引进中央财政专项补助资金50万元入股合作社，实行"集体经济组织+合作社+农户"，发展中药材产业，吸引民间资本600万元，引导动员300余户2000余亩土地入股。二是着力推进"三变"改革试点。整合资源，推动资源变资产、资金变股金、农民变股民，发挥合作社带头作用，带动农户成为推动农村规模化产业发展的股东，合作社和公司每年按照平均 300 元/亩的标准，对入股农户进行固定分红。三是深化利益联结机制。积极探索"党支部+合作社（公司）+农户"的组合模式，培育奉节县跃航农业发展有限公司等新型经营主体，以土地流转、技术服务、务工带动等方式，带动农户产业发展。

坚持集体经济服务发展、引领发展，采取第一、第二、第三产业融合发展，引领中药材产业发展壮大。一是发展壮大特色药材产业，集体经济投入奉节县跃航农业发展有限公司建立 800 平方米中药材加工厂一座，建设大黄基地 1000 亩，引领全村种植中药材 4000 亩，人均种植中药材 3 亩。二是通过产业发展吸纳本地剩余劳动力就业，提供临时务工岗位，让农户实现家门口就业，按不低于 100 元/天支付务工成本，全年集体经济吸纳本地务工人员 350 人/次，实现灵活就业，增加农户经济收入。三是推动产品加工销售，鼓励合作社建设中药材加工厂，通过优化产业结构，延伸药材产业链，进一步提升经济效益，促进药材产业稳步发展。

严格财务管理，规范组织运营，实现全面公示公开，实行定期公开和随时公开相结合，凡是发生收支必须公开，实行每季度定期公开集体资金总量情况。完善了村集体经济财务管理制度，建立收益分配管理制度，落实集体资产管理制度，进一步规范了村集体经济财务运行和利益分配，建立专人专账，实行账款分离管理，实行定期财务公开，村集体经济组织的收、支情况向全体股东公布，接受股东成员监督。

坚持效益引领发展，实现集体经济保质增值，集体经济实现不低于 10%的保底分红加效益分红的办法，确保村集体资金保质增值，每年定期定时分红，不断发展壮大。2017 年，红椿社区通过入股 20 万元至宏伟加油站，已经享受股份分红共 4 万元。2019 年，经村"两委"研究决定、村集体经济组织成员一致通过，将 2019 年村集体经济项目资金 50 万元投资入股到奉节县玖航中药材种植专业合作社，村集体经济享受 10%保底分红加效益分红。合作社将资金用于流转土地发展中药材产业，既实现了稳定收益，又促进了中药材产业发展。

五、湖北省宜城市刘猴镇农村集体经济调研

宜城市刘猴镇依托农村产权制度改革开展量化确股，鼓励各地整合各类政策、项目和资金，建立村集体股本，通过资源变股权、资金变股金、农民变股民等市场化的办法和手段，参与收益分配，激活资源要素，增加集体收入。借助农村集体经济壮大发展之势全面推进产业扶贫，围绕食用菌、葛根、畜禽养殖等核心产业发展，采取"捆绑式"参与、"链条式"带动、"项目式"推进、"整合式"投入，以"贫困户+龙头企业、专业合作社、村集体、基地"等模式引导各方抱团发展，找准产业项目与农户增收的利益结合点，通过"保底收益、照顾贫困、超

产分成",实现了农户脱贫致富。

刘猴镇赵咀村地处东北丘陵地区,全村千余人,曾经建档立卡的贫困户就有69户、214人。2016年该村由村集体牵头、村民入股,投资45万余元,流转土地12.2亩,建设标准化袋料香菇生产基地,按照"公司+村集体+贫困户+基地"的模式,交给村集体统一管理。2017年实现干菇、鲜菇销售额共70万元,这个曾经远近闻名的贫困村带来了一笔可观的收入。2018年,该镇的新挡村通过与湖北裕山菌业有限公司合作,建立了20万袋规模的木耳生产基地,村集体每年可获分红5万元以上;黄金村建了占地30亩的红心猕猴桃种植基地和10万袋规模的香菇大棚基地;石河村建了百亩黄金梨种植基地。村村有产业,产业来"强根"的农村集体经济发展模式已在刘猴全镇形成[①]。

六、四川省达州市农村集体经济调研

达州市从实际出发,因地制宜、分类指导,探索建立了五大模式发展壮大农村集体经济,有力地助推了乡村振兴。2018年,全市共有1638个村发展集体经济,约为全市行政村的60%。

(一)资源开发模式

开江县永兴镇柳家坪村利用日照时间长的优势,2017年与天威新能源系统工程(北京)有限公司合作,发展光伏发电产业,按照"3个1/3"的模式创新发展村集体经济,即1/3用于集体经济再发展、1/3用于村集体经济组织成员分红、1/3用于集体公益事业。另外,该村利用光伏板形成的约8亩大棚,发展配套棚下集体经济,种植香菇等食用菌,租给私人业主经营,年租金约2万元,计入村集体经济收入。

(二)土地运营模式

采取土地作价入股到其他企业,参与分红;成立土地股份合作社,将农户分散的土地集中起来,然后再统一出租,获得流转利差收益。宣汉县天生镇进步社区927户群众入股土地2243亩,注册成立宣汉县群鑫土地股份专业合作社,形成"6355"利益分配机制(即产生利润后60%按股分红、30%作为合作社再生产积累资金、5%作为村集体经济收入、5%作为致富专项资金)。

(三)实体带动模式

由村集体领办实体企业,实现农村集体经济收入的增长。开江县靖安乡荷叶坝村筹建了开江县古荷农业发展有限公司,成立了开江县富民养殖专业合作社,

---

[①] 产业来"强根"——宜城市刘猴镇发展壮大农村集体经济工作纪实. https://www.hj.cn/content/2018-04/26/content_775511.html[2018-04-26].

发展规模 8 亩的养鸡场和 1300 余平方米的养鸭场各一个，年出栏鸡、鸭达 1 万余只；发展优质水稻种植 200 亩；养殖小龙虾和大闸蟹 80 余亩。利益分配按照 7 ∶ 3 的比例分配给村民和村委会再发展，发展多种特色集体经济；任市镇黄泥塝村牵头成立巾帼红香椿产业专业合作社，带领全村发展"巾帼红"香椿 1000 亩，采取"1+5"模式（即支部+合作社+困难户+基地+电商+集体经济），大力发展村集体经济，发展香椿产业。

（四）服务创收模式

由村集体成立服务性组织或公司为企业或群众提供产前、产中、产后服务，并收取一定服务费用发展集体经济。万源市庙坡乡大坪溪村成立万源市大河坝富硒蔬菜专业合作社，负责组织社员生产、产品包装和销售，与农业企业签订辣椒产业和马铃薯产业订单，公司按照订单总额的 5%向村集体支付服务费；开设淘宝网店，将本村及其他村农户生产的蜂蜜、干土豆片、土鸡蛋、腊肉等庭院经济农副产品统一包装后销售获得收入。大竹县庙坝镇寨峰村实行"专合组织+基层组织+农户"的二次返利经营模式，即合作社以优质水果苗木和技术入股，农户以土地和劳动力入股，村级组织以在产前、产中、产后提供协调服务入股的方式，实行合作社、村级组织、农户以 14 ∶ 6 ∶ 80 利润再分配机制。

（五）资本运作模式

由村集体利用存量资金采取合作、联营、入股等方式联合创办或投资参股经济实体，实行资金入股分红，实现资本保值增值，增加村集体资金经营收入。达州市大多数村利用产业扶持周转金来发展集体经济。例如，2016 年，渠县新市乡三拱村投入资金 41 万元到四川省硕源农业发展有限公司，每年固定分红 3.28 万元；用 59 万元购买果树，由公司统一生产、经营、管理、销售，第一年分红 3.5 万元，第二年分红 4.9 万元，第三年分红 6.3 万元，以后每年在 6.3 万元的基础上加利润的 10%分红；成立专门的集体经济管理组织指定专人进行生产经营监管[①]。

七、河南省淅川县农村集体经济调研

据《河南省农村经济社会发展报告》，截止到 2018 年底，河南省村集体收入为 134.3 亿元，其中，经营收入为 51.2 亿元，占村集体收入总数的 38%。比如，新乡县七里营镇刘庄村 2018 年村集体经营性收入达到 8.5 亿元，村集体资产达到 14.3 亿元，人均从村集体获得分红 2.4 万元，人均收入达到 3.7 万元。但村集体资产整体依然较弱，且存在严重的发展不均衡现象。2018 年，全省有 3.6 万个行政

---

① 达州市探索出"五大模式"发展村级集体经济．https://www.163.com/dy/article/EAKKL3VA0514B1BP.html[2019-03-19].

村没有村集体经营性收入，占全省行政村总数的 78.2%；在有村集体经营收入的行政村中，收入在 5 万元以下（含 5 万元）的有 6058 个，占全省行政村总数 13.2%；收入在 5 万～50 万元的（含 50 万元）的行政村有 3342 个，占全省行政村总数的 7.3%；收入在 50 万元以上的行政村有 573 个，占全省行政村总数的 1.3%；其中，亿元以上的行政村有 3 个，分别是临颍县城关街道南街村、新乡县七里营镇刘庄村、临颍县新城街道邢庄村。2018 年，全省农村居民人均可支配收入达 13 830.74 元，与 2016 年相比，增长了 18.2%。截止到 2018 年底，全省行政村有 8.5 万个农民专业合作社、119.4 万户社员，有 9.2 万户专业大户、2.9 万个家庭农场；规模经营的耕地面积达 1295.6 万亩，占耕地面积总数的 12.6%。农村新型经营主体进一步壮大，促进了小农户和现代农业发展有机衔接，完善利益联结机制，让农户更多分享产业发展增值收益。截止到 2018 年，河南农村"三留守"人员从数量上看，共有 599.2 万人，其中，留守儿童 162.6 万人，留守老人 191.9 万人，留守妇女 244.7 万人；平均每个村 35.7 个留守儿童，42.0 个留守老人，53.6 个留守妇女。从覆盖面来看，3.5 万个村有留守儿童，3.4 万个村有留守老人，3.4 万个村有留守妇女，分别占村总数的 76.5%、74.7%、75.1%。从地域分布上来看，南阳市、信阳市、驻马店市最多，留守儿童达 54.4 万人，留守老人达 66.8 万人，留守妇女达 75.2 万人。随着大量青壮年劳动力涌入城市，无法高效从事农业生产的老人和儿童承担不了较重的农业生产活动，因而导致部分村庄土地经营情况不佳，村庄经济发展缓慢。另外，由于村中缺乏有效生产力，发展美丽乡村也力不从心。

淅川县地处豫鄂陕三省七县市接合部，是南水北调中线工程核心水源区和渠首所在地、全国移民大县、西部大开发政策延伸县、河南省首批扩权县。全县总面积 2820 平方千米，2018 年，辖 17 个乡镇（街道）、499 个村（社区）、67 万人。淅川县历史悠久，文化灿烂。春秋时为楚始都丹阳所在地、楚文化发祥地，境内已出土文物 8 万多件，其中，一级文物 54 件，荆紫关明清古建筑群、千年古刹香严寺为国家重点文物保护单位，曾孕育了商圣范蠡、史学家范晔、唯物主义思想家范缜等一批有重要影响的历史人物。境内有河流 467 条，矿藏 42 种，虎睛石、松香黄大理石、钒土等储量丰富。淅川县是南水北调中线工程核心水源区和渠首所在地。南水北调中线工程水源地——丹江水库位于丹江、汉江交汇处，跨豫、鄂两省，其最开阔处在淅川县境内，形成长 30 多千米、宽 20 多千米的水面，被誉为"小太平洋"。淅川县有 2616 平方千米在水源区，占全县总面积的 92.8%。丹江水库库容为 290.5 亿立方米，其中，淅川县境内 137.7 亿立方米，占总库容的 47%。南水北调中线工程引水总干渠渠首位于淅川县九重镇陶岔村，干渠全长 1432 千米，其中，淅川县境内长 14.4 千米。淅川县是全国移民大县。移民搬迁从 1958 年修建丹江口水库开始，至 1978 年基本结束，历时 20 年，先后动迁 20.2 万人。水清民富县强的淅川县，以水质保护、绿色发展为主线，以创建国家生态文明示范区为载体，强力实施"生态立县、旅游兴县、工业强县、创新活县"四大战略，突出抓好生态产业、旅游开发、工业经济、城乡建设等重点，全面加快经济社会转型，推动淅川县经济健康快速发展。2018年全县一般公共预算收入完成92 381.0万元，增长8.3%。

淅川县利用生态资源优势，不断创新模式，大力发展林果产业、林下经济和森林旅游等，2017年，有122个自然村贫困村发展核桃、软籽石榴等5.2万亩，培育香菇专业村58个，依托森林旅游解决了8000多人就业。按照"一县一业"的思路，淅川县制定优惠政策，重点扶持软籽石榴产业发展，形成了林果专业合作社、家庭林场、"公司+基地+农户"和庭院经济等模式；先后引进河南仁和康源农业发展有限公司、河南豫淅红生态农业有限公司等企业，分别在九重镇张河村、老城镇杨山村发展软籽石榴近万亩，当地800多名农民因此变成产业工人，年人均收入增加5000多元。淅川县寺湾镇依托林业专业合作社发展2000亩薄壳核桃，辐射带动大花山、杜家窑两个自然村，群众出地入股，合作社统一管护，林业局免费提供技术服务，合作社和群众实行效益分成，预计进入盛果期后，每户可年均增收1.5万元以上。毛堂乡老坟岗村依托淅川县森雨香菇农民专业合作社，按照"公司+农户+基地"模式，发展袋料香菇200万袋，预计可实现产值2000万元。淅川县还利用森林资源优势，先后引商开发了泓森植物园、药圣苑、雄升生态园等，发展森林旅游、乡村休闲游。森林旅游产业累计接待游客520余万人次，实现综合经济效益24.6亿元，为库区周边村民开辟了增收致富路。在大华山村采用"支部+合作社+农户"的模式，除了连片种植核桃3000余亩外，还在赵河、黄楝树、高湾、杜家河等10个村发展优质薄壳核桃7000余亩，采用"核桃+中药材、农产品"立体套种模式，在核桃树间隙里，种植黄姜、花生、湖桑等经济作物，有效提高了土地亩产值。积极采取立体套种模式，发展袋料香菇40万袋，全方位拓宽增收渠道，对农村经济发展产生了积极的推动作用。

八、甘肃省秦巴片区农村集体经济调研

2018年，甘肃省共有16 115个村纳入统计，累计总收入为5148.25万元，农村居民人均收入为1.44万元，主要收入来源是投资收益、集体资产资源出租收入、企业捐赠和利息收入等其他收入。其中，有8790个村有集体经济经营收益，占村总数量的54.55%，有7325个无集体经济经营收益的村，占村总数量的45.45%。在有集体经济经营收益的8790个村中，以收益在5万元以下的村为主，占有集体经济经营收益村总数量的76.47%；其次为收益5万~10万元的村，占有集体经济经营收益村总数量的13.69%；收益在10万~50万元的村只占有集体经济经营收益村总数量的8.60%；收益在50万~100万元的村和100万元以上的村占比均不到1.00%。2017年全省农村平均获得政府补助收入8.31万元，扣除管理费用（含

干部报酬和报刊费），村均补助收益为2.58万元；其他支出大于收入，村均其他收益为–0.87万元。因此，无经营收益村的集体经济组织平均收入为村均补助收益和村均其他收益之和，即1.71万元。有经营收益村的平均经营收益（含经营收入、发包及上交收入和投资收入，扣除经营支出）为3.40万元，有经营收益村的村均收益为村均补助收益、村均其他收益和村均经营收益三项之和，即5.11万元。2017年末，甘肃省平均每村拥有集体资产104.45万元，集体债权83.05万元，集体负债21.40万元。按村集体的户籍人口平均计算，人均拥有的集体资产为1195.86元，集体债权为950.81元，集体负债为245.05元。2017年，甘肃省村均集体经济收入3.56万元，人均集体收入为40.80元。

陇南市辖1个市辖区（武都区）、8个县（康县、文县、成县、徽县、两当县、西和县、礼县、宕昌县），全市辖4个街道办事处、140个镇、55个乡（含4个民族乡）、3167个行政村、113个社区；常住人口为264.31万人，其中，农村人口172.28万人。陇南市收益在5万元以下的村有2534个，占比均在80%以下，并且收益在50万～100万元和100万元以上都有分布；陇南市村均收益在1.24万～1.96万元。

（一）陇南市成县店村镇黑山村村集体经济调研

甘肃省成县位于甘肃省南部、陇南市东北部，地处西秦岭余脉，地势呈西北高、东南低，海拔在750～2377米，属暖温带半湿润气候，四季分明，冷暖适度，被誉为"陇右小江南""陇右粮仓"，是"中国核桃之乡""中国最佳旅居度假名县""中国最美生态宜居旅游名县"。2019年4月，成县正式退出贫困县。粮食作物主要为冬小麦、玉米、大豆、薯类、荞麦等；经济作物以冬油菜、大蒜和多种四季蔬菜为主；经济林果主要有核桃、柿子、樱桃、板栗等，有天麻、茯苓、杜仲等名贵药材及千余种药用植物。成县辖14镇3乡，15个居民委员会，245个村委会，总人口为25万，其中，农村人口为13万，占全县总人口的52%。

黑山村隶属成县店村镇，距离县城17千米，有5个自然村。全村131户445人，常住人口不足100人。全村耕地面积为1478亩，其中，粮油种植面积为1050亩；林套间种核桃种植面积为750亩，花椒种植面积为260亩；林地种植面积为5200亩，林下药材30种，苦参种植面积为120亩，艾蒿和菌类种植面积为30亩。养殖土鸡9446只，养蜂630箱、猪760头和牛82头。全村有6个合作社和2个家庭农场。2018年，200公斤左右的生猪的单价3600～3800元，对养猪户收入贡献很大。

2018年黑山村村集体经济收入约为20万元，其中，公用林地收入为5000元，办公经费收入为3万元（报账制），2017年转入收入约为16万元，主要是退耕还林和林地补助。全村实现了"三通"（通水泥路、通电和通自来水）。目前，全村没有明确的主体产业,没有劳动力(青壮年劳动力大多外出打工),似乎没有产业发展条件或环境。村上没有幼儿园和小学,小孩上学需要到10千米以外的店村镇,需要家长陪读,一般都是母亲,因此,村里大多留守人口为女性。

(二)康县大水沟村

以前的大水沟村是贫困中的特困,在5个社176户701人中。贫困户就多达137户547人,分别占到了总户数的77.9%和总人口的78.0%。在2012年,不论从哪个方面,都是全县最差的村庄。截止到2017年,大水沟就累计接待游客3万多人次,实现旅游综合收入360多万元。农民人均可支配收入从2011年的2123元增加到2016年的8300元,净增6177元,建档立卡贫困户从2013年的31户110人减少到2018年的10户34人。通过调研,我们看到了大水沟村在乡村振兴上的卓越成绩。康县委员会、康县人民政府为落实乡村振兴战略,有序推进"产业兴旺、生态宜居、乡风文明、治理有效、生活富裕"的总要求。通过发展旅游产业,特色经济帮助农户致富,成功探索出一条帮助当地农户致富的道路,积累了一系列的经验。

找准"路子"是核心。康县委员会、康县人民政府结合本地优良的自然、生态、文化等资源,大力优先发展旅游行业,科学、系统、整体地规划,打造了康县三百里生态旅游风情线,实施了乡村旅游工程。大水沟村是其中的典型代表,创新"支部+双联单位+公司+农户+困难户"的模式,助力乡村振兴。

(1)村容村貌是关键。美丽乡村建设不仅是居民的生活需要,也是发展旅游产业的核心问题;只有建成美丽乡村,旅游产业才具有持续的生命力。美丽乡村建设是要给乡亲造福,不要把钱花在不必要的事情上。比如,不能"涂脂抹粉",房子外面刷层白灰,一白遮百丑;不能大拆大建,要在原有村落格局,进行民居改造,着力实现"一村一格局,一村一韵调"。在村庄建设的过程中,大水沟村坚持不砍树、不埋泉、不毁草、不挪石的原则,充分发挥广大群众的智慧变废为宝,用废旧的瓦片、河道的石头和枯干的树枝、竹片等材料进行精细打造,既解决了建筑垃圾无处堆放的问题,又保护了村庄的原生态风貌。积极完善道路、网络、水利、卫生等基础设施建设。大水沟村的基础建设是建立在统一科学的规划的基础上,相互促进,相互优化。尤其是道路建设,未进大水沟村时,就可以看见道路两边种植的金竹、马兰花等植物,一路伴随绿水青山,极大地提高了大水沟村的旅游价值。

(2)文化建设是动力。文化自信是一个国家、一个民族发展中更基本、更深沉、更持久的力量。大水沟村位于甘肃省东南部,是甘、川、陕鸡鸣三省的交界地带。秦陇文化、巴蜀文化和氐羌文化在这片区域相互碰撞、交汇、融合,茶马古道正是将这三种文化贯穿在一起的纽带。为长久保留乡村记忆,寄托乡愁,大水沟村以乡村舞台建设为契机，高标准建起了文化小广场 5 处，精心复制和还原了农耕文化、传统文化实物，收集村庄大事、旧时器物，寻访家训家规，修建村史馆 1 处。为弘扬农村传统文化，成立了羊皮扇鼓舞、棒棒鞭、唢呐演奏三支群众演出队，不断满足群众求知求富求乐的需求，也为乡村旅游增添新动力。

（3）资金帮扶是基础。充分发挥政府投入的主体和主导作用，加大涉农资金整合力度，重点在新增资金、新增项目、新增举措及惠民项目、财政转移支付、金融投入、资本市场、保险政策、建设用地等方面集中向困难地区倾斜。

对大水沟村的发展有以下几点建议：①打造乡村旅游知名品牌。加大大水沟村乃至康县的对外宣传，除利用传统媒体宣传外，更需要借助国内外各种大型网站、论坛、博客等平台，将"中国最美村镇"名片推向全国。同时，借助网络媒体如"抖音""快手"等，让游客自发加入宣传队伍。②打造旅游生态圈。在现有的农家乐、民俗文化、美丽乡村的旅游基础上，继续加大旅游资源开发，深挖当地文化特色、生态特色，开发新的旅游亮点，如本地的茶马古道文化特色。将短期旅游升级为长期旅游，打造成为有特色的度假小镇。将季节旅游发展成为常态旅游，打造一年四季不同的旅游特色。③加大人才引进及培养。选拔大学生担任农村文书助理，优化村干部队伍结构。创新开展"五老"进中心，协助镇村宣传国家政策、传播正能量。增加村民致富技能、生活技能培训，如茶艺、厨艺等，拓宽居民致富道路。④增强配套设施。在原有村落格调基础上，继续完善基础设施建设，如停车场、民宿。

（三）定西市通渭县农村集体经济调研

通渭县地处黄土高原丘陵沟壑区，有耕地面积 225.36 万亩（土地确权实测面积），海拔 1410～2521 米，年均气温 7.50℃，年降水量 380.00 毫米左右。总面积为 2908.50 平方千米，人口为 43.89 万人。通渭县 2011 年被国家列入六盘山区集中连片特困地区，2017 年被列为全省 23 个深度贫困县之一。通渭县历史悠久，文化灿烂，自汉元鼎三年（公元前 114 年）置县，已有 2100 余年历史。境内发现的古遗址和彩陶，属"马家窑""齐家"文化。通渭县是"中国书画艺术之乡""中国民间文化艺术之乡""中国书法之乡""中华诗词之乡""全国体育先进县""全国粮食生产先进县"，榜罗镇会议革命遗址列入"全国 100 个红色旅游经典景区"和"第七批全国重点文物保护单位"。全县经济坚持五大新发展理念，大力实施生态固本、产业优化、城乡一体、服务均衡、文旅名县"五大战略"，着力培育草畜、新能源、玉米"三大主导产业"和马铃薯、中药材、小杂粮、果蔬、劳务、文化旅游"六大特色产业"，走出了"修梯田—调结构—搞养殖—建沼气—肥还田—再种植"的旱作循环农业路子，2013 年 12 月被国家发展和改革委员会确定为全国循环经济示范县创建地区，积极创建全国现代旱作循环农业示范、新能源精准扶贫示范、"书画+"农耕文化休闲旅游"三大基地",持续推进民生、法治、人才、党建"四大工程",不断增加城乡居民收入,为实现全面建成小康社会目标而努力奋斗。2018年,通渭县城镇居民人均可支配收入21 266元,较上年增长8%;农村居民人均可支配收入6197元,较上年增长8.8%。

定西市通渭县坚持因村制宜、分类指导,着力推进农村"三变"改革,积极探索农村集体经济发展模式、运行机制和管理体制,不断增强农村集体经济发展内生动力,多层次、多渠道、多形式促进农村集体经济持续健康发展。

利用省委员会组织部划拨的390万元省管党费补助资金,作为发展村集体经济的引导资金,配套县级涉农整合资金和银行贷款1748.08万元,用于13个空壳村的村级光伏电站项目建设,项目建成后产权全部移交项目村村委会。项目收益按投资额进行量化,其中,党费投资部分收益全部作为村集体经济收入,县级涉农整合资金收益除用于偿还银行贷款本息、支付运维费用、扶持建档立卡无劳动能力的困难户外,其余部分作为村集体经济收入。通过补助资金撬动,放大资金使用效应,2018年,实现年净收益179.80万元,投资回报率8.46%,每村每年平均可实现集体经济收益13.80万元。

建设村级电站,发展光伏能源型经济。整合光伏项目资金与银行贷款融资,2017年底,以1∶1的出资比例,在全县18个乡镇通过"村委会+经济组织+农户"和县内"飞地"联村共建方式,建设村级光伏电站151个,总装机容量8万千瓦,实现全县155个贫困村和43个非贫困村中的特困村村级光伏电站全覆盖,村级光伏电站资产和收益及用地收益均归村集体所有,对采用农光互补等模式建设的,其大棚、土地种植可以由村委会返租给困难户、光伏农业经营者、专业合作社进行经营管理,产生的租赁收益形成村集体经济,每村每年实现集体收益10万元以上。2018年,全县已建成并网村级电站47个,装机容量9275千瓦,滚动带动困难户1855户,累计实现发电量414万度,实现村级集体收益364万元。

支部示范引领,发展"公司化运作"经济。积极学习借鉴"三变"改革产业发展公司化运作的模式,县上成立了农业发展有限责任公司,乡镇成立分公司,采取"整体工作党委政府推动、产业发展公司化运作、组织生产专业合作社实施、村集体和困难群众入社入股分红"的运作模式,在县农业发展公司和乡镇分公司全部成立党组织,由党组织创办领办专业合作社,在合作社建立党支部或党小组,按照"支部引领新型经营主体、新型经营主体引领'三变'改革的思路,实行标准化生产、规范化经营,产品统一收购、统一销售,形成"党组织+企业+合作社+困难户"的产业发展平台和组织体系,构建县、乡、村三级产业发展服务平台,实现每个空壳村均有稳定可持续的集体经济收入来源。

盘活资源要素,发展产业带动型经济。坚持因地制宜、分类推进农村"三变"改革,按照"三变"+养殖、中药材、设施蔬菜、小杂粮、乡村旅游五种模式,通过村集体资源、资产、资金、技术入股及联合等方式，实施村集体经济发展项目，有效发展壮大农村集体经济。县财政投入 9850 万元，分年度实施项目，其中，2018 年 4800 万元、2019 年 3650 万元、2020 年 1400 万元，按照每村 50 万元的标准，采取贴息、奖励、补助等方式给予扶持，村集体每年按照项目股本 8%～10%的比例进行分红，每年可实现集体收益 4 万～5 万元。

坚持以地生财，发展土地营运型经济。将土地作为村集体重要资源，在不改变原有土地用途的前提下，以集体土地入股或外租的形式，从参股企业获取分红收益，鸡川镇牛坡村、常河镇常河村对村集体土地进行出租，年实现集体收益分别为 0.96 万元、0.70 万元。积极实施土地开发整理、小流域综合治理、村庄综合整治等项目，把农户分散撂荒的土地通过土地流转集中起来，建成高效农田后统一出租经营，或作价入股到其他经济实体中参与分红。陇阳镇周店村将村集体塑料大棚返租给企业，年实现集体收益 5.1 万元。把因实施重大项目、城市拆迁等征收征用的土地补偿金作为村集体经济的资金来源，积极兴办实体经济或兴建铺面、库房等经营性资产，实现滚动发展。平襄镇城关村对城区铺面进行出租，年实现集体收益 30 万元以上。

第四章

秦巴山脉区域"三农"经济综合评价

基于秦巴片区"三农"经济的分析资料，把"三农"经济看作一个整体系统，采用欧氏距离（Euclidean distance）法评价秦巴片区"三农"经济状况。但是"三农"经济涉及的指标较多，范围较广，不易被直接判断。找到可以把复杂的因素简单化的评价方法非常关键，欧氏距离法在评价农业可持续发展等许多研究中应用广泛，并且评价结果符合实际情况，本章研究在其基础上进行改进，构建了"三农"经济评价方法，可以直观地表现秦巴片区"三农"经济发展水平。同时，揭示秦巴片区"三农"经济发展的状况及其发展的可持续性，以及对秦巴山脉区域不同尺度（省、市、县）下的"三农"经济进行排序，以期为秦巴山脉区域农业经济绿色发展提供科学依据。

第一节　综合评价方法构建

一、评价模型构建

对某一系统优劣判断评判，一般都会自觉或不自觉地参照既定的目标，这些目标可以通过表征系统的一系列指标来反映。随着人类认知水平的提高，可以得到这些指标的合理的或公认的取值。例如，依照十六大报告"在优化结构和提高效益的基础上，国内生产总值到二〇二〇年力争比二〇〇〇年翻两番，综合国力和国际竞争力明显增强"[1]测算，到 2020 年我国全面建成小康的基本标准为人均国内生产总值超过 3000 美元，达到当时中等收入国家的平均水平，该指标可以作为判断秦巴片区人均纯收入指标理论推荐值，或者说是目标值。

基于这样的认知，把由这样一组指标构成的系统称为目标系统（goal system），

---

[1] 全面建设小康社会，开创中国特色社会主义事业新局面——在中国共产党第十六次全国代表大会上的报告，https://www.safea.gov.cn/zxgz/jgdj/xxyd/zlzx/200905/t20090518_69741.html[2006-12-22].

目标系统是秦巴片区"三农"经济的最理想的状态。目标系统的状态可以用函数表示为

$$G = F(X_1, X_2, \cdots, X_m)$$

其中，G 表示目标系统；F 表示目标系统状态；$X_1, X_2, \cdots, X_m$ 表示组成目标系统的指标状态值。"三农"经济系统的一般状态函数表示为

$$\forall S = \int_i (X_1, X_2, \cdots, X_m)$$

目标系统如同参照系，是判断一个系统是否处于最佳状态及这种状态的水平的依据，与目标系统的差异实际上就是距离，这个距离可以用于衡量系统的发展状态。这个距离用 D 表示为

$$D = |f_i - F|$$

其中，D 表示系统与目标系统的距离；f_i 表示任一系统；F 表示目标系统状态。与此同时，产生的新问题是这个距离只有相对大小，对于某一个系统在某个时段的评价，只能够反映距离大小的变化过程，一方面对当前"三农"经济发展程度的反映不明确，另一方面不同系统之间的相互比较也很困难。为此，引入最差状态系统，它是目标系统的对立面，是所有指标表现最差的状态，是最差系统，在此将其命名为零系统（zero system）。这样，被考察的系统的所有状态就落在了零系统与目标系统之间，在其位置被固定的情况下，这有利于更清楚地对系统进行定量描述。零系统用状态函数表示为

$$Z = \int_0 (X_1, X_2, \cdots, X_m)$$

零系统与目标系统就像一个线段的两个端点，如同一把尺子，度量系统可持续发展状态。一般情况下，零系统中的指标均取 0 值。

二、评价数学模型构建

引入欧氏距离概念作为"三农"经济评价的核心理论。

$$d_{IG} = \sqrt{\sum_{i,k=1}^{m,n} \left(\frac{X_{ik} - X_{Gk}}{S_k} \right)^2}$$

其中，d_{IG} 表示 I 系统与目标系统的加权欧氏距离；X_{ik} 表示被评价系统的第 k 个评价指标（数学概念上的第 K 维变量）值（标准化后的值）；X_{Gk} 表示目标系统的第 k 个评价指标值（标准化后的值）；S_k 表示第 k 个指标值的标准差。方差的倒数实际上是指标权重，因此，这个公式可以看成是一种加权欧氏距离（weighted Euclidean distance）。

标准欧氏距离由于数据各维数值的量纲不同，需要将各维数据标准化。标准

化数据的公式如下：

$$x_{ik} = \frac{x-m}{s}$$

其中，x 表示原始值；m 表示均值；s 表示标准差。标准化后的数据变量的数学期望为 0，方差为 1。

由于上述模型的计算结果只表现距离相对大小，对于到底大到多少、小到多少都不明确，数据本身代表的含义很难理解。为此，引入最远距离，并将之作分母。另外，由于欧氏距离越小表示越接近目标系统，与目标系统的相似度越大，为此，引入"三农"经济发展水平的概念，函数关系式如下：

$$SN = 1-(d_{IG}/d_{ZG})$$

其中，SN 表示"三农"经济发展水平；d_{IG} 表示点（系统状态 I）与目标系统 G 的距离；d_{ZG} 表示零系统 Z 与目标系统 G 的距离（最大距离）。这样的结果不但赋予函数计算结果最大值为 1、最小值 0，所有计算值都落在[0,1]之间，而且赋予了函数值越大，与目标系统越接近越相似，表明系统发展的水平越高，与通常的认识习惯一致化了，实现了统计学意义与实际应用的最佳对接。另外，这个函数关系式还可以衡量任意两个系统之间的差距，如 d_{12} 表示系统 1 和系统 2 的差距，d_{37} 表示系统 3 与系统 7 的差距。评价系统的各个指标与零系统、目标系统一起参与数据标准化，如同引入参照系与目标值，把指标数值用坐标点方式固定在多维空间，也便于不同点或不同年份之间的相互比较。

SN 值分为 3 个层次，其值与对应的含义如表 4-1 所示。

表 4-1　SN 区间及其含义

SN 值	含义
0～0.59	低发展水平
0.60～0.79	中发展水平
0.80～1.00	高发展水平

第二节　评价指标体系构建与目标系统指标参考值

基于前期评价指标框架案例研究，以及根据实际情况，在第一章和第二章中所涉及的指标中进行筛选，为了更加客观公正地评价各地区"三农"经济发展水平，我们剔除掉了一些影响较小但地区差异较大的指标，同时，剔除掉了一些具有重复性指示作用的指标，最终确定评价指标为 11 个，见表 4-2。目标推荐值根据国家尺度指标值的 130%来确定，因为按照目前经济增速来推算，将五年后的情况作为目标系统是比较合理的状态。零系统是国家尺度指标值的 40%，如果未达到，则认为该指标发展水平较低，处于不理想状态。实际上，我们可能会遇到某一地区某一指标值高于国家尺度指标值的 130%，或低于国家尺度指标值的 40%，则把该值换成目标系统值或者零系统值，即其达到最佳或最差状态。

表 4-2 "三农"经济发展水平评价指标框架及目标系统指标参考值

"三农"经济	具体指标	目标推荐值/（元/人）
农业经济	人均地区生产总值	69 961.55
	人均第一产业产值	5 986.21
	人均农业产值	5 574.14
	人均牧业产值	2 980.68
农民经济	农村居民人均收入	16 741.06
	农村居民人均工资性收入	6 660.60
	农村居民人均经营性收入	6 293.33
	农村居民人均消费	13 169.00
	农村居民人均食品类消费	4 245.80
农村经济	私营企业就业人员平均工资	55 682.90
	从事第一产业职工平均工资	43 695.60

第三节 评价结果

一、省域尺度

基于欧氏距离的"三农"经济发展水平评价方法结果表明，除四川省和甘肃省外，其他省市均达到了中发展水平，尤其是重庆市的 SN 值最高（图4-1）。在原始数据中，我们发现重庆市的农村居民人均食品类消费、私营企业就业人员平均工资和从事第一产业职工平均工资三项为其 SN 值提供了较大正贡献，因此，重庆市的"三农"经济发展水平处于中级偏高水平，有一定的提升空间。而甘肃省除人均农业产值、人均第一产业产值、私营企业就业人员平均工资和从事第一产业职工平均工资外，其他指标与目标值比例均在 0.60 以下，尤其是农村居民人均工资性收入、人均牧业产值和人均地区生产总值对 SN 值的负贡献较大，这也是导致其 SN 值极低的原因。事实上，除甘肃省有上述对 SN 值存在较大负贡献的指标外，其他省市基本不存在这类问题。虽然其他省市不存在有严重影响 SN 值的指标（即该指标与目标值比例低于 0.40），但是依然有很多指标均处于 0.60 左右，这也是其他省市 SN 值未达到高发展水平的原因。

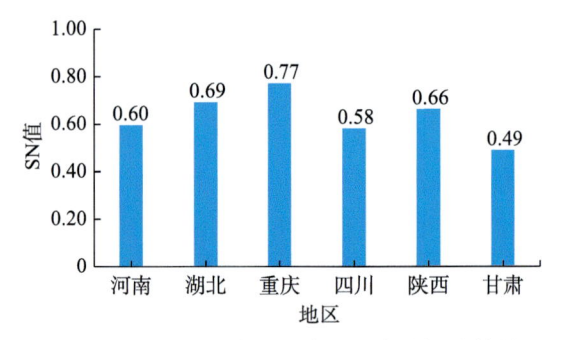

图 4-1　省级"三农"经济发展水平评价结果

二、省级秦巴片区尺度

基于欧氏距离的"三农"经济发展水平评价方法结果表明，仅湖北秦巴片区达到了中发展水平，其他省市秦巴片区均为低发展水平，尤其是甘肃秦巴片区，其 SN 值仅为 0.43。事实上，除重庆秦巴片区外，其他省市与其秦巴片区之间存在比例关系，经分析可知，二者关系式为 $y = 1.13x–0.14$（$R^2 = 0.89$）。而重庆秦巴片区的 SN 值明显低于重庆市，其主要原因是重庆市提供较大正贡献的指标在其秦巴片区中的优势不明显。即和省级 SN 值作对比，除重庆秦巴片区外，其他秦巴片区基本与省级情况一致。综合来说，秦巴片区整体 SN 值均较低，这说明秦巴片区的"三农"经济发展有着很大的空间，而且需要全面协调可持续发展，需要根据评价结果逐一找到解决问题的方式（图 4-2）。

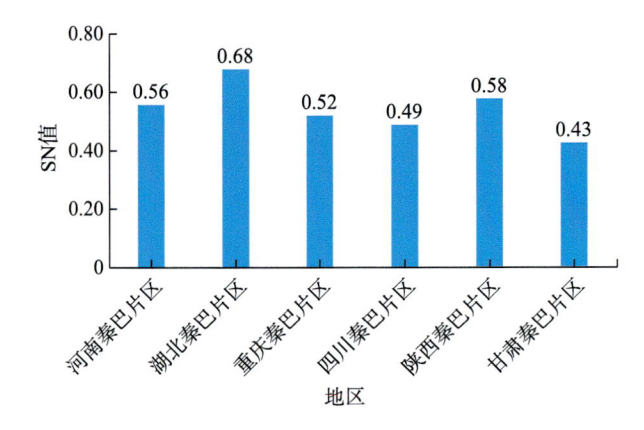

图 4-2　省级秦巴片区"三农"经济发展水平比较

三、地级市秦巴片区尺度

基于欧氏距离的"三农"经济发展水平评价方法结果表明，仅三门峡秦巴片区、襄阳秦巴片区、西安秦巴片区和宝鸡秦巴片区达到了中发展水平，其他地级市秦巴片区均未达到中发展水平；而 SN 值小于 0.50 的有 7 个地级市秦巴片区；而 SN 值处于 0.50～0.60 的有 9 个地级市秦巴片区。由图 4-3 分析可知，陕西秦巴片区 SN 值差异较大，有明显的地域不平衡现象；而甘肃秦巴片区的 SN 值均较低，但各地差异较小。由原始数据可以看出，各地 SN 值高低主要原因并不相同，应根据实际情况因地分析，但整体来说，各地级市秦巴片区的各指标均不高，极少有某一指标和目标值的比值可以达到 0.80 以上。为了更好地分析，下文将对各秦巴片区所在的地级市进行分析。

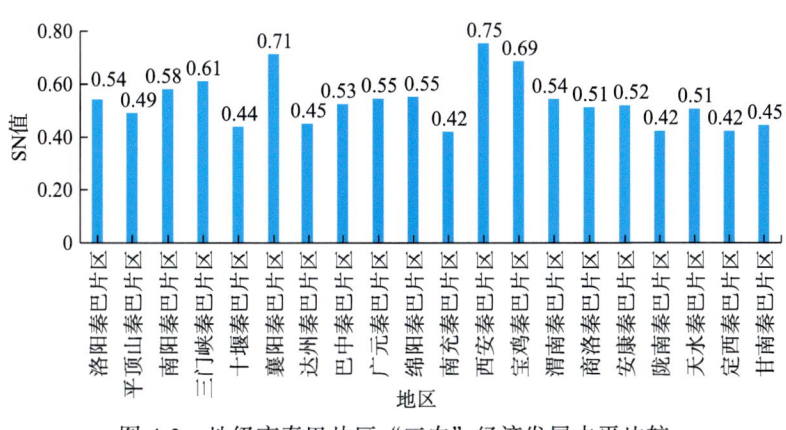

图 4-3 地级市秦巴片区"三农"经济发展水平比较

四、地级市尺度

基于欧氏距离的"三农"经济发展水平评价方法结果表明，仅洛阳市、三门峡市、襄阳市、绵阳市、西安市和宝鸡市达到了中发展水平或高发展水平，其他地级市均未达到中发展水平；而 SN 值小于 0.50 的有 4 个地级市，其中，3 个地级市在甘肃省；而 SN 值处于 0.50～0.60 的仅有 10 个地级市。由图 4-4 可知，陕西省各地级市平均 SN 值差异最大，有明显的地域不平衡现象。而甘肃省各地级市的 SN 值差异最小。通过对秦巴片区地级市的 SN 值作相关性分析，结果表明，相关系数达到 0.80（$P < 0.01$）。这说明秦巴片区的"三农"经济发展与其所在地级市有着密切的联系，也就是说地级市的发展可以带动其秦巴片区的"三农"经济发展。但从结果上来看，通常地级市数据比其秦巴片区的 SN 值要高，这说明秦巴片区的发展速度和基础不如该地级市整体水平，未来秦巴片区的发展规划，应注重协调发展。不过，依然有 5 个地级市（南阳市、巴中市、广元市、天水市和甘南藏族自治州）的 SN 值低于其秦巴片区，但是差异非常小，且这些地级市的 SN 值本身就较低（均未达到中发展水平），不能充分说明这些地级市"三农"经济发展远不如其秦巴片区的发展。

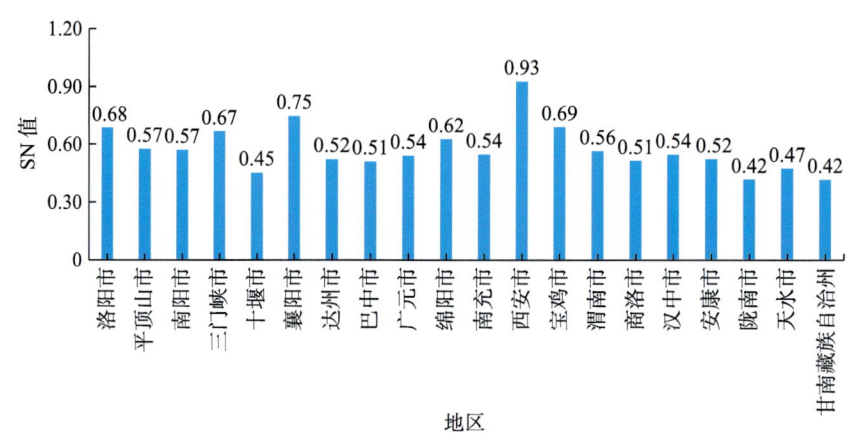

图 4-4 地级市"三农"经济发展水平比较

五、县级尺度

从县级尺度的 SN 值可以发现,"三农"经济发展水平达到中发展水平的县区非常少,仅有 21 个;而达到高发展水平的县区仅有 2 个,这些达到中高发展水平的县区普遍分布在秦巴片区周边的区域。大部分县区 SN 值处于 0.40～0.60;而 SN 值低于 0.40 的县区只有 6 个。秦巴片区"三农"经济发展潜力依然很大,需要协调有效的发展。另外,我们也看出南部秦巴片区和东部秦巴片区有些区域发展存在明显的不协调现象,这说明地域经济发展水平差异较大;西部秦巴片区 SN 值普遍较低,差异性较小。大城市周围县级秦巴片区 SN 值较高,具有带动"三农"经济发展的优势;相反地,而缺乏大城市的县级秦巴片区 SN 值普遍较低(图 4-5)。

基于欧氏距离的"三农"经济评价方法可以直观地看出各地区"三农"经济发展水平,便于理解;且本评价方法与其他评价方法相比,最大的优势在于其避免了指标权重分配和专家打分主观因素的影响,降低了人为主观因素的影响。分析结果显示,在秦巴片区及在其所在的省市,SN 值普遍未到达中发展水平,这说明该地区的"三农"经济发展存在着较大的问题。如果根据评价指标一一分析,我们不难发现其中存在的问题。秦巴片区人均地区生产总值普遍未达到目标值的60%,或者是说普遍未到达全国平均水平。无论是在省市级、地市级、县级还是地市级的秦巴片区,人均地区生产总值不高是导致 SN 值较低的主要原因。因此,从这点来说,提升地区生产总值是发展"三农"经济的首要条件,地区生产总值的增长势必会影响其他指标的增长,势必会加快 SN 值的提升。人均第一产业产值、人均农业产值和人均牧业产值是秦巴片区"三农"经济发展的核心内容,秦巴片区是我国重要的农业发展区,第一产业产值直观表现了农业发展的状况,其中以农业和牧业最为主要。渔业和农村服务业虽然会影响"三农"经济发展,但

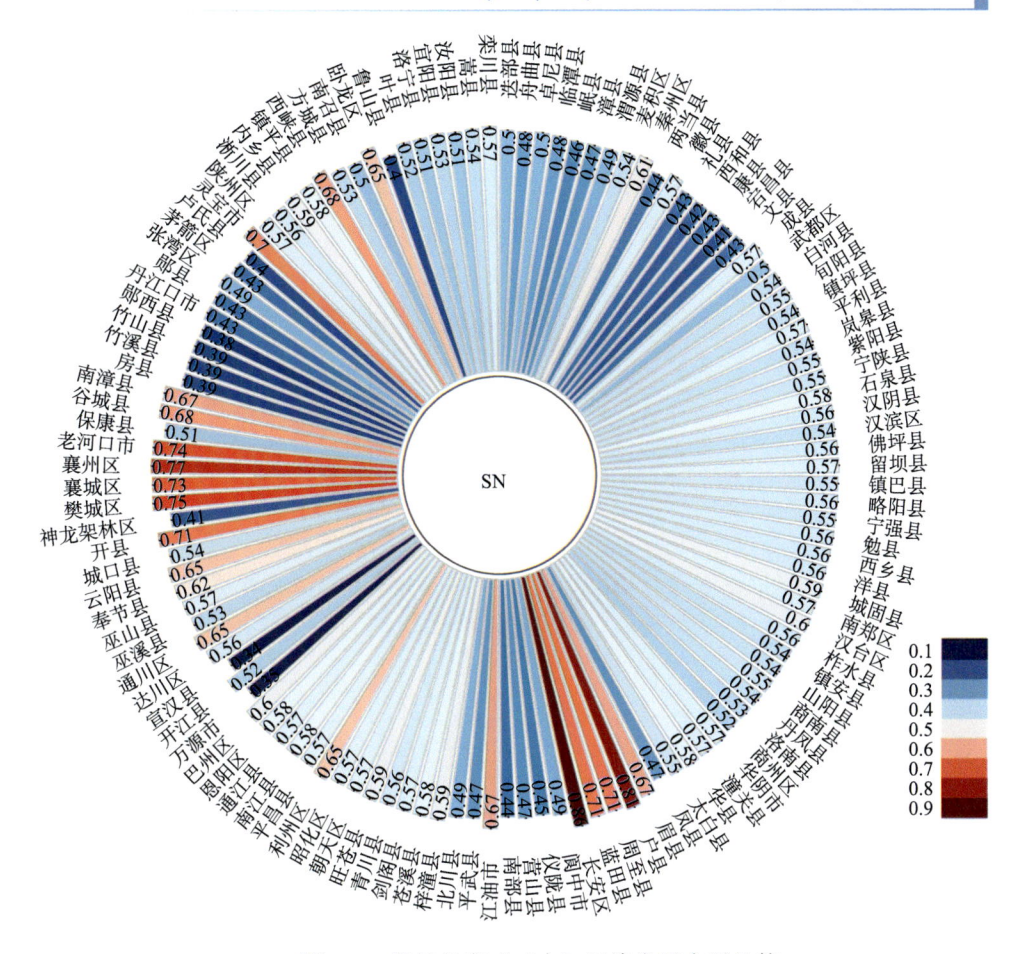

图 4-5 县级尺度"三农"经济发展水平比较

是两者所占比例并不高，且存在着地域差异性，因此，我们在"三农"经济发展评价中不去考虑二者。农业和牧业是第一产业重要的组成部分，但是除三门峡秦巴片区和襄阳秦巴片区外，其他地方并未表现出优势，即秦巴片区主要的农业经济表现一般。

在农民经济方面，我们发现 SN 值高低的关键来自农民经济。例如，甘肃省的 SN 值较低，其农民经济各指标与目标值比例均在 0.50 以下。人均纯收入是农民经济的核心指标，农民生活质量关键因素就是人均纯收入。而工资性收入和经营性收入是人均纯收入的重要组成部分，占比是远远大于转移性收入和财产性收入的。而农村消费指标则可以指示农村居民生活状况，食品类消费是农村居民生活最根本的内容，因此两个指标可以在一定程度上反映秦巴片区农村居民生活水平。在以往的研究中，有学者认为经营性收入是农村居民主要的收入来源，也是农村居民生活消费的最主要支撑。因此，首先，提高农村居民经营性收入是提升整体收入的关键所在。秦巴片区由于地区的区位和自然资源天然优势，经营项目应该以发展优势特色产业为主导，辅以农副产品加工和旅游观光休闲农业来培育农民经营性收入新的增长点。其次，农村居民工资性收入对其消费需求的拉动效应也非常明显，这说明工资性收入会对扩大中部地区农民的消费需求有很大促进作用。总之，提高农民收入是促进农民消费的重要保障，只有农民收入增长，才能扩大农村的消费需求。因此，构建农民增收长效机制，千方百计增加农民收入是秦巴片区当前及今后一段时期全面加快城乡一体化建设步伐，促进共同富裕的明智选择。

农村经济由于难以用直接指标体现，因此以私营企业就业人员平均工资和从事第一产业职工平均工资来间接体现。农村经济直接影响了农村整体生活质量、生活环境和生活成本等。通过在农村设立的工厂、合作社、公司和微型企业等，农村获得了大部分资金来源。私营企业就业人员工资和从事第一产业职工平均工资可以反映出农村企业的发展情况，进而间接体现农村经济发展情况。整体来说，秦巴片区农村经济有一定的发展空间，需要地方政府和企业共同努力，不断提升农村经济的发展。

第四节 主 要 结 论

本章的主要结论如下。第一，秦巴片区的 SN 值普遍低于其所在省市。第二，南部秦巴片区和东部秦巴片区有些区域发展存在明显的不协调现象，西部秦巴片区 SN 值普遍较低。第三，大城市周边地区 SN 值高于非大城市周边地区 SN 值。第四，农民经济是影响 SN 值的最主要因子。

第五章

秦巴山脉区域农业经济绿色发展战略

第一节　秦巴山脉区域农业经济绿色发展战略目标

一、指导思想

以习近平新时代中国特色社会主义思想为指导，全面贯彻落实党的二十大精神，以推进秦巴山脉区域农业供给侧结构性改革为主线，以空间布局优化、生产资源节约、生态环境友好、农业经济增长、农产品供应稳定为基本路径，以生态粮食双安全、绿色有机双供给、农民收入与农村经济双增长为基本任务，以制度创新、机制创新、政策创新、科技创新为基本动力，以"农民、农业、农村"主体、国内与国际市场主导、政府与群众依法监管为基本遵循，转变传统农业发展方式，优化主体产业发展布局，持续改善农业产地环境，保护利用自然与农业资源，提升秦巴山脉区域生态服务功能，把绿色发展的核心理念导向贯穿农业发展全过程，全力构建人与秦巴山脉自然和谐共生的农业发展新格局，推动形成绿色生产方式和生活方式，为打造全国一流秦巴绿色农产品品牌、全面贯彻秦巴山脉区域乡村振兴战略提供坚实支撑。

习近平在全国脱贫攻坚总结表彰大会上说，"贫困是人类社会的顽疾。反贫困始终是古今中外治国安邦的一件大事。一部中国史，就是一部中华民族同贫困作斗争的历史""经过全党全国各族人民共同努力，在迎来中国共产党成立一百周年的重要时刻，我国脱贫攻坚战取得了全面胜利，现行标准下9899万农村贫困人口全部脱贫，832个贫困县全部摘帽，12.8万个贫困村全部出列，区域性整体贫困得到解决，完成了消除绝对贫困的艰巨任务，创造了又一个彪炳史册的人间奇迹！这是中国人民的伟大光荣，是中国共产党的伟大光荣，是中华民族的伟大光荣！""在全面建设社会主义现代化国家新征程中，我们必须把促进全体人民共同富裕摆在更加重要的位置，脚踏实地、久久为功，向着这个目标更加积极有为地进行努力，促进人的全面发展和社会全面进步，让广大人民群众获得感、幸福感、安全感更加充实、更有保障、更可持续"[①]。

二、战略目标

基于秦巴山脉农业产业、农民经济和乡村振兴绿色发展需求，全面树立绿色发展导向与理念，创新"三农"绿色发展制度，构建"三农"绿色发展机制，引领"三农"绿色发展新模式和建立试验示范区；推动区域生产力与生产关系的协调发展，加快土地流转，促进农业产业规模化经营与三产融合发展，提升产业链效益；推广农业面源污染控制与环境友好型农业技术，助推肥药零增长及肥药双减措施的进一步落实，发展绿色农产品，创建一批具有秦巴地理标识的农产品商标，并形成几个具有显著竞争力的著名商标；推进秦巴山脉县（市）与乡镇的城市化建设进程，引导农村人口向城区流动，加快空心村、老人村综合整治，合理规划引导村村合并，建立中心村与新的人口聚居区，聚力乡村振兴和秦巴百姓特色文化繁荣；国家与地方政府加大资金和技术投资力度，加大政策优惠，鼓励企业主导与参与，促进传统经营模式转变与产业升级，打造以现代科技为核心引擎的发展模式，提速秦巴"三农"绿色发展步伐，创建环境优美、生态安全、产业高效和乡村繁荣的新秦巴；开展秦巴山脉区域生态环境综合治理与保护工程，确保主要流域与支流达到国家饮用水质标准，实现区域农业绿色循环、提质增效与生态环境安全双赢的局面，建立生态高地与生态名山，确保南水北调工程的水体质量，凸显并持续发挥秦巴山脉区域对周边地区及全国的生态服务功能，为打造秦巴山脉国家主体生态功能区和世界名山提供坚实支撑。

三、阶段目标

（一）第一阶段：2019~2022年

全面树立绿色发展导向与理念，树立水源区生态环境保护意识，创新"三农"绿色发展制度，构建"三农"绿色发展机制；大力开展绿色农业技术的宣传、推广和应用，引领"三农"绿色发展新模式和建立试验示范区；加快开展土地流转的试验示范，促进农业产业规模化经营与三产融合发展，提升产业链效益；深入开展农村乡村振兴工作，贯彻落实国家有关政策，有序推进新农村建设；提出秦巴山脉区域"三农"绿色发展道路与模式，初步实现秦巴山脉区域农业提质增效、农民经济增收和农村欣欣向荣的发展局面。

（二）第二阶段：2023~2030年

继续倡导绿色发展观念，进一步完善"三农"绿色发展制度，优化"三农"

[①] 习近平：在全国脱贫攻坚总结表彰大会上的讲话. http://www.xinhuanet.com/politics/leaders/2021-02/25/c_1127140240.htm[2021-02-25].

绿色发展机制；有序推进"三农"绿色发展模式深入推广，扩大试验示范面积与范围；加快土地流转进程，进一步优化农业生产要素，在典型区域基本形成秦巴山脉区域的"三农"绿色发展态势，三产融合初见成效，农业产业效益提升，特色农业比较优势显著增加，农民增收明显，农业提质增效显著，新农村多元化发展模式逐渐形成，秦巴山脉区域生态环境质量整体持续改善，水源区的生态功能优势进一步得到加强，秦巴山脉的生态高地和生态名山地位初步形成。

（三）第三阶段：2031～2040 年

秦巴山脉区域的绿色发展理念深入社会、经济和生态各个领域，确立具有秦巴山脉区域特色的"三农"绿色发展制度，形成适合秦巴山脉区域的"三农"绿色发展机制，秦巴山脉"三农"绿色发展模式得到深入推广；土地规模化经营基本形成，"三农"生产关系得到进一步优化，显著促进农业生产力的快速发展，三产融合发展模式颇具规模，农业产业化发展迅速，带动农民收入显著提高；秦巴山脉区域的新农村建设主体模式基本形成，城乡一体化快速融合，乡村传统文化得到进一步继承与发展；秦巴山脉区域生态环境质量整体达到优质水平，水源区生态功能的战略地位稳定提高，秦巴山脉的生态高地与经济高地已经形成，初步树立起世界名山地位。

第二节 秦巴山脉区域农业经济绿色发展战略路径

秦巴山脉区域农业经济绿色发展战略的终极目标是实现农业经济可持续发展。秦巴山脉区域的农村与农业产业是支持农业经济绿色发展的基石，只有产业"绿色"了，农业经济发展就自然转到绿色轨道上了。农村与农业产业绿色发展不是传统的农业模式，也不是高投入高产出的集约农业，而是一种现代化的有机农业模式，采用环境友好型技术手段，具有较好的经济收益，而且这种较好的经济收益能够让生产者亲身受益，而不是只得到生态效益和社会效益。农村与农业产业的主体是农村居民，提高他们的收入是维持产业发展和实现绿色发展的关键。如果他们对自己的收入不满意，一是离开这个产业部门，就会重走过去 20 年的路子；二是艰难维系，最终，农业经济绿色发展还是没法实现。另外，通过调研发现，大多数农村的集体资产如林地、草地、池塘等资源没有盘活，农村集体经济一直很弱，导致农村没有吸引力，致使农村劳动力，尤其是优质劳动力不断流向周边城镇，并最终导致农村发展越来越差、越来越没有吸引力，农村与农业产业发展的难度越来越大。秦巴山脉区域的农村与农业产业发展面临的困难很多，有些困难还很大，需要进一步建设乃至优化产业发展要素。就目前来讲，最要紧的是制定有利于秦巴山脉区域农业经济绿色发展的政策，通过政策杠杆调动生产要素，刺激农村与农业产业发展。首先是土地，核心是调整土地经营模式，改变人多地少的状况，发展规模经营，提高生产者收入，促进农业经济绿色发展；其次是调整农村宅基地政策，鼓励富人下乡，带着资本到农村"安居""乐业"的同时，还带来技术、信息、市场和劳动力等，山清水秀的居住环境有很大吸引力。如此，城镇产业，尤其是初加工产业向农村转移，大多数农产品加工废弃物还可以作为有机肥源直接参与绿色循环，既能减轻城市垃圾处理的压力，又能节省产业成本，还能促进农村居民增收，助力秦巴山脉区域的乡村振兴。秦巴山脉区域农业经济绿色发展路径图见图5-1。

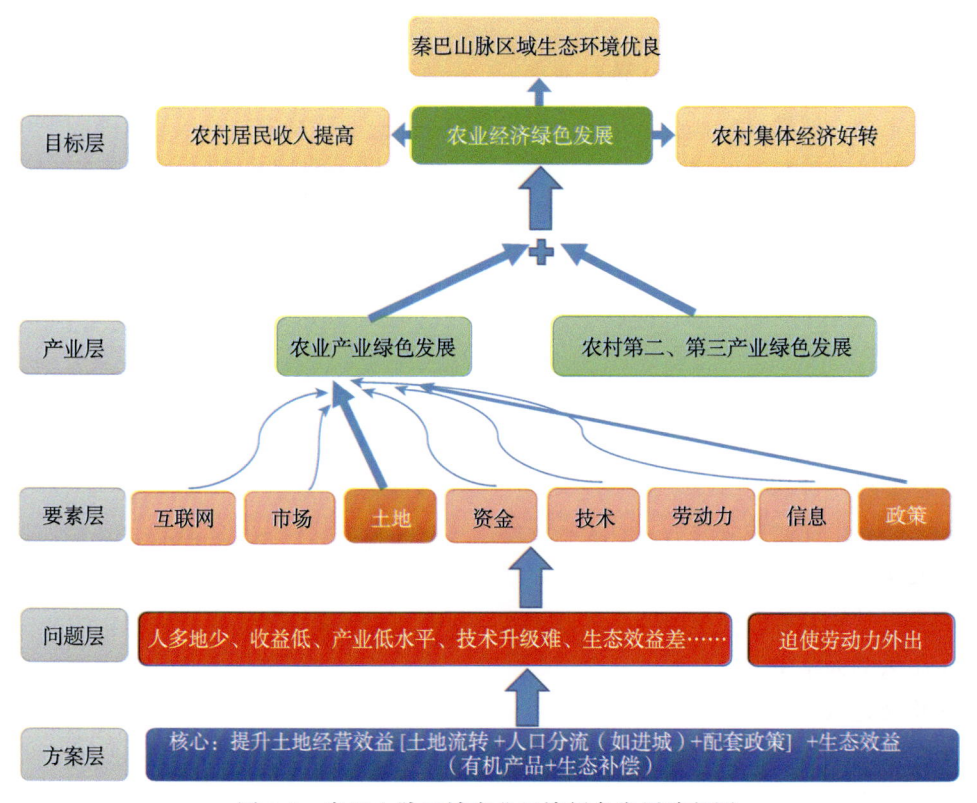

图 5-1 秦巴山脉区域农业经济绿色发展路径图

一、加快制定秦巴山脉区域农业经济绿色发展政策

秦巴山脉区域农业经济绿色发展政策主要包括以下几个方面。

一是贯彻和落实生态补偿政策。生态补偿是解决区域经济发展与生态环境保护矛盾的重要手段，过去生态补偿核算的复杂性与实际可操作性较差，补偿方与被补偿方之间意见分歧较大，导致生态补偿落地比较困难；另外，还有补偿方内部的区域差异性（如受益多少）及被补偿方区域的差异性（如贡献大小）等问题，形成的补偿方案执行力度与进度受到影响。秦巴山脉区域作为国家的生态保护区，其生态价值毋庸置疑，由于在水源、动植物资源、气候、灾害预防等方面的贡献很难以价值定量化，落实补偿政策就显得不太容易。关于水源地的生态补偿通常包含在水价中，全国补偿案例已经积累不少。以南水北调的生态补偿为例，2014年发布的《国家发展改革委关于南水北调中线一期主体工程运行初期供水价格政策的通知》中指出，水源工程综合水价为每立方米0.13元（含税，下同），干线工程河南省南阳段、河南省黄河南段（除南阳外）、河南省黄河北段、河北省、天津市、北京市各口门综合水价分别为每立方米0.18元、0.34元、0.58元、0.97元、2.16元、2.33元。这里显示的水价中包含了对秦巴山脉区域水源地的生态补偿。另外，退耕还林还草、限制化肥农药施用、有机农业、限制种植（黄姜）及其加工等方面需要建立生态补偿机制，更重要的方面是制定生态补偿政策，最后还要推进政策的落地，使生态价值向经济价值快速有效转化，生态高地向经济凸地转化，秦巴山脉区域不能是经济凹地，至少应是经济平地。

二是制定秦巴山脉区域"三农"引智政策。依据秦巴项目一期的研究结果，2014年，秦巴山脉区域年输出农村劳动力总量达到1405.01万人，占总人口的21.63%，占农村人口的29.48%，占农村劳动力的48.89%。秦巴山脉区域农村外出务工人员基本态势是总人口的1/5、农村人口的1/3、农村劳动力的1/2。其中，陕西秦巴片区的农村外出人口接近其总人口的30%，重庆秦巴片区与湖北秦巴片区的农村外出人口均远远超过其农村人口的1/3，也远远超出其农村劳动力的1/2。秦巴山脉区域农业劳动力素质总体较差，主要表现在以下两方面：一是农村缺乏青壮年劳动力，农业生产以老人、妇女甚至未成年人为主体，农业生产面临劳动力不足的尴尬局面；二是农村大专以上学历的劳动力比例非常低，大多数从农村走出去的大学生毕业后基本上工作与生活在城市，导致秦巴山脉区域农村劳动力平均文化水平不升反降，一些先进的农业技术推广应用根本无法开展，农业生产力受到严重制约。发展离不开人才支持，通过制定相关引智政策，在科技援建、优惠待遇、培训计划等方面适度倾斜，以解决农村地区人口低文化水平困境，为农村经济绿色发展提供基础支撑。

三是制定秦巴山脉区域"三农"资金政策。秦巴山脉区域的人口外流，不可避免地伴随着人才外流与资金外流；更为严重的是，这种单向流动对资金、技术与人才逆流产生严重的阻碍作用，导致农村地区的资金凹地困境愈加严重，农业生产（弃耕撂荒多、粗放种植多、农户养殖退缩、传统加工萎缩等）、农村生活（老人村增多、空心村增多、传统生活方式逐渐消失等）与农村产业（农产品数量降低、农业产业缺乏基础、农村产业缺少生长环境等）发展面临的问题也是越来越多，农村经济状况也是越来越不景气。因此，根据秦巴山脉区域农村发展状况，制定有利于"三农"振兴的资金政策，引导城市资金向农村流动，鼓励私人资本下乡落户、产业资金向农业农村流动、国家区域发展资金向秦巴山脉区域流动等，使农村地区也成为区域经济的增长点，使农村也成为美丽中国的一部分。

二、加速推动土地规模化经营

秦巴山脉区域人多地少，人均耕地面积不足 1 亩，且多数地区农田仍以坡耕地为主，有些区域的 25°以上的坡耕地比例高达 50%以上，这导致潜在的水土流失和水体环境质量风险很大。例如，陕南秦巴山脉区域的坡耕地占其总耕地面积的 1/3；镇安县是个"九山半水半分田"的地方，不少地方是"看天一条线，看地空中悬"，40 万亩耕地中，95%的耕地是山坡地，其中，坡度大于 30°的"挂牌地"占其总耕地面积的 42%以上。

人均耕地数量少，耕地本身的质量也不高，导致土地资源的承载压力太大，人们不但不能以有限的土地资源获得体面的生活，甚至成为死守土地、生活困难的一员，这样就更难谋长远发展，在不得已的情况下，甚至还会以牺牲生态环境换取生存。这也是秦巴山脉区域成为我国劳动力集中流出比例较大区域的主要原因之一。随着社会条件变化，小规模经营越来越显示出局限性，无论是先进技术应用、金融服务提供，还是农产品质量提高、生产效益增加、市场竞争力提升，都遇到很大困难。基于农业结构调整及规模化经营提质增效的需要，土地流转与适度规模化成为农业发展解困的重要途径，农业要发展，只有突破一家一户的传统经营模式的限制，才能为提高劳动生产率和经济效益创造条件，才能为农村产业发展创造机会，才能为乡村振兴创造机遇。

实践证明，适度规模经营是农民群众的自觉选择，他们选择外出打工，大多数是对土地资源太少而没有其他选择的无奈，留在故土或许是在期待更多的土地资源；走出去不再回来，要么是外面世界的诱惑太大，要么是已经成功转型、融入他乡，总之与土地"生存"关系已不存在了。秦巴山脉区域家庭主力人口外流，逐渐让一些农村成为老人村或空心村，土地流转的时机已经成熟了，只是如何深入解决农民与土地的关系成为推动土地流转的关键，当前的土地"三权分置"制度很难成为解开和推动土地流转的钥匙，农村迫切期待盘活土地资源。

秦巴山脉区域的土地规模经营建议以家庭农场为主体，尤其在初期，由于农业基础相对较差，加上山区地形地貌，人力投入成本相对较高，农业机械化发展受到一定限制。通过逐步探索以家庭农场为主体的土地规模经营模式，最终形成能够适应市场与符合社会发展需求的秦巴山脉区域土地规模化经营模式。

三、加速引导人才向农业与农村流动

我国的农业行业一直缺人才（仅指农村的农业）。如今，农村人口外流，人口基数下降，流出的都是青壮年、脑子活的人，早期留下的人口以妇女、儿童和老人为主，后来妇女和儿童也走了，只剩下不愿意走或走不了的老人，农村就更没有人才了。由此可见，农村和农业（仅指农村的农业）一直是人才的凹地，随着社会的发展，这个凹地越来越深了，尤其是在秦巴山脉区域这种现象更为明显。

就秦巴山脉区域目前的农村与农业状况来讲，人才呈现的不是缺乏，而是极度匮乏，谈发展犹如空中楼阁。因此，改变状况要先从人才抓起。首先，秦巴山脉区域的农村需要一批有志于农业的有识之士和能够带动农业产业发展的实干人才。农村的发展首先是农业的发展，农业兴，则农村兴。农村是农业生产的主战场，农村不能没有农业，国家更不能没有农业。农村振兴首先是农业的振兴。因此，这一类人才对农村发展至关重要。过去，农业收益太低，一直处于劣势地位，导致农业人才与农业技术一直处于"营养不良"的状态，再加上土地经营模式问题，使农业产业发展越来越差，出现了如弃耕撂荒与粗放经营等问题。秦巴山脉区域的生态环境决定了其农业多样性很强，农业人才涉及农牧渔全部行业，每一个行业内部的分类也是细致入微，如种植业中粮食、蔬菜、水果、中药材等，粮食中有小麦、水稻与玉米等，单就小麦来讲，包括了土壤、肥料、机械、加工、市场等。其次，秦巴山脉区域需要一批具有农村情怀的投资人。这部分人大多数是从农村走出去的，有着农村生活经历，从事过农业生产，对农村还抱有一定的感情（不排除有深厚感情的人），基本上是能"读懂"农村的人。这些人具有一定的资金、人脉与创业经验，能够有效地协调农业发展所需的资源、技术与金融等要素，投资方面理性成分多一些，资源整合与利用效率高，将来的挫折与弯路可能要少一些。再次，秦巴山脉区域需要一批新行业、新领域的人才支持。农村除了农业产业，还有溪流、瀑布、大坝、民俗与美食等，有城市没有的生态环境，有城市没有的清新空气，有城市没有的传统民俗，农村可以有旅游、康养和娱乐等产业，这些都是农村再发展的增长点。最后，农村需要互联网，需要信息，需要与外界紧密地联系起来，保持活力，不能孤立；同时，还要向外界展示自己，要不然就会因默默无闻而缺乏生机，甚至是落后。其实，秦巴山脉区域农村不仅是个美丽的地方，而且还可以更美。

试行乡贤制度。新乡贤是指在当代乡村，一些曾在外从政后退休还乡，或在外从商后返归乡里，或长期扎根乡间而以自己的知识才能服务乡间的一些有爱乡情怀的人。这些新乡贤不仅具有传统乡贤的一般特征，如乡土情怀、道德品行、伦理情操等，还有现代的知识、技能和新的文化视野，既可以起到道德指引的作用，同时又可以起到新文化、新观念、新思想、新技能传播者的作用；不仅可以协调和化解乡村邻里之间的矛盾，同时也可以引导舆论、明辨是非、凝聚人心、端正风气。古代中国的乡绅是中国传统文化的主要维系力量，他们深受儒家文化教诲，知书达理，同时也热心于乡村公益事务，尽职尽力，得到乡亲的尊重。可以说，乡绅文化是中国文化值得骄傲的地方。关于恢复乡绅制度的提法比较早是来自商界，陕西省政治协商会议委员会委员刘勇曾经建议，鼓励"新乡绅"可以弥补农村发展的缺失，从政的退休回到乡村谋发展，从文的退休传播文化、知识与技能，从商的有改善乡村的情感与经济基础。新乡绅的培养既需要体制内的安排，又需要良好的社会氛围和生长空间[①]。

四、加快引导资本流向农村与农业

秦巴山脉区域的农村与农业发展需要资本支持。长期以来，农村与农业的资本处于供给弱势状态，导致农村与农业发展越来越滞后，空心村与老人村越来越多，农业生产也越来越不景气。首先，最有效的资本是私人资本。私人资本有很强的投资需求，在不违背政策的情况下，能够深入社会各个领域；一旦抓住政策的"风口"，具有快行动和高效率特性，可操作性强；同时，民间隐藏的私人资本数量多，综合基数大，点多面大，自我约束性较强，投资风险管控相对容易。在鼓励私人投资下乡的同时，也把资本带到乡下，投资农村与农业产业发展。私人资本管理高效性与相对严格性，决定了私人资本在乡村振兴中灵活性与操作性的不可替代性；私人资本的投入能够持续撬动银行贷款、利用发展基金与借助国家区域投资项目，投资运作的成功率更高，利国利民。简单说就是"农村人进城，城里人下乡"。其次，建立秦巴山脉区域农村与农业发展平台，由国家投资，通过国企运作模式（类似农垦系统），也可采用股份合作制，全面整合秦巴山脉区域农村与农业资源，集中资金、技术与人才要素，发挥国家集中力量办大事的体制优势，加强农村与农业产业基础建设，在加快推动土地规模化经营进程的同时，能够从国家整体利益出发，始终把保护秦巴山脉生态环境放在重要位置，保障秦巴山脉水源地功能，避免重蹈"先发展，再保护""边发展，边保护"的老路子。国家投资具有压舱石功能，对秦巴山脉区域农村与农业产业健康有序发展有着不可替代的作用。再次，引导私企资本流向秦巴山脉区域农村与农业产业。私企对国家经济发展的贡献有目共睹，在秦巴山脉区域农村与农业产业发展中的潜力也同样不可轻估。私企资本具有较大的资金流，除了自身实力很强，还携带了很多优势"人脉"关系，能够有效地带动更优秀的人才、更先进的技术、现成的市场

---

① 有关"乡绅"振兴乡村的建议. http://www.sxzx.gov.cn/dptt/9445.html[2018-01-27].

渠道接口、成熟的产业发展理念、宝贵的经验及教训等，通常具有更长远的发展目标、发展规划和保障机制。政府应予以私人企业适当的支持政策，创造良好的创业环境，助力企业为秦巴山脉区域农村与农业产业发展做出更大的贡献。最后，还可以通过国债、世界银行贷款、共建"一带一路"倡议等引导资本流向秦巴山脉区域农村与农业产业，助推秦巴山脉农业经济绿色发展。

五、推动农村与农业产业的技术升级

受制于人才与资本单向流动的影响，秦巴山脉区域农村与农业发展受到很大影响，长期以来，也形成了区域性技术凹地，尤其是农业产业。秦巴山脉区域是我国典型的山地农业区域，加上生态环境的差异性，决定了农业多样性特征明显。秦巴山脉区域农村与农业产业技术升级的主要方向是绿色化、有机化、生态化、特色化、多样化、精确化、机械化、智能化、优质化、功能化、品牌化、高效化、产业化等，主要体现在以下几个方面。一是水土流失型控制技术，解决坡耕地水土流失产生的地表水污染问题，主要通过退耕还林还草、坡改梯及农业产业结构调整来实现；二是农业面源污染控制技术，解决化肥农药产生的农田面源污染与畜禽养殖产生的地表水污染等问题，主要通过化肥农药减量、调整施肥结构、新型化肥农药替代等来实现；三是精准农业技术，解决农业投入品使用量控制问题，主要通过农业机械化、智能化与信息化联合控制系统来实现；四是绿色农业技术，解决农业投入品环境危害与农产品质量残留问题，主要通过投入品改性与替代来实现；五是有机农业技术，解决市场对有机农产品的需求问题，通过生物调控技术来杜绝非法添加农业投入品的行为；六是农产品深加工技术，解决农产品主要以原料销售为主与产品增值潜力有限的问题，主要通过深加工技术替代与生产线升级来实现，最为典型的就是特色中药材加工，另外，还有茶叶、特色水果与传统食品等；七是区域农业管理技术升级，解决区域内农业结构同质化、无序竞争及产业水平不高等问题，主要通过区域整体规划，以形成合理的农业发展结构，全面提升农业产业整体实力，支撑农业经济绿色可持续发展。

六、优化农村与农业劳动力结构，全面提高劳动力素质

秦巴山脉区域农村与农业劳动力是全国最为集中的区域之一，随着社会的发展，在外出打工潮的带动下，曾经的劳动力数量优势已不复存在，区域内的农村与农业劳动力数量及劳动力结构出现了很大变化，呈现出数量与结构劣势，由常态化农村人口结构，转变为妇女、儿童、老人结构，再次转变为老人结构。第一次转变，男性劳动力离开了农村，第二次转变，女性劳动力离开了农村，同时也

带走了下一代，村里就剩下带不走的或故土难离的老人，农业"优质劳动力"转入城市的建设，农村与农业产业却因此而"荒芜"。农村与农业劳动力面临劳动力严重匮乏问题，并成为限制农业与农村发展的主要瓶颈因素之一，劳动力整体素质亟须提高。基于秦巴山脉区域农村与农业产业发展需求，补充一定数量的劳动力（包括普通劳动者和高素质劳动者）势在必行。农村与农业产业是劳动力相对密集型产业，目前的农村状况无法满足产业发展要求，只能从城市招聘劳动力，不可避免地出现了农村与城市争夺劳动力问题，同时，也要面临劳动力成本上升问题。如何解决劳动力难题？一是利用土地流转吸引一部分人返回农村，通过人口回流带动农村劳动力数量的逐渐恢复。实际上，相当一部分务工人员在城里属于"漂"的状态，由于缺乏劳动技能，收入不高也不稳定，尽管国家有很多优惠政策，但要在城里扎根困难也不少，而在农村收入更低，所以大多选择了"漂"族模式。如果这部分人能够流转一定数量的土地，通过规模化经营能够获得与城市打工相等的收入，就会在农村安居乐业。二是改革农村宅基地转让政策，吸引城里人到乡下先安居，后创业，再乐业。农村宅基地转让目前受到很大限制，只能是同村转让且需要村集体同意，这在很大程度上不利于农村与农业的发展。国家限制宅基地转让出于很多考虑或担心，希望尽快出台相关政策，一方面规范宅基地转让，另一方面依法推进宅基地转让。通过城里人下乡置产，盘活农村宅基地，优化农村资产结构，有助于农村与农业产业发展。城里人下乡最初只是对田园生活的渴望，满足对清新空气、自然环境、安全农产品消费及放松身心的生活需求，随着时间推移，将尝试在农村创业（较低创业成本是重要优势），难免会涉足农业，形成劳动力聚集效应，带动人口数量增加，同时还有技术与资金增加等。"开拓者"一旦取得初步成功，农村与农业产业就会逐渐发展起来，一部分创业者也会安居乐业。因此，城里人下乡不光是简单的置产，而是通过置产产生一系列连锁反应，这对带动农村与农业产业发展有很大潜力。当然，在大量的城里人下乡中也有少量的仅限于度假与度周末的人，由于市场竞争，也难免有创业不成功的人，这些都是正常现象。三是鼓励大学生、年轻人与企业等下乡创业。秦巴山脉区域生态类型丰富，生物多样性强，为农村与农业产业发展提供了很多机会。各地政府应该制定相关政策，鼓励大学生、年轻人及企业深入秦巴山脉区域的农村创业，通过优质劳动力要素进入，带动技术与资金输入，推动农村与农业产业的较大发展。

七、加快三产融合发展步伐，促进"三农"经济的可持续发展

三产融合是指第一、第二、第三产业融合，三产融合的本质是农业生产（种养殖）、农产品加工及其销售服务的融合。三产融合的主要目的是解决农业生产

（种养服）在整个农业产业链中的低收益问题（原料价格低、农民收入低），融合是保障种养业和农民利益；与此同时，第二、第三产业的收入往往是第一产业的几倍，甚至几十倍，具有向第一产业分配的条件。因此，三产融合发展有章可循，具有融合基础。通过三产融合能够使第一、第二、第三产业关系更加紧密，形成新的产业利益共同体，这样能够更好地促进农业产业的可持续发展。

事实上，三产融合发展并不容易。主要原因有以下几方面。一是三产是产业链上相对独立的三块，也是产业链的三个阶段，在生产方式、经营模式与管理方式等方面有较大的差异，融合并不容易。二是三产在产业链上的地位不对等，基本都是呈现"第一产业弱、第二产业强、第三产业霸"的态势，融合其实是第一产业一厢情愿的事情，因此，三产融合大多停留在口头上，是老百姓的良好愿望，融合的话语权并不在农业生产与农民手里。三是三产融合发展要从第三产业向下融合，但第三产业，往往没有能力，也没有向下融合的实力；第二产业一般也不具有向上与向下融合的能力。因此，说到底，三产融合的主动权还是在第一产业，第一产业强大了，有话语权了，也就有了融合发展的基础。

秦巴山脉区域三产融合发展如何破解？一是土地规模化经营，壮大农业生产与农民的自身实力，实现以量占市与以质定价，解决以往小农户单打独斗对接市场现象（第二产业与第三产业对分散的农户也是很难融合）。二是成立合作社，进一步壮大第一产业实力的同时，也为农产品提质增效提供保障条件。一般来讲，专业合作社可以提供从种植、收割、加工的全程服务，采用订单农业还可以签订高于市场价格的收购合同，在保障第一产业利益的同时，第二、第三产业也有收益。日本农业协同工会是全世界最成功的合作社之一，在农业经营和生活指导、销售农产品、农资供应服务、信用和保险服务、提供设施设备服务及医疗服务和老年人福利事业等多方面，尽最大努力保护了农民利益，值得秦巴山脉区域三产融合去仿效、学习。三是企业带动农户的融合。通过订单农业方式，以企业为主导，带动农户种植养殖增收。另外，有些第一产业自身带有发展第三产业的功能，如秦巴山脉区域作为油菜主产区可以发展油菜观光旅游，还有桃花、杏花、水果采摘园、花卉等观光旅游，水梯田与农家乐等也具有观光价值，也值得重视。四是引导农民进入第二、第三产业环节。由于农户经营规模不大，在完成农事之外，还可以参与到第二、第三产业从事短工或零工，跨产业劳动就业也是三产融合发展的重要方式。许多调研表明，打零工收入已经占到收入的较大比例，成为农民增收不可缺少的重要组成部分。五是促进三产融合升级发展。要加强新型职业农民培育工程、农村实用人才培训等项目；引导加工企业向园区集中，特别是向"三区三园"，即粮食生产功能区、重要农产品保护区、特色农产品优势区，以及现代农业产业园、科技园、农民创业园聚集发展；支持企业前延后伸，发展原料基地、农产品流通营销；发展绿色加工，引导企业发展低碳、低耗、循环、高效加工，形成一个绿色加工体系；组织实施好第一、第二、第三产业融合发展补助政策，让农户合理分享第二、第三产业增值的收益；培育精品品牌，鼓励技术与体制创新，完善公共设施，提升资源配置与服务水平，传承和弘扬农耕文化，产业链向上下延伸，引导农民深度参与，形成紧密相连、协同发展的三产融合发展体系。三产融合发展，就是质量发展、绿色发展和高效益发展，是现代农业的新发展。

八、确立秦巴山脉区域农村与农业产业绿色发展模式——"农业经济绿色发展+"

秦巴山脉地处我国内陆地理中心，是我国的中央水库，也是我国的生态根基和安全命脉。区内发育有235条河流，建有55座大型水库，总径流量为 1.532×10^{11} 立方米，水质优良，是我国南水北调中线工程的水源涵养地和供给地；作为国家的生态绿肺和中央水库，秦巴山脉拥有众多水源保护区、水源涵养区、生物多样性保护区、自然保护区、原始林区、水土保持区等生态敏感区，生态地位举足轻重，在我国的战略地位极其重要。由此可见，秦巴山脉区域的产业发展必须无条件地服从生态保护优先策略。农业产业作为秦巴山脉区域主要产业之一，坚持农业绿色发展是当务之急，实现农业经济绿色发展模式才是最根本，也是最正确的选择。

秦巴山脉区域农村与农业产业绿色发展模式用"农业经济绿色发展+"表示，其表示的含义是以农业经济绿色发展为内核，扩展和延长农村与农业产业链，在坚持"绿水青山就是金山银山"的发展理念下，实现秦巴山脉农村与农业经济的可持续绿色发展。就目前情况来看，秦巴山脉区域也是我国集中连片与深度偏远地区，农业经济绿色发展受到很大挑战，农村与农业产业基础较差，产业发展制约因素太多，其中，农业产业发展受到的影响最大，现代农业发展处于起步与转型时期，传统农业技术升级与绿色农业技术需求也迫在眉睫。确立"农业经济绿色发展+"模式，完善绿色指导思想、绿色目标、绿色内容、绿色路径及绿色体系，全面深入贯彻"绿色"理念，用以指导秦巴山脉区域农村与农业经济绿色发展。

秦巴山脉区域农村与农业产业绿色发展的最大优势资源是生态环境，只要坚持"农业经济绿色发展+"模式，保护好中央水库与生态绿肺，就能把生态环境价值嫁接到农村与农业产业中，就能实现农产品的绿色化与有机化，就能通过农产品的品质提升实现农产品价格增值，就能实现农村与农业经济的升级发展，通过合理的生态补偿就能避开以牺牲环境为代价的发展模式，实现优质生态环境保护及永续利用，实现"农业经济绿色发展+"模式的可持续化。秦巴山脉区域"农业经济绿色发展+"模式的示意图，见图5-2。由图5-2可以看出，秦巴山脉农业经济绿色发展的核心是秦巴山脉的中央水库与生态绿肺，只要打好这张生态牌，就能实现绿色发展目标。反过来讲，一旦秦巴山脉生态地位不保，不仅使秦巴山脉区域农业经济绿色发展目标无法实现，而且会导致区域性生态问题。因此，秦巴山脉区域"农业经济绿色发展+"模式的意义重大，它能够解决生态高地与"三农"经济凹地之间的矛盾，全力推动向"三农"经济高地发展的转型。

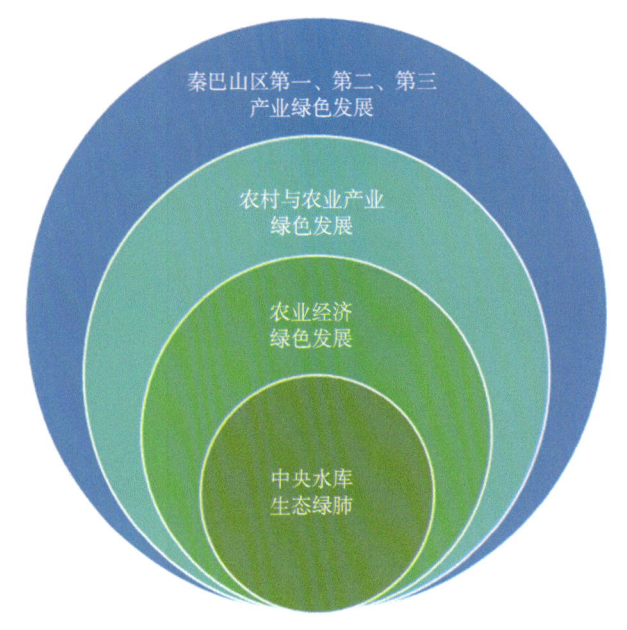

图 5-2　秦巴山脉区域"农业经济绿色发展+"模式示意图

九、准确把握秦巴山脉区域农村与农业产业绿色发展的核心抓手

秦巴山脉区域农村与农业产业绿色发展模式涉及农村产业、农业产业和农村生活等，农村产业涉及农产加工、乡村康养、农家乐、乡村旅游与非农产业等，农业产业涉及种植与养殖，农村生活包括垃圾处理、废水与家居厕所等。

农村产业绿色发展模式的核心抓手之一是净"食材"出村与"零"废弃物。净"食材"出村是叶菜无枯与根菜无泥；"零"废弃物是农产品加工下脚料做养殖饲料或有机肥料，农产品包装尽量选择可降解包装纸质材料，塑料类包装材料尽量不用、少用和节约使用，农家乐与乡村旅游禁用一次性餐具与限用塑料袋等；节约生产用水，全部尾水处理无污排放。

农业产业绿色发展模式的核心抓手之二是发展绿色农产品和环境友好型技术。绿色农产品是秦巴山脉区域农业产业的优势资源，依托于秦巴山脉优质的水源、洁净的空气与优良的土壤质量；环境友好型技术是指农业生产技术的环境"零"

负效应，主要包括肥药双减、秸秆还田（直接还田、过腹还田与堆肥还田）、节水灌溉、病虫害生物防治措施、健康养殖、科学防疫、发酵床养殖与畜禽养殖"零"废弃物（废水处理达标排放与畜禽粪便堆肥处理还田）等。

农村生活绿色发展模式的核心抓手之三是生活垃圾处理体系与厕所革命。生活垃圾处理体系主要包括垃圾收集与分类处理，农村处理不了的垃圾如食品塑料袋等收集转运，有机垃圾堆肥处理；厕所革命是推广卫生厕所，改善家居卫生条件；家庭生活废水与改厕、庭院种植、村庄排水等相结合。

关于秦巴山脉区域农村与农业产业绿色发展的核心抓手，在不同区域可能有差异，具体抓手要依据情况而定，根据农村与农业产业的特征提出能够"牵一发而动全身"的最核心抓手，才能取得预期的效果。有时候这个抓手可能在农村与农业产业之外，需要内外"两"手抓才能取得预期的效果。

十、构建秦巴山脉区域生态与经济双高地融合发展战略目标，树立世界名山品牌

秦巴山脉的战略定位首先是生态高地，是我国的中央水库与生态绿肺，生态地位极其重要，随着社会的进步与发展，其生态价值会越来越大；秦巴山脉也应该是经济高地，经济高地依附于生态高地才能实现，只要调整发展理念，挖掘和利用其潜在的生态价值，秦巴山脉的绿水青山就能变成金山银山；不断深化对秦巴山脉在世界自然生态与文明演进中价值的认识，牢固树立打造世界名山的战略思想，最终形成生态立山、品牌名山与经济强山的"三山"发展战略，促进秦巴山脉生态、经济与社会的绿色可持续发展。

如何才能实现秦巴山脉区域生态与经济双高地融合发展？秦巴山脉无疑是中华民族的父亲山（《秦巴山脉绿色发展宣言》，以下简称《秦巴宣言》），与我国母亲河——黄河齐名，是集生态价值与品牌价值于一身，位居世界名山之列，品牌价值潜力巨大；只要利用好秦巴山脉生态高地与世界名山这两张"王"牌，就能实现经济高地的发展目标。秦巴山脉位于中国陆地版图中心，是横亘中国大陆中部、承东启西、连贯南北的巨大山系，与欧洲的阿尔卑斯山、北美洲的落基山脉一同被地质和生物学界并称为"地球三姐妹"。秦巴山脉重要的综合区位、极高的生态价值、悠久的历史文化和艰巨的发展任务已引起国人的高度关注。在"一带一路"倡议下，秉承创新、协调、绿色、开放、共享的新发展理念，坚持生态保护优先、绿色协同和科教兴业的发展战略，实现秦巴地区"绿水青山就是金山银山"的战略目标，对于维护国家生态安全、实施区域发展战略、实现中华民族伟大复兴具有重大意义（图5-3）。

第五章　秦巴山脉区域农业经济绿色发展战略

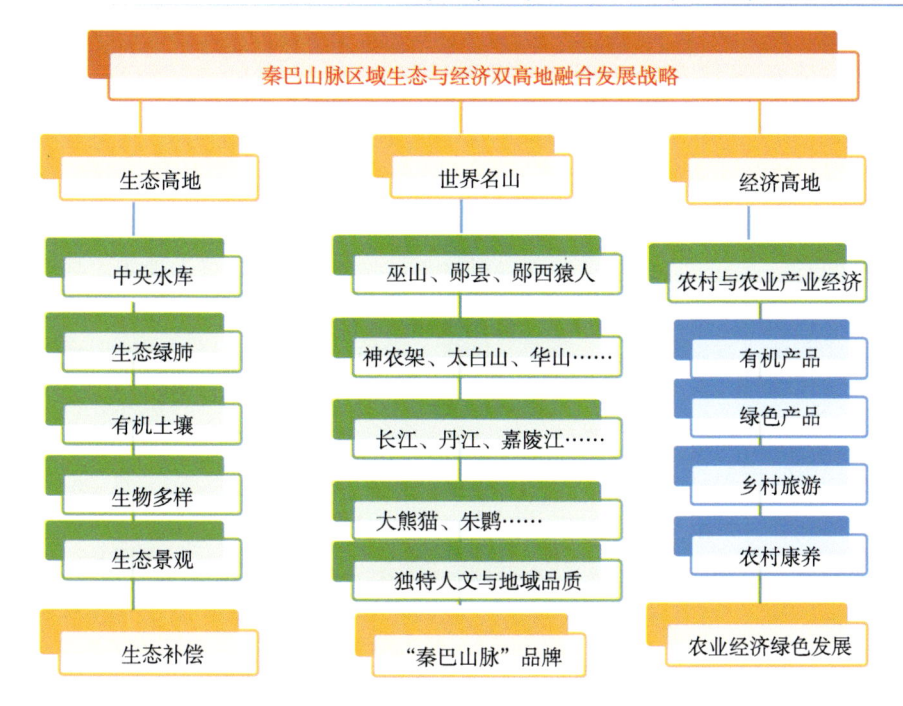

```
秦巴山脉区域生态与经济双高地融合发展战略
├── 生态高地
│   ├── 中央水库
│   ├── 生态绿肺
│   ├── 有机土壤
│   ├── 生物多样
│   ├── 生态景观
│   └── 生态补偿
├── 世界名山
│   ├── 巫山、郧县、郧西猿人
│   ├── 神农架、太白山、华山……
│   ├── 长江、丹江、嘉陵江……
│   ├── 大熊猫、朱鹮……
│   ├── 独特人文与地域品质
│   └── "秦巴山脉"品牌
└── 经济高地
    ├── 农村与农业产业经济
    ├── 有机产品
    ├── 绿色产品
    ├── 乡村旅游
    ├── 农村康养
    └── 农业经济绿色发展
```

图 5-3　秦巴山脉区域生态与经济双高地融合发展战略图

就目前情况看，秦巴山脉区域农村与农业产业发展相对落后，过去的产业发展与生态和名山三张"皮"，缺乏融合交错，其产品中缺乏生态内涵与品牌形象，在市场销售过程中，其产品仅仅包含了使用（其中以食用为多）价值，生态价值（品质）与品牌价值（名牌）既没有体现也没有实现，最终导致秦巴山脉区域的农产品"沦为"大路货或地摊货，加上没有单产与数量优势，农村与农业产业经济发展长期的不景气，导致农民收入一直处于较低水平，以致秦巴山脉区域成为全国劳动力外流的主要地区，甚至成为全国农村衰落较早与较快的地区。

第三节　秦巴山脉区域农业经济绿色发展战略保障措施

一、继续大力倡导《秦巴宣言》

《秦巴宣言》已于 2016 年 9 月 11 日至 13 日在"秦巴论坛"上，由"秦巴论坛"主办单位及全体与会代表联合发布，他们在基础建设、自然保护、生态文明、文化资源等方面达成共识，旨在引领秦巴山脉地区的健康和可持续发展，在秦巴山脉农业经济绿色发展方面具有重要的指导意义。

秦巴地区的保护与发展必须坚持创新、协调、绿色、开放、共享的新发展理念，以生态保护为根本，探索"绿水青山就是金山银山"的发展路径。牢固树立底线思维，设立并严守生态保护红线、环境质量底线、资源消耗上线和环境准入负面清单，强化空间、总量准入环境管理，有效约束开发建设行为，在保住生态功能的前提下谋求永续发展。加强生态保护、基础设施、旅游开发、科技教育、人才交流、绿色产业、城乡建设等方面的相互协同，形成独具特色的秦巴地区可持续发展新格局，共创美好未来。

《秦巴宣言》倡导在陕西省、河南省、湖北省、重庆市、四川省、甘肃省五省一市的共同努力下，深入贯彻秦巴山脉不仅是秦巴人之秦巴，更是中华民族之秦巴、世界之秦巴的理念；大力倡导《秦巴宣言》，进一步认识秦巴，加倍珍惜秦巴，文明健康发展秦巴，以创新、协调、绿色、开放、共享的新发展理念为指导，共同推进秦巴地区的绿色循环发展。

二、继续打造"秦巴论坛"高端国际学术论坛

第一期"秦巴论坛"暨第231场中国工程科技论坛于2016年9月11日至13日在西安成功召开，中国工程院20位院士，五省一市的省长或副省长及相关领导，十多家国外大学与研究机构，国家发展和改革委员会、环境保护部、国家林业局、国务院发展研究中心等部门，以及全国部分院校、科研单位及相关企业的专家学者等400多位代表出席了论坛。首期"秦巴论坛"聚焦秦巴山脉区域绿色循环发展，为秦巴山脉区域绿色协同可持续发展指明方向；与会的中国工程院院士及相关专家、学者围绕秦巴山脉区域的发展理念、区域协调、产业转型、文化旅游、基础设施建设等相关问题展开了深入研讨，达成了秦巴山脉是我国中央水库、生态绿肺、国家生态安全命脉等重要共识。

第二期"秦巴论坛"于2019年10月在河南南阳召开，进一步巩固和深化了"秦巴山脉绿色循环发展研究"主题。另外，建议在"秦巴论坛"旗帜下不定期增设小型论坛，可以是学术主题、产业主题、文化主题、经济主题或小区域综合主题。一方面，这些论坛可以促进"秦巴论坛"的深入发展，发现和带动更多的新生增长点，惠及社会与民生；另一方面，基于小型论坛进一步提升和推动"秦巴论坛"向高端发展，扩大影响力，使秦巴山脉扬名天下，屹立世界名山行列。

三、建议建立秦巴山脉区域土地规模化经营示范村

土地规模化经营是解困农村与农业产业发展的关键因素，采用家庭农场模式，将有限的耕地资源集中流转到由少数几个人来管理，采用现代化农业企业经营理念，才能实现农业产业的规模效益。农业经济绿色发展是基于农村与农业产业的绿色发展，而要实现农村与农业产业的发展，必须依托于产业实体，且必须有一定的规模。一家一户的规模太小，只能是维持生存模式，这种模式会产生三种结果：一是完全放弃土地，二是半放弃土地，三是艰难维持土地。完全放弃导致土地资源闲置浪费或撂荒，区域农业生产受到很大影响；这样国家就会遭受损失，

中国本来就人多地少，有限的耕地资源却得不到很好的利用，长此以往，国家粮食安全也会遭到挤压。半放弃会导致管理水平显著降低，种子、化肥、灌溉、耕作、收获等环节粗放，与生态环境不接轨，化肥与水资源等投入成本无法降低；与市场不接轨，收入也很难提高，农业由主业转为副业，以至于放弃，导致本来就很弱的生产基础会变得越来越差。艰难维持以农业为主业，没有收入或收入很低，长此以往，不但伤害从业者的农业情怀，还会使他们成为低收入人群。联产承包责任制对我国农业生产做出过巨大贡献，但由于社会开放发展，农业的比较收益太低，把大量的农村优质劳动力吸引到城里就业，甚至把优质劳动力的家属也转移到城里，农村与农业产业发展受到极大限制甚至是伤害，加速了农村与农业的衰落。现代农业技术体系与先进的管理理念找不到用武之地，农业产业绿色发展无法落地。有人这样形象地总结农业劳动力现状"50后种不动地、60后勉强种地、70后不愿种地、80后不会种地、90后不提种地"。这确实到了非改变不行的地步。因此，秦巴山脉区域土地规模化经营迫在眉睫，也只有通过土地规模化，才能推动秦巴山脉区域农村与农业产业发展，进一步实现秦巴山脉区域农业经济绿色发展。建议在秦巴山脉区域选择一定数量的自然村，开展土地规模化经营示范，打造典型示范村，带动更多的村，最终打破自然村的行政界线，形成适宜于区域农村与农业产业化发展的土地适度规模化经营模式。

四、打造具有"秦巴山脉（山区）"地理标志的农产品商标，推动秦巴山脉区域农村与农业产业绿色发展

秦巴山脉相对独立的地理单元造就了秦巴山脉独一无二的生态环境品质，秦巴山脉是我国南、北方的分水岭与气候过渡带，也是华夏文明的重要发源地，是名副其实的父亲山，拥有多样化的农林产品、地道药材、特色山珍、珍稀矿物等，拥有独特而丰富的生物多样性与自然景观，并拥有多样化的地域历史与文化。打造"秦巴山脉（山区）"地理标志有利于提升秦巴山脉的整体影响力，对形成农业品牌、转变农业结构、促进农民致富与区域繁荣、保护绿水青山等，具有重要的现实作用与长远战略意义。

"秦巴山脉（山区）"农产品的地理标志商标的市场品牌价值一旦实现，就会推动秦巴山脉区域农产品的销售，推动秦巴山脉农产品市场的繁荣、农村经济发展与农业生产者增收；农村与农业经济一旦受益于绿水青山中，反过来又会有助于生态环境保护，而绿水青山的可持续发展再一次推动了秦巴山脉区域农产品市场的可持续繁荣，形成"绿色农产品—绿色经济—生态环境保护"的反馈机制。"秦巴山脉（山区）"作为秦巴山脉农产品的地理标志商标与其地理标志产品的品种、品质、文化独特性、区域文化及独特文脉价值等紧密相关，不但在传统消费者方式中

会异军突起，而且将得到互联网消费方式的青睐，在逐步奠定市场驰名品牌形象的基础上，推动秦巴山脉农产品价值的极大提升，并有望成为国内覆盖区域最广、市场影响力最大、消费群体数量最多的地理标志商标，其潜在的市场价值难以估量。

五、强化秦巴山脉区域农民专业合作社组织

秦巴山脉区域的农村与农业产业发展相对滞后，农民专业合作社相对薄弱。为了保护农村与农业产业发展，保障农民利益，推动农村与农业现代化，需要强化秦巴山脉区域农民专业合作社组织。农民专业合作社提供农业生产资料的购买，农产品的销售、加工、运输、贮藏及与农业生产经营有关的技术、信息等服务，最大限度地保护了生产者的积极性与利益。日本农业协同工会是亚洲办得最成功的农业合作社之一，是按农村行政区域建立综合型农业合作社的典型代表，该协会承担着农业经营和生活指导、农产品销售、农资供应服务、信用和保险服务、设施设备服务及医疗服务和老年人福利事业等多方面的任务。

秦巴山脉区域的农民专业合作社可以借鉴日本农业协同工会的做法，一是有利于农村与农业产业的发展；二是能够促进三产融合发展，提高与第二、第三产业的话语权，有利于促进第一产业经济发展，增加农民收入。例如，日本各种涉农活动均离不开各级各类农协的参与，许多重要的农产品要依靠农协来加工、存储和运销，农户所需生产资料和生活资料的七成以上是通过农协得到的，农户所需农业资金的绝大部分也靠农协的信用事业来提供。

随着秦巴山脉区域农村与农业产业化的深入发展，农民专业合作社的作用会越来越大。例如，农协在日本农业与农村中始终处于举足轻重的地位。其中，提供农业机械和农业设施设备是农协最重要的服务功能之一。加入农协的会员无能力单独建设或购买的设施和设备，由农协建好或购买后供社员或联户有偿使用，如大型拖拉机、联合收割机、大米加工设备、农用仓库、选果场、保温库、农机维修站和加油站等，都在农协提供服务的范围之内。农协同时还提供农业劳动的合作化（共同育秧、共同植保、共同收获等）服务。日本对农业机械一直有政府扶持政策，其中，对农民组织、团体购买农业机械实行补贴，农民使用机械的积极性一直很高，政府都有高额的补贴。特别是购买使用先进的、价格高的机械，补贴比例和额度也大，这大大促进了农机化的发展。总之，在日本，农协的影响力巨大，经济辐射力遍及农村的各个角落。

六、建立有利于秦巴山脉区域农村与农业发展的金融体系

秦巴山脉区域的五省一市在农村与农业产业发展方面要深化金融机构体制机制建设，引导金融机构不断创新服务，形成多样化有助于农村与农业发展的金融

产品，全力推进产业化进程，进一步扩大农村与农业金融服务规模和覆盖面，建立多层次、广覆盖、可持续、竞争适度、风险可控的农业经济绿色发展金融服务体系。鼓励证券、保险、担保、基金、期货等金融资源参与秦巴山脉区域农村与农业产业发展规划、项目和工程。探索发放农村土地经营权和农房抵押贷款，大力支持土地规模化经营带动新型农业经营主体发展，适度放宽涉农信贷期限与额度的限制。鼓励涉农金融机构深度参与农业产业链，加强农业生产环节、流通环节、加工及销售各链条环节的融资。打造差异化金融产品体系，建立客户分层体系，提高风险定价水平，实施精细化、差异化定价，合理确定利率水平。针对农业生产季节性特征，提供满足不同需求的金融服务。银行业金融机构要积极探索低成本、可复制、易推广、"量体裁衣"式的农村金融产品和服务方式，探索大型农机具融资租赁试点。积极发展林权抵押贷款，充分发挥政策性农业信贷担保机构作用。围绕秦巴山脉区域产业、旅游、生态与基础设施建设等项目，推进金融扶持与国家政策的有效匹配，不断提升金融扶持的效率和质量。成立贷款担保公司，完善风险应对机制，鼓励金融机构加大涉农贷款和增加农牧业金融服务。建立完善的农业保险体系，加大农业保险覆盖范围，实现农业自然灾害保险范围全覆盖，提高保额标准和赔偿水平，保障农民灾后再生产能力。建立风险共担及补偿机制，引入农户、经济组织、财政、担保机构等多方参与的联保模式，化解金融机构的风险。调动和保护各类金融机构参与秦巴山脉区域经济开发的积极性，引导金融机构将扶持产业发展作为乡村振兴的重点。推进征信体系平台建设，建立跨机构、跨地区、跨行业、跨部门的信息共享、交换和交易机制，打破部门之间的信息闭塞，开展征信数据采集试点与数据库建设，重点做好农村低收入群体、小微企业等基础信息收集、加工和评价工作，为农村普惠金融服务奠定基础。不断优化营商环境，努力打造良好的金融生态，制订秦巴山脉区域"三农"普惠金融业务发展规划，加强财税、金融、投资政策的协调配合，建立健全政策体系，积极有序发展村镇银行、融资性担保机构、小额贷款公司等新型农村金融机构，引导民间资本有序参与秦巴山脉区域现代农村普惠金融体系。

七、发挥农村基层组织在农村与农业产业发展中的作用

秦巴山脉区域农村与农业产业发展离不开基层组织，强化基层党组织的领导核心作用，提高领导能力和水平，为实现农业绿色发展提供坚强的组织保证。习近平强调，"党管农村工作是我们的传统，这个传统不能丢"[1]。秦巴山脉区域农村与农业产业发展需要培养造就一批坚强的基层党组织和优秀的基层党组织书

---

[1] 习近平：加大推进新形势下农村改革力度 促进农业基础稳固农民安居乐业. http://jhsjk.people.cn/article/28312626[2016-04-28].

记，建立更加有效、充满活力的发展新机制；要着力加强党在基层的领导力量，打造千千万万个坚强的基层党组织，培养千千万万名优秀的基层党组织书记，使他们在农业经济中发挥领导与中坚作用。全面推进秦巴山脉区域基层民主与法治建设，将自治、法治与德治相结合，确保乡村社会充满活力、安定有序，为农村与农业产业发展创造良好的环境条件。充分发挥基层党组织在宣传党的主张、贯彻党的决定、领导基层治理、团结动员群众、维护农民权益、推动改革发展中的战斗堡垒作用，在秦巴山脉区域造就一支勇于担当、主动作为、懂农业、爱农村、爱农民的"三农"工作队伍，推动农业全面升级、农村全面进步、农民全面发展，带领老百姓投身农业经济绿色发展的伟大事业。在秦巴山脉区域农村开展融合党建，在基层党组织间打破固有的条块、隶属限制，形式上将单一组织融合为"以强带弱""强强联合""抱团取暖"的党建联合体，内容上将"单兵突进"融合为组织相加、工作相融、党建引领、发展共赢，效果上将党建工作"单打独斗"融合为党建链的联合、产业链的贯通、服务链的融合、治理链的变革，实现新时代基层党建工作的与时俱进，服务于秦巴山脉区域农业经济绿色发展的伟大事业。

八、推进政府职能转变，助推秦巴山脉区域农村与农业产业发展

秦巴地区要深化"放管服"改革步伐，加快地方政府职能转变，促进政府治理体系和治理能力的现代化发展，为农村与农业产业发展创造良好的管理、政策与引导环境。在尊重市场在资源配置中起决定性作用规律的前提下，发挥各级政府宏观调控作用，创新监管方式，激发区域社会创造力，促进更加规范、更加健康、更加可持续的营商环境，在秦巴山脉区域建设人民满意的服务型政府。秦巴山脉区域农业经济绿色发展需要用过人的勇气与智慧深入推进政府职能转变和"放管服"改革，坚持目标导向、问题导向，加强分类指导、精准施策。各级政府要把老百姓的感受作为主要评判标准，聚焦市场反应强烈的"痛点"和"堵点"，明确农村与农业产业目标和重点任务，通过解决主要问题实现预期目标，把"放管服"改革不断推向纵深。各级政府要实施好"双随机、一公开"监管，推进综合执法，运用互联网、大数据等现代信息技术手段，提高监管的针对性、有效性。秦巴山脉区域的各级政府要统一监管标准，完善监管规则，强化法律保障，健全社会诚信体系，加强执法人员培训，为加强和创新事中事后监管提供全面支撑。

九、统筹城乡融合，为农村与农业产业发展创造更好的条件

秦巴山脉区域的农村与农业产业发展格局不能仅局限于农村，要着眼周边城镇与城市资源，善于统筹互补，创新并形成城乡融合发展模式。秦巴山脉区域农业经济绿色发展要按照中共中央、国务院印发的《乡村振兴战略规划（2018—2022

年）》指出，"坚持乡村振兴和新型城镇化双轮驱动，统筹城乡国土空间开发格局，优化乡村生产生活生态空间，分类推进乡村振兴，打造各具特色的现代版'富春山居图'"，从城乡融合发展和优化乡村生产生活生态空间两个方面，明确了国家经济社会发展过程中乡村的新定位，提出了重塑城乡关系、促进农村全面进步的新路径和新要求。

秦巴山脉区域的统筹城乡发展涉及以下五个方面：一是统筹城乡发展空间格局融合发展，改变"城镇工业、农村农业"的二元思维方式，将城镇和农村的发展紧密结合起来，统一协调，全面考虑，确立工农一体化的经济社会发展思路，以发展和统筹的眼光思路解决秦巴山脉区域城镇和农村存在的问题。二是优化乡村发展布局，坚持人口、资源、环境相均衡，形成经济、社会、生态效益相统一，人与自然有机融合的新农村；切忌农村盲目模仿城镇、村村都学城镇及城乡分割等，避免发展资源不平衡甚至浪费。三是完善城乡融合发展政策体系，推动城乡要素自由流动、平等交换，资源互补，解决农村与农业产业发展中的教育、市场、金融、技术、人才、信息等资源需求，如"农村创业，城镇生活""城镇转移、就业、乐业"模式。四是严格遵守生态红线、基本农田红线与保护区边界等，科学划定农业、城镇空间及自然资源开发利用、保护与修复空间。五是实施城乡统一规划，以产业发展、基础设施、公共服务、资源能源、生态环境保护等为主要布局，科学安排乡村布局、设施配置，规划村庄整合，避免一刀切式地搞大社区、千村一面、大拆大建与城镇化等模式，在秦巴山脉区域构建田园乡村与现代城镇各具特色、交相辉映的城乡发展模式，建设能够推动现代文明、传承区域文化特色与地域风情的升级版的农业经济绿色发展模式。

十、建议设立秦巴山脉区域绿色发展特区

秦巴山脉应该作为一个完整的生态与地理单元，分属陕西省、四川省、河南省、甘肃省、重庆市与湖北省等六块行政单元，在地理与行政区位等因素驱动下，它们在社会经济方面发展的区域性差异性越来越大。如何破解当前的发展模式，向整体化的提质增效模式转化，成为秦巴山脉区域经济绿色发展的重大命题。特区在我国社会经济发展中充当了重要角色，具有很大的促进和带动作用。在秦巴山脉区域设立绿色发展特区，能够借鉴和继承我国已经建成特区在发展方面的经验与做法，在特区建设的过程中少走弯路、少犯错误，极大地推动特区建设步伐；与此同时，绿色发展特区的特色非常鲜明，不但要体现秦巴山脉区域生态环境保护的重要地位，还要突出经济发展的迫切性。秦巴山脉区域作为绿色发展特区是我国经济发展模式的又一次创新，既是我国第一个"绿色"发展特区，也是全面贯彻党中央倡导的绿色发展的一次重要实践，具有重要的引领作用。

在秦巴山脉区域绿色发展特区设立之前，依据《秦巴宣言》精神，建议建立由中央相关部门牵头、五省一市政府行政首长参加的秦巴地区绿色发展的联席会议制度。行政首长联席会议按照轮流主持的方式，研究决定区域协同重大事宜，审议重大合作项目目录，交流信息、消除矛盾、解决问题、共享成果，共同促进秦巴地区可持续发展。

第六章

秦巴山脉区域农业经济绿色发展重点工程

针对秦巴山脉区域农业经济绿色发展需求，在国家与地方政府主导下，选择典型区域实施绿色发展相关的工程；通过工程的带动、影响和示范作用，调动村集体与个人的积极性，在产业技术及发展模式逐步成熟的基础上，加大辐射和推广力度，在区域尺度上逐渐形成各具特色和丰富多样的农业农村产业，服务于秦巴山脉区域农业经济绿色可持续发展。主要建议工程如下。

第一节 秦巴山脉区域农业面源污染控制工程

秦巴山脉是我国的天然"水塔"，对我国社会经济发展举足轻重。南水北调工程实施后，其水源地的战略地位愈加重要。秦巴山脉区域农业面源污染对河流与水库水体水质的威胁长期存在，历史遗留的地表水工业与生活源污染尚未彻底解决，农业面源污染已经进入重点考虑之列。针对农业面源污染控制需求，重点开展农田施肥、农药、农膜、养殖畜禽粪便、农业生产废弃物、农村生活垃圾及工业"三废"等污染物质的控制及其治理工程，按照"源头削减、过程阻断和末端治理"思路，优先考虑重点区域和重点流域，并通过逐步辐射推广覆盖秦巴山脉区域；在一系列农业面源污染控制工程实施的基础上，基本消除农业面源污染对地表水体的影响，确保水源地水质安全，以确保水体水质长期稳定保持在国家地表水质Ⅱ级以上标准。农业面源污染控制工程要以丹江水库流域为重点，集中开展覆盖全流域的农业面源污染控制集成技术示范，通过示范区的规模效应，并逐渐向秦巴山脉区域其他流域辐射推广。丹江水库流域农业面源污染控制工程预计1~2个五年计划完成，并达到显著工程效益，辐射推广工程预计2~3个五年计划可以达到显著工程效益，实现秦巴山脉区域地表水质的可持续达标发展。

第二节 秦巴山脉区域水土保持工程

秦巴山脉是我国主要水土流失地区之一，水土保持是该区域实现社会经济可持续发展的永恒话题。由于秦巴山脉雨量充沛，长期不合理的生产、破坏，在青山掩盖下产生着相当严重的水土流失，极大地阻碍了农村经济的发展，与这里的优越自然条件很不相称。水土流失来自两个方面：一是自然因素，源于崩塌、滑坡和泥石流等地质灾害导致的严重水土流失；二是人为因素，源于坡耕地的农业活动产生的水土流失。自然因素诱发的水土流失具有偶然性和较大的破坏性，人为因素导致的水土流失具有必然性和长期性。基于以往水土保持工程的成就及集成技术，白龙江、嘉陵江和三峡流域等重点流域开展地质灾害预防与治理工程，强化监测预警，减少灾害对农田、村庄和公路的冲毁引起的次生面源污染；在水土流失严重地区，25°以上的坡耕地要坚决退耕，已经退耕的要巩固和防止反弹，结合落实国家退耕还林政策，把水土保持工程贯彻到保障民生中，确保生态环境保护工程的可持续运行；在具备条件的地区，可以开展坡改梯与小型淤地坝工程等基本农田建设，并配套旱改水、环境友好型及水保型农作技术，水土保持工程结合村庄整治、农田改造、地力提升、农业结构调整、农业产业布局与新农村振兴等内容，形成秦巴山脉区域农业生产与生态环境的协调发展局面。秦巴山脉区域的农田水土流失要在两个五年计划内实现水保型农作技术的推广覆盖度达到60%以上，再用两个五年计划覆盖度达到95%以上。

第三节　秦巴山脉区域有机农业工程

基于秦巴山脉良好的生态环境条件，把优良的生态资源价值嫁接到农业生产体系及其农产品中，将普通产品升级为绿色、有机和保健农产品，通过提升农产品价值实现优质生态资源的有偿使用，进一步发展和巩固农业产业体系，并通过农业产业升级更好地促进生态环境保护，实现农业产业经济与生态保护的协调发展。秦巴山脉区域重点构建有机农业生态体系，向社会提供农机农产品和有机食品，在满足市场消费需求的同时，促进秦巴山脉区域农业产业经济绿色发展。有机农业工程以有机农场为核心，以国际、国家和地方有机农业相关标准为指导，全程生产环节采用有机农业技术，采用"有机农场+""有机合作社+""有机农业公司（农业龙头企业）+""家庭农场+""集体农场+""国家农场+"等灵活多样的产业模式，充分利用淘宝和京东等"互联网+"平台，鼓励多种模式共存、互补与竞争，调动一切生产要素，全方位拉动秦巴山脉区域有机农业工程，从农业生产、销售到服务等产业链环节，实现农村产业显著升级。秦巴山脉区域有机农业工程实施应依据区域农业产业发展水平，在充分市场调研的基础上，按照消费需求供应不同类型与标准的有机农产品和有机食品，并利用电商平台，线上与线下相结合，利用"秦巴山脉"品牌（名牌），在5~15年内形成驰名中外的秦巴山脉区域有机农业产业体系，为秦巴山脉区域农业经济绿色发展注入持续活力。

第四节　秦巴山脉区域特色农产品工程

秦巴山脉是我国南北气候的分界线，天然多变的地势地形因素造就了丰富多样的地域性气候类型，在创造了生物多样性的同时，也成就了多样化的特色农产品类型，在周边区域具有鲜明的特色与比较优势，农业产业经济潜力很大。秦巴山脉区域特色农产品工程以特色农产品为主导，通过发展特色种植、特色养殖和特色加工业，各地区依据农业资源特点及其生产优势条件，大力发展农产品加工业，把特色农产品转化为特色有机食品、保健食品、健康食品和功能食品等，通过延长农业产业链和拓展农村产业链联系，构建农业农村产业网络，实现农业产业经济的巨大发展，进一步引导农村产业结构调整，避免同质化或雷同化的低水平竞争，形成有特色、有竞争力的农业产业体系，促进农业经济绿色发展，建立农业农村产业发展体系，支撑乡村全面振兴。特色农产品工程要以有机农业工程为基础，依据不同区域的条件及其优势，优先发展"拳头产品"或"龙头产品"，在产业生态构建与改善的基础上，进一步发掘系列新产品，形成相互融合和优势互补的发展格局，依据市场需求，适度扩大农产品深度加工业，加大农机食品、保健食品和功能食品在有机农产品产业中的比例，壮大秦巴山脉区域农业农村产业实力，大力支撑农村产业经济的健康持续发展。秦巴山脉区域特色农产品工程，应充分利用有机农业工程创造的有利条件，把有机农业优势及其价值赋予特色农产品中，实现农业产业的升级发展。

第五节　秦巴山脉区域农村垃圾整治工程

秦巴山脉是重要的水源地，强化农村生活垃圾管理是保障水质的关键。秦巴山脉区域的农村垃圾包括生活用品包装的丢弃材料，如塑料袋、塑料瓶与泡沫板等生活垃圾，以及生产用品，如化肥、农药、饲料包装袋等，另外，在城镇还包括餐饮、住宿、商场及建筑等行业产生的垃圾。秦巴山脉区域的大多农村远离城郊，加上山区道路交通状况不佳，生活垃圾的收集、转运和处理成本相对较高，导致多数农村的生活垃圾为失控状态，长期的胡乱丢弃随处可见，环境污染问题不容小觑，河道水体污染难以避免。针对秦巴山脉区域农村的实际情况，开展农村垃圾整治工程，建立以自然村为单元的生活垃圾分类收集点，以附近乡镇为依托的垃圾分类集中转运点，定期将农村与乡镇的生活垃圾安全转运到垃圾处理站，实现农村垃圾的全面收集与处理，构建全新的秦巴山脉区域农村生活新局面，服务于农村文明建设。农村垃圾整治工程是一个长期的利国利民工程，地方政府应建立农村垃圾管理机制，并制定有利于农村垃圾处理的相关政策，同时，探索引入社会资本参与农村生活垃圾整治工程，全面引导秦巴山脉区域农村垃圾整治工程的可持续发展，为秦巴山脉生态环境保护创造良好的条件。

第六节　秦巴山脉区域农村厕所革命工程

秦巴山脉是重要的水源地，关于农村厕所管理非常重要，也非常有必要。秦巴山脉区域的厕所革命旨在改善农村厕所卫生条件，以就地就近处置、源头控污减排为原则，促进农村厕所粪污无害化处理与资源化利用，切实改善农村人居环境，不断提升农村居民群众获得感、幸福感，彻底改变农村厕所难进的历史，改善和树立农村新形象与新气象，不但能实现水源地污染防控目标，还能吸引城市群体到农村观光旅游，对活跃农村生活和助推农村产业发展有很大作用。秦巴山脉区域农村厕所革命工程，选择适宜地方的改良旱厕与水冲式厕所模式，结合畜禽养殖废弃物处置，通过无害化处理如堆肥与沼气系统，加大资源化比例，生活与生产相结合，构建良性物质循环体系，变害为利，实现就近还田利用，同时，推动秦巴山脉区域农村文明建设再上新台阶。秦巴山脉区域的地方政府要强化农村厕所粪污无害化处理与资源化利用的指导引导作用，统筹规划、科学布局、加大支持、强化监管，逐步探索市场化解决路径，调动村集体和农户的积极性，招募社会力量参与运行维护，逐步建立多元化、多主体的长效运行机制。

第七节　秦巴山脉区域农村土地流转工程

秦巴山脉区域人多地少，人均耕地 0.91 亩；农业劳动力短缺，外出打工劳动力占总人口的 1/5，占农村人口的 1/3，占农村劳动力的 1/2（2017 年数据），妇女与老人成为农村劳动力主体，农作质量下滑，耕地产出降低甚至弃耕等问题普遍存在，导致农业产业发展水平整体较低。通过土地流转工程，把一家一户的耕地资源集中到少数人手里，推进耕地集约化经营，解决农民收入低，增收难，城乡居民收入差距大问题；解决农业不赚钱与产业化程度低问题；解决农村面貌落后和经济不发达问题。秦巴山脉区域农村土地流转工程，要加大政府引导与宣传，地方政府依据实际情况，通过配套政策支持，创造条件，鼓励企业、资本、人才、技术和劳力等方面参与到农业产业中，推动农业产业升级。秦巴山脉区域农村土地流转工程，一期从农村劳动力外出已经超过农村劳动力 60%的重庆秦巴片区、湖北秦巴片区与陕西秦巴片区开始，作为首批试验与示范点，将河南秦巴片区与四川秦巴片区作为第二批试点，甘肃秦巴片区作为第三批试点；坚持重点分明、点上开花、面上结果与循序推进原则，在秦巴山脉区域逐渐形成较大规模的土地流转的基础上，进一步推动农业技术、农业质量和产业形态的升级。

第八节　秦巴山脉区域农村人才振兴工程

秦巴山脉农业优质劳动力转入城市建设，导致农村与农业产业受到很大影响。加强农村人才队伍建设是做好新时代农村工作的重要举措，也是乡村振兴的必然要求。针对秦巴山脉区域农村与农业产业发展需求，开展农村人才振兴工程势在必行，依托"农业、农民和农村"，以乡镇为核心，向上延伸至县市，向下深入到农村，通过政府政策引导与相关鼓励措施，三级政府联动解决农村与农业产业发展的劳动数量需求与质量要求；拓宽人才引进机制，把"招商引资"与"招才引智"结合起来，通过加强与农业科技院校的合作，以顾问指导、短期兼职、项目合作、技术咨询等方式，柔性引进实用人才；通过公开选调大学生到农村基层工作、积极引导县乡年轻干部到乡村任职、有计划地开展机关、部门支农、扶农等措施，引导人才向农村流动；实施农村外出人才回归工程，通过制定回乡创业办法、召开在外人才座谈会和恳谈会、推送微信群消息等方式广泛宣传、鼓励本土人才回乡创业，共建美好家园；完善人才激励机制，建立健全政府表彰和社会激励相结合的农村实用人才表彰奖励体系，在全社会营造尊重、关心和爱护农村实用人才的良好氛围；要完善人才保障机制，探索设立乡村人才创业基金，激发各类人才投身农业发展、农村建设的积极性；完善人才服务机制，吸引更多人才投身农村一线；适度改革农村宅基地转让政策，吸引城里人到乡下先安居后创业再乐业，带动农村劳动力与产业技术由凹地走向平地、凸地和高地；坚持党建引领，把有政治头脑、有创业思路、有工作能力、懂科学技术、懂经营管理的返乡农民工、种养能手、致富能人、农民经纪人、岗位能手、复员军人、回乡学生中的优秀分子培养选拔成村级骨干力量等多种措施引进人才，形成一种快速吸纳人才、不断凝聚人才的机制。

第九节　秦巴山脉区域农村集体经济振兴工程

针对秦巴山脉农村集体经济发展普遍较差、基础建设滞后、公共服务落后、生活环境面貌不佳、农村文明程度不高、农村吸引力不强及部分农村社区衰退等问题，开展农村集体经济振兴工程十分重要。秦巴山脉区域农村集体经济振兴工程，应着眼于集体土地、林地、池塘和农村宅基地等优势资源，发展绿色种养业、休闲旅游、体验农庄和农村养老等传统与新兴产业，通过"农业+龙头企业""农业+合作社组织""农业+互联网"等创新模式，在国家与地方财政的积极支持下，盘活村集体资产，不断拓宽发展领域，形成各具特色的农村集体经济发展路子，壮大秦巴山脉区域农村集体经济实力；在物质文明进一步建设的基础上，改善农村的教育卫生条件，提高农民群众的文化素质，兴办公共福利事业，更有效地破除陈规陋习，树立健康文明的生活方式和新的社会风尚，重塑农村文明与农村形象，提升农村影响力和吸引力；合理分享农村集体经济成果，重视农村水、电、路、学校、养老院、医疗、紧急救助等公益事业与公共服务，让村民按股分红得到实惠，全面提升农村软实力，提高影响力与吸引力，进一步推动农村集体经济的可持续健康发展。秦巴山脉区域农村集体经济振兴工程重点要吸引社会资金，通过吸引社会投资农田、林地、鱼塘等方式盘活农村集体资源；通过吸引城里人下乡置产，盘活农村宅基地，带动村容村貌基础建设；通过唤醒城里人的农村情怀和在农村安居乐业，带动农村建设与农业产业发展；制定优惠政策，鼓励大学生、年轻人与企业等下乡创业，通过优质劳动力要素带动技术与资金输入，推动农村与农业产业的较大发展，全面驱动农村经济升级。

第十节　秦巴山脉区域农村财政金融平台建设工程

秦巴山脉农村是典型的金融凹地，这极大地限制了农村产业经济的绿色发展。秦巴山脉区域农村财政金融平台建设工程，第一，要建立以财政优先保障、金融重点倾斜、社会积极参与的多元投入格局为架构，重点支持有机农业、特色产业、生态建设和农业技术等产业，支持"秦巴山脉"品牌农业建设、支持智能农业、支持农产品加工业发展和支持第一、第二、第三产业融合发展；支持改善基础设施环境、支持提升乡村旅游环境、农耕文化产业发展等；支持小农户致富、支持专业合作社、支持农村就业创业、支持新型经营主体发展。第二，设立国家、省市层面的重大农业专项，地方政府予以配套资金（贷款），支持科技带动型农业产业，如农产品加工、冷链物流企业技术改造，引导企业规模化经营等大力发展。第三，加大国家补贴政策与生态补偿资金的支持力度，如适度规模经营补贴、优势特色主导产业发展补贴、绿色高效技术推广服务补贴、农民专业合作社补贴、新型职业农民培育补贴等。第四，鼓励银行业金融机构设立普惠金融专营机构，以小微农产品企业、冷链物流企业、设施蔬菜农业合作社等为服务重点，弱化抵押物、降低贷款利率、优化办理流程，解决发展资金短缺问题；加快农村各类资源资产权属认定，推动部门确权信息与银行业金融机构联网共享，推进农村"两权"抵押贷款试点，盘活农村资源，解决农民贷款难问题。第五，设立秦巴山脉区域发展基金，吸引社会资本参与秦巴山脉区域农业经济绿色发展；鼓励龙头企业（合作社、园区等）通过发行公司债券、企业债、短期融资券、中期票据、集合债券、集合票据等方式融资；建立多元化的投资机制，组建财政金融创新服务平台，成立地方财政局和社会资本合作中心，提高社会资本吸引能力，解决农业与农村发展的资金需求问题。

第十一节　秦巴山脉区域"国家农业产业绿色发展特区"工程

秦巴山脉区域"国家农业产业绿色发展特区"工程是基于我国经济特区发展的经验，在生态高地与经济凹地典型的秦巴山脉区域，探索区域生态环境与产业经济的协调发展模式，加快推进秦巴山脉区域农业产业绿色发展步伐，在我国较大区域内率先实现生态高地与经济高地双赢的可持续发展模式。"绿色发展特区"只是限于产业经济含义的特区，主要为了产业经济与生态环境保护更好地协同发展，便于农业、环境与产业发展等领域内的方针政策及其相关标准的统一制定、颁布、实施与督查，提高整体建设方案的推动效率，全力推动山区建设及产业提速发展，尽早实现农业产业绿色发展范式。"绿色发展特区"将不具备单独的省（市）行政单位功能，也不是独立的行政单位，且各个秦巴片区分属各自的省（市），是行政虚拟特区，是以农业、环境与产业等为主的政策实体特区。成立秦巴山脉区域"国家农业产业绿色发展特区"的重要意义在于继续保持秦巴山脉生态高地的重要地位，全面贯彻"绿水青山就是金山银山"的发展理念，促进山区生态环境持续改善，保障南水北调中线、长江、黄河和淮河的水质安全，确保实现中华民族伟大复兴的中国梦；深入贯彻创新、协调、绿色、开放、共享五大新发展理念，探索和打造适合秦巴山脉区域的农业产业绿色发展模式，在振兴农业与农村经济、促进农村居民增收的同时，确保区域生态环境良好与永续发展。

第七章

主 要 结 论

第一节 秦巴山脉区域农业经济状况

五省一市地区生产总值在全国处于平均偏上水平，具有微优势，但人均地区生产总值低于全国平均水平，处于劣势；秦巴片区地区生产总值在五省一市处于平均偏下水平，表现为较大的劣势；河南、湖北、四川和陕西秦巴片区相对于重庆与甘肃秦巴片区具有一定的优势。秦巴片区总体上是五省一市的经济凹地。

以耕地面积为参照依据，五省一市农业经济（第一产业）产值略高于全国平均水平，秦巴片区农业经济（第一产业）产值高于五省一市平均水平。四川秦巴片区、陕西秦巴片区、湖北秦巴片区和河南秦巴片区具有较明显的优势，尤其是四川秦巴片区优势特别明显。秦巴片区人均农业经济（第一产业）产值低于五省一市和全国平均值，总体上是农业产业经济凹地。

五省一市农业（种植业）产值在全国处于平均偏上水平，其中，河南省与四川省具有明显的优势，湖北省具有一定的优势；秦巴片区在五省一市处于平均偏上水平，河南秦巴片区、四川秦巴片区和陕西秦巴片区具有相对明显的优势，尤其是陕西秦巴片区。湖北省、陕西省和甘肃省在五省一市具有较明显的人均产值优势；河南秦巴片区、湖北秦巴片区和陕西秦巴片区在秦巴片区中具有较明显的优势，其中，湖北和陕西秦巴片区人均农业（种植业）产值还高于五省一市平均水平。

五省一市谷物及其他作物产值在省域尺度与片区尺度上均具有一定的优势，其中，河南省与四川省的优势较明显；河南秦巴片区、湖北秦巴片区、四川秦巴片区和陕西秦巴片区具有一定的优势，尤其是四川秦巴片区优势较为明显。河南省、湖北省和甘肃省人均谷物及其他作物产值均超过五省一市与全国平均值；河南秦巴片区和湖北秦巴片区人均谷物及其他作物产值均超过秦巴片区平均值，具有较明显的人均优势，而甘肃秦巴片区人均谷物及其他作物产值最低，还不到五省一市平均值的一半。

五省一市蔬菜园艺作物产值在省域尺度上具有一定的优势，其中，河南省、湖北省和四川省具有较明显的优势；秦巴片区蔬菜园艺作物产值处于五省一市的平均水平，其中，河南秦巴片区、湖北秦巴片区、四川秦巴片区和陕西秦巴片区具有比较优势。五省一市人均蔬菜园艺作物产值基本上处于全国平均值，河南秦巴片区、湖北秦巴片区、重庆秦巴片区人均蔬菜园艺作物产值均高于秦巴片区平均水平。

五省一市水果坚果茶叶与香料作物产值在全国具有较大的优势，其中，河南省、四川省和陕西省具有较大的比较优势，尤其是陕西省优势明显；秦巴片区水果坚果茶叶与香料作物产值处于五省一市平均水平，其中，四川秦巴片区和陕西秦巴片区具有明显的比较优势。陕西省与甘肃省人均水果坚果茶叶与香料作物产值具有较大的优势，尤其是陕西省优势明显；陕西秦巴片区人均水果坚果茶叶与香料作物产值具有明显的优势。

五省一市中药材产值在全国和五省一市均具有较大的优势，其中，河南省和甘肃省的比较优势明显，陕西秦巴片区和甘肃秦巴片区的比较优势明显。重庆市、陕西省和甘肃省人均中药材产值具有较大的优势。重庆秦巴片区、陕西秦巴片区和甘肃秦巴片区人均中药材产值具有明显的优势，其中，陕西秦巴片区和甘肃秦巴片区人均中药材产值具有显著的优势。

五省一市牧业产值在全国具有一定的优势，其中，河南省、湖北省和四川省在五省一市具有明显的总量优势；秦巴片区在五省一市不具有优势，其中，四川秦巴片区、陕西秦巴片区和湖北秦巴片区在秦巴片区具有较大的相对优势。河南省、湖北省、四川省在五省一市具有一定的人均优势，湖北秦巴片区、四川秦巴片区和陕西秦巴片区在秦巴片区具有较大的人均优势。

五省一市牲畜饲养产值具有总量优势，其中，河南省在全国具有显著的优势；秦巴片区牲畜饲养产值无总量优势，其中，陕西秦巴片区具有较大的比较优势。

五省一市猪的饲养产值在全国具有一定的优势，秦巴片区猪的饲养产值在五省一市的优势不大。河南省、湖北省和四川省具有显著的优势。湖北秦巴片区和四川秦巴片区占有绝对的优势，其中，四川秦巴片区猪的饲养产值接近秦巴片区的一半。湖北省和四川省人均猪的饲养产值高于五省一市和全国平均水平，其中，湖北省的优势很大。湖北秦巴片区和四川秦巴片区人均猪的饲养产值均高于秦巴片区和五省一市平均值，其中，湖北秦巴片区具有绝对的优势。

五省一市家禽产值在全国有一定的优势，秦巴片区家禽产值处于五省一市的平均偏下水平。河南省与四川省有较大的优势，湖北秦巴片区与四川秦巴片区有较大的优势。湖北省、重庆市和四川省人均家禽饲养产值具有一定的优势，湖北秦巴片区、重庆秦巴片区和四川秦巴片区有较大的优势。

五省一市狩猎捕捉与其他畜牧业产值在全国无比较优势，而秦巴片区在五省一市占比具有比较优势。河南省与四川省在五省一市具有较大的优势，河南秦巴片区具有绝对优势。重庆市、四川省和陕西省人均狩猎捕捉与其他畜牧业产值在五省一市具有优势；河南和重庆秦巴片区人均狩猎捕捉与其他畜牧业产值在秦巴片区具有绝对优势。

五省一市渔业产值不具有优势，秦巴片区渔业产值在五省一市也不具有优势。湖北省渔业产值在五省一市占有显著优势，人均渔业产值在五省一市和全国具有明显的人均优势。

五省一市相关服务业产值在全国具有一定的优势，其中，河南省和湖北省在五省一市具有较大的优势；秦巴片区相关服务业在五省一市具有优势，其中，湖北秦巴片区和陕西秦巴片区在五省一市具有较大的相对优势，尤其是陕西秦巴片区。湖北省、陕西省和甘肃省人均相关服务业产值在五省一市具有优势，湖北和陕西秦巴片区人均相关服务业在秦巴片区具有显著的优势。

以土地面积为参照依据，五省一市第二产业产值高于全国平均水平，具有一定的优势，其中，河南省、湖北省与四川省具有较明显的总量优势，而湖北省与陕西省具有明显的人均优势。秦巴片区第二产业产值低于五省一市平均水平，不具有优势，其中，河南秦巴片区、湖北秦巴片区、四川秦巴片区和陕西秦巴片区在五省一市具有较明显的总量优势，而河南秦巴片区、湖北秦巴片区和陕西秦巴片区具有明显的人均优势。

以土地面积为参照，五省一市第三产业产值低于全国平均水平，秦巴片区第三产业产值低于五省一市平均水平，均处于劣势。在省域尺度上，河南省、湖北省和四川省具有一定的优势，而湖北省、重庆市和陕西省具有明显的人均优势；在秦巴片区尺度上，河南秦巴片区、湖北秦巴片区、四川秦巴片区和陕西秦巴片区具有一定的优势，而河南秦巴片区、湖北秦巴片区和陕西秦巴片区具有一定的人均优势。

第二节　秦巴山脉区域农民经济状况

（1）秦巴片区是农村居民人均收入的凹地。五省一市农村居民人均收入低于全国农村居民人均收入，秦巴片区农村居民人均收入低于五省一市农村居民人均收入。

（2）秦巴片区农村居民收入以工资性收入和经营性收入为主，其次是转移性收入，财产性收入比例很低。工资性收入和经营性收入两部分占总收入的65%~82%；转移性收入占总收入的15%~28%，财产性收入一般占总收入的4%左右。

（3）秦巴片区是农村居民人均消费的凹地。五省一市农村居民人均消费低于全国农村居民人均消费，秦巴片区人均消费低于五省一市农村居民人均消费。

（4）秦巴片区农村居民人均消费结构占比最大的是食品类消费和住房类消费，其次为交通类消费，再次为文娱类消费和医疗类消费，最后为衣服类消费和生活类消费。

第三节　秦巴山脉区域农村经济状况

（1）五省一市私营企业就业人员平均工资明显低于全国私营企业就业人员平均工资，秦巴片区与五省一市私营企业就业人员平均工资基本持平。在秦巴片区中，湖北秦巴片区、重庆秦巴片区和陕西秦巴片区私营企业就业人员平均工资相对较高。

（2）在五省一市中，重庆市和四川省私营企业就业人员数量明显高于其他省份私营企业就业人员数量；陕西省和甘肃省私营企业就业人员数量明显低于其他省市私营企业就业人员数量。在秦巴片区中，河南秦巴片区、湖北秦巴片区和重庆秦巴片区私营企业就业人员数量相对较多。

（3）秦巴片区的农村集体经济存在的主要问题包括：一是经营性收入偏低，经营性收入少，缺乏可靠稳定的路径；二是没有集体经济收入的空壳村较多，集体资产资源出租、经营水平、收入水平普遍较低；三是集体经济发展体制机制不健全，组织治理结构不完善，缺乏稳定的可持续发展机制。

第四节　秦巴山脉区域农村经济绿色发展战略

一、指导思想

以习近平新时代中国特色社会主义思想为指导，全面贯彻落实党的二十大精神，以推进秦巴山脉区域农业供给侧结构性改革为主线，以空间布局优化、生产资源节约、生态环境友好、农业经济增长、农产品供应稳定为基本路径，以生态粮食双安全、绿色有机双供给、农民收入与农村经济双增长为基本任务，以制度创新、机制创新、政策创新、科技创新为基本动力，以"农民、农业、农村"主体、"国内与国际"市场主导、"政府与群众"依法监管为基本遵循，转变传统农业发展方式，优化主体产业发展布局，持续改善农业产地环境，保护利用自然与农业资源，提升秦巴山脉区域生态服务功能，把绿色发展的核心理念导向贯穿农业发展全过程，全力构建人与秦巴山脉自然和谐共生的农业发展新格局，推动形成绿色生产方式和生活方式，为打造全国一流秦巴绿色农产品牌，全面贯彻秦巴山脉区域乡村振兴战略提供坚实支撑。

二、战略目标

基于秦巴山脉农业产业、农民经济和乡村振兴绿色发展需求，全面树立绿色发展导向与理念，创新"三农"绿色发展制度，构建"三农"绿色发展机制，引领"三农"绿色发展新模式和建立试验示范区。推动区域生产力与生产关系的协调发展，加快土地流转，促进农业产业规模化经营与三产融合发展，提升产业链效益；推广农业面源污染控制与环境友好型农业技术，助推肥药零增长及肥药双减措施的进一步落实，发展绿色农产品，创建一批具有秦巴地理标识的农产品商标，并形成几个具有显著竞争力的著名商标；推进秦巴山脉县（市）与乡镇的城市化建设进程，引导农村人口向城区流动，加快空心村、老人村综合整治，合理规划引导村村合并，建立中心村与新的人口聚居区，聚力振兴乡村和繁荣秦巴百姓特色文化；国家与地方政府加大资金与技术投资力度，加大政策优惠，鼓励企业主导与参与，促进传统经营模式转变与产业升级，打造现代科技为核心引擎的发展模式，提速秦巴山脉"三农"绿色发展步伐，创建环境优美、生态安全、产业高效和乡村繁荣的新秦巴；开展秦巴山脉生态环境综合治理与保护工程，确保主要流域与支流达到国家饮用水质标准，实现区域农业绿色循环、提质增效与生态环境安全双赢的局面，建立生态高地与生态名山，确保南水北调工程的水体质量，凸显并持续发挥秦巴山脉区域对周边地区及全国的生态服务功能，为打造秦巴山脉国家主体生态功能区和世界名山提供坚实支撑。

三、战略路径

秦巴山脉区域农村经济绿色发展的战略路径包括：加快制定秦巴山脉区域农业经济绿色发展政策；加速推动土地规模化经营；加速引导人才向农业与农村流动；加快引导资本流向农村与农业；推动农村与农业产业的技术升级；优化农村与农业劳动力结构，全面提高劳动力素质；加快三产融合发展步伐，促进"三农"经济的可持续发展；确立秦巴山脉区域农村与农业产业绿色发展模式——"农业经济绿色发展+"；准确把握秦巴山脉区域农村与农业产业绿色发展的核心抓手；构建秦巴山脉区域生态与经济双高地融合发展战略目标，树立世界名山品牌。

四、保障措施

秦巴山脉区域农村经济绿色发展的保障措施包括：继续大力倡导《秦巴宣言》；继续打造"秦巴论坛"高端国际学术论坛；建议建立秦巴山脉区域土地规模化经营示范村；打造具有"秦巴山脉（山区）"地理标志的农产品商标，推动秦巴山脉区域农村与农业产业绿色发展；加强秦巴山脉区域农民专业合作社组织；建立有利于秦巴山脉区域农村与农业发展的金融体系；发挥农村基层组织在农村与农业产业发展中的作用；推进政府职能转变，助推秦巴山脉区域农村与农业产业发展；统筹城乡融合，为农村与农业产业发展创造更好的条件；建议设立秦巴山脉区域绿色发展特区。

第五节　秦巴山脉区域农村经济绿色发展重点工程

秦巴山脉区域农村经济绿色发展重点工程包括：秦巴山脉区域农业面源污染控制工程、秦巴山脉区域水土保持工程、秦巴山脉区域有机农业工程、秦巴山脉区域特色农产品工程、秦巴山脉区域农村垃圾整治工程、秦巴山脉区域农村厕所革命工程、秦巴山脉区域农村土地流转工程、秦巴山脉区域农村人才振兴工程、秦巴山脉区域农村集体经济振兴工程、秦巴山脉区域农村财政金融平台建设工程及秦巴山脉区域"国家农业产业绿色发展特区"工程。

附录

农业组建议稿

关于成立"秦巴山脉区域国家农业（产业）经济绿色发展特区"的建议

一、秦巴山脉区域的基本特征

秦巴山脉区域是指秦巴山脉所在的区域，总面积约 31.59 万平方千米，涉及陕西省、湖北省、四川省、河南省、甘肃省和重庆市五省一市的 22 个地级市（自治州、区）、121 个县（区、市）。秦巴山脉区域的主要特征如下。

（一）我国重要的生态高地

一是我国重要的水源地。长江流域的生命区内地表水资源 1532 亿立方米，水质整体优良，具有"命门"功能，向东是长江流域的"生命门"，向北是黄河重要支流渭河、"南水北调"京津冀及沿线的"补给门"，水供给涉及国内 17 个省市的全部或部分区域的社会生产生活，重要性在国内首屈一指（独一无二）。二是国家重要的生态绿肺。森林面积 2089 万公顷，占我国森林总面积的 10%，是屹立在中原（中央）的森林碳汇和氧吧。三是世界重要的生物基因库。动植物种类数量 6000 多种，占全国动植物种类数量的 75%，是我国 17 个重要生物多样性功能区之一。大熊猫、朱鹮、金丝猴、羚牛秦岭四宝等 120 余种国家级保护动植物分布于此。四是我国重要的气候屏障带。秦岭是我国南北自然地理及气候的分界线，因为有秦岭的气候屏障和水源滋养，才会有八百里秦川的风调雨顺，才会有周、秦、汉、唐的绝代风华，也才会有生生不息的中华文化。

（二）人类文明的溯源地

秦巴山脉区域是人类的起源地。重庆巫山猿人化石可追溯到 204 万年前，还有郧县、郧西、南召等早期猿人遗迹，旧石器时代早期、中期、晚期的文化遗址也有不少重要发现，西乡李家村文化距今 7000 多年，巫山大溪文化距今约五六千年。秦巴山脉区域自古以来就是我国重要的稻作农业区，远在五六千年以前，稻作农业不仅是本区最重要的经济部门，而且也达到了相当高的水平。区内有华胥、伏羲、女娲和神农等20多处中华民族祖先的遗址与遗迹，是中华民族的诞生地与摇篮，秦巴是"生道、融佛"之地，有第一古刹白马寺、嵩山佛教圣地、函谷关与楼观台道教发祥地、道教圣地有武当山与华山等。

（三）战略性矿藏丰富

秦巴山脉区域矿产资源极其丰富，已发现的矿种达100余种，探明储量并开发利用的有72种。其中，20多种矿在全国排名第一，部分矿种（钡、钼、毒重石、红柱石等）储量亚洲第一，黄金、钒、铼、镉等稀有贵金属矿产资源在全国占位突出。

二、秦巴山脉区域农业发展存在的突出问题

（一）农牧渔服务业产业优势不足，人均劣势明显

五省一市农牧渔服务业总产值占全国农牧渔服务业总产值的24.66%（其中，河南省农牧渔服务业总产值最高，占全国农牧渔服务业总产值的6.96%；甘肃省农牧渔服务业总产值最低，占全国农牧渔服务业总产值的1.59%）。秦巴片区农牧渔服务业总产值占五省一市农牧渔服务业总产值的15.82%（其中，四川秦巴片区农牧渔服务业总产值最高，占五省一市农牧渔服务业总产值的4.18%，占秦巴片区农牧渔服务业总产值26.41%；重庆秦巴片区农牧渔服务业总产值最低，占五省一市农牧渔服务业总产值的1.09%，占秦巴片区农牧渔服务业总产值的6.90%；陕西秦巴片区、河南秦巴片区、湖北秦巴片区、甘肃秦巴片区分别占秦巴片区农牧渔服务业总产值的23.72%、16.86%、15.27%和10.84%）。秦巴片区人均农牧渔服务业总产值是全国人均农牧渔服务业总产值的80%，是五省一市人均农牧渔服务业总产值的84%（其中，湖北秦巴片区人均农牧渔服务业总产值是全国人均农牧渔服务业总产值的1.06倍，是秦巴片区人均农牧渔服务业总产值的1.32倍；甘肃秦巴片区人均农牧渔服务业总产值最低，是全国人均农牧渔服务业总产值的67%，是秦巴片区人均农牧渔服务业总产值的83%；陕西秦巴片区、河南秦巴片区、四川秦巴片区、重庆秦巴片区分别是秦巴片区人均农牧渔服务业总产值的1.17倍、97%、88%和83%）。五省一市农牧渔服务业总产值高于全国平均水平；秦巴片区农牧渔服务业总产值在五省一市占有劣势，人均农牧渔服务业总产值均处于较大劣势。人均农牧渔服务业总产值低制约了农民增收，导致劳动力外出打工（尤其是优质劳动力）、土地粗放经营甚至弃耕浪费等问题，极大限制了区域农业发展，影响区域性粮食安全（总量评价参照五省一市土地面积占全国土地面积的16.20%，耕地面积占全国耕地面积的24.22%；秦巴片区土地面积占五省一市土地面积的20.34%，耕地面积占五省一市耕地面积的13.29%）。

（二）秦巴山脉区域劳动力进城务工，出现的空心村与老人村问题限制了农村与农业产业发展

秦巴山脉区域年输出农村劳动力总量达到1405.01万人，占总人口的21.63%，占农村人口的29.48%，占农村劳动力的48.89%（约为总人口的1/5、农村人口的1/3、农村劳动力的1/2）。其中，重庆秦巴片区、湖北秦巴片区和陕西秦巴片区外出打工劳动力比例已经超过60%（具体为61.05%、62.85%、62.78%），四川秦巴片区与甘肃秦巴片区外出打工劳动力比例分别达到42.53%和40.41%，最低的河南秦巴片区外出打工劳动力比例为37.51%。过去输出以优质劳动力（男青壮年）为主，2015年后带动妇女和儿童输出，农村由过去的"386174"结构进一步向老人村与空心村转化，出现劳动力短缺与潜在或未来劳动力缺失问题，大多数农村面临"地由谁来种？"的问题，越是偏远山区情况越严重。因此，秦巴山脉区域农村与农业产业发展受到严重挑战。

（三）"人多地少"向"人少地多"转变，精耕细作向粗放经营，甚至是弃耕与闲置浪费转变

秦巴山脉区域的人均耕地面积仅有0.91亩，是全国耕地面积红线的1.51亩/人的60%。重庆秦巴片区、湖北秦巴片区和陕西秦巴片区人均耕地面积仅有0.80～0.84亩；四川秦巴片区人均耕地面积最低，只有0.67亩，较高的甘肃秦巴片区人均耕地面积为1.50亩，河南秦巴片区人均耕地面积仅为1.16亩。由于人均耕地面积少，坡耕地占有较大比重，从事农业只能"养（吃饭）"家，而不能"发（穿戴、盖房、交通、娱乐、医疗等）"家。农户凭几亩农田发家致富已无可能，农业之外谋生、谋发展成为秦巴山脉区域农村居民的重要选择。

由于人口外流，常住居民的耕地面积增加，未能有效激发土地的规模化经营发生发展，主要原因有以下几方面：一是土地规模化的边际收入还没有超过打工收入，或者还没有达到预期；二是缺乏具体政策导向与相关政策支持，土地承包具有一定的盲目性与冒险性；三是土地"三权分置"导致土地经营成本上升，严重挤压农业产业的盈利空间，让本来薄利的农业投资风险显著增加；四是缺乏劳动力，尤其是优质劳动力撬动农业收益，导致一部分土地资源闲置浪费；五是农村社会生活环境日趋萧条，社区功能包括居住、教育、就医、养老等退化严重，用老百姓的话讲就是"没有人气了"。农村人进城了，城市繁荣了；农村关门了，城里人进不去，于是农村与农业也就萎缩了。按照耗散结构理论，没有物质与能量交换的系统必然走向崩溃。事实上，对于城市生态系统与农村生态系统而言，维持后者稳定比前者更重要，没有后者，前者甚至不能存在。可是，难以置信的是，我们正在违背这一自然规律，有时候甚至是加速进行。

（四）农村与农业产业严重退化，农村集体经济太弱，农村基础建设步子太慢，影响农村形象，导致农村缺乏吸引力以至于衰落

秦巴山脉区域的农村，除了农业产业，几乎没有第二、第三产业（极个别农村除外），农村集体经济发展缺乏支撑条件。与此同时，大部分农村的集体林地、草地与池塘等没有被很好地开发利用，导致农村集体经济收入乏力。调研结果表明，四川有20%左右的村是没有集体经济收入的空壳村，全省村平均经营性收入只有几万元。传统的农村几乎永远跟"脏乱差""闭塞"与"落后"等关联，习近平多次强调"没有农业农村现代化，就没有整个国家现代化"[①]，党中央提出的农村乡村振兴就是要从根本上解决这个问题，再次振兴农村（联产承包责任制是农村真正意义上的第一次振兴），提升农村形象，让农村成为一个有活力、有吸引力、有产业、有人气的生活社区，加上秦巴山脉山清水秀的生态环境，农村与农业产业发展潜力很大。

（五）农业绿色发展面临"巩固好脱贫攻坚成果"的挑战，农业绿色发展缺乏产业支撑条件

秦巴山脉区域曾是全国典型的集中连片贫困区，脱贫任务十分艰巨。一是到2020年，67个国家级贫困县（占全国贫困县总数的11.3%，贫困人口约占全国的10%）全部摘帽，农村贫困人口实现脱贫，解决区域性整体贫困，做到脱真贫、真脱贫，一道迈入小康社会。二是2020年后（巩固好脱贫攻坚成果），防止返贫、实现乡村振兴的挑战。秦巴山脉区域乡村振兴问题还未解决，而农业绿色发展已经提到议事议程上了，两者均为非同寻常的挑战。秦巴山脉区域的第一、第二、第三产业整体基础较弱，同时还存在农业产业比重较大的产业结构、产业要素配置与生产关系不合理等问题，生态补偿机制不健全，生产力难以彻底释放，导致内在动力严重不足，要实现农业产业绿色发展及可持续发展将面临严峻挑战。

（六）农业产业发展转型面临"中央水库"、"生态绿肺"与"生物基因库"保护的挑战，农业绿色发展缺乏政策支撑条件

秦巴山脉重要的"中央水库"、"生态绿肺"与"生物基因库"等生态高地的地位无法撼动，不允许"先破坏后治理"，更不允许"边发展边治理"，坚决反对"破坏"与"污染"的发展模式。其中，分布有多个水源保护区、水源涵养区、生物多样性保护区、自然保护区、原始林区、水土保持区等生态敏感片区，仅地表水资源一项就涉及国内17个省市的社会生产生活，与华中、华东与华北等重要经济区域息息相关，是我国长江经济带实现持续发展的根本保障，其广泛性与重要性独一无二。秦巴山脉区域传统农业发展模式面临秦巴山脉"生态高地"

---

① 习近平论"三农". http://jhsjk.people.cn/article/31072879[2019-05-08].

保护的挑战，在农业面源污染控制、生态环境监控、生态设施建设与污染治理等方面提出了更高和更严格的标准要求，产业发展的空间受到极大约束，在农业产业还未"大显身手"和处于弱势地位的情况下，秦巴山脉的生态高地已经提到议事日程上了。目前，还存在矿山污染、尾矿库隐患（共1100余座，其中，700余座位于水源区，部分尾矿库年久失稳，存在溃库与有毒渗滤液的水质污染隐患）、生产生活污水排放、水体富营养化与水土流失（水土流失面积23%）等问题。这一切注定了秦巴山脉区域的农业产业要实现绿色发展就不能走寻常路。

三、秦巴山脉区域农业（产业）绿色发展建议

基于对秦巴山脉重要性的深刻认知与存在问题的深入分析，我们提出了秦巴山脉区域农业（产业）绿色发展建议如下。

（一）"秦巴山脉区域国家农业（产业）绿色发展特区"释义

"秦巴山脉区域国家农业（产业）绿色发展特区"（以下简称"绿色发展特区"）是基于我国经济特区发展的经验，在"生态高地"与"经济凹地"典型的秦巴山脉区域，探索区域生态环境与产业经济的协调发展模式，加快推进秦巴山脉区域农业产业绿色发展步伐，在我国较大区域内率先实现生态高地与经济高地双赢的可持续发展模式，为我国在更大区域实现社会经济与生态保护协调发展提供做法和经验。

"绿色发展特区"范围是五省一市的秦巴片区，即秦巴山脉区域，区域面积约31.59万平方千米，涉及陕西省、湖北省、四川省、河南省、甘肃省和重庆市五省一市的22个地级市（自治州、区）、121个县（区、市）。"绿色发展特区"只是限于产业经济含义的特区，主要为了产业经济与生态环境保护更好地协同发展，便于农业、环境与产业发展等领域内的方针政策及其相关标准的统一制定、颁布、实施与督查，提高整体建设方案的推动效率，全力推动山区建设及产业提速发展，尽早实现农业产业绿色发展范式。

由于秦巴山脉区域涉及行政区域较多，单独作为行政区的难度较大，操作性不强，实施独立行政单位的投入成本大，运作周期长，将来也会面临一些难以预料的新问题。因此，"绿色发展特区"将不成立单独的省（市）行政单位功能，也不是独立的行政单位，且各个片区分属各自的省（市），是行政虚拟特区，是以农业、环境与产业等为主的政策实体特区。这种特区成立思路也属于首创，一是首创绿色特区，意在倡导绿色发展的导向，深度推广绿色发展，利国、利民、利社会；二是首创行政虚拟特区，避免打乱原有行政与成立新行政单位的麻烦；三是首创政策实体特区，能够在同类型生态单元内建立统一的政策体系，能够促进具有相同地理生态特征的区域小单元，获得产业经济同步与快速发展。

（二）"绿色发展特区"成立的重要意义

成立"绿色发展特区"的重要意义在于继续保持秦巴山脉无与伦比的生态高地的重要地位，全面贯彻"绿水青山就是金山银山"的发展理念，促进山区生态环境持续改善，保障南水北调中线、长江、黄河和淮河的水质安全；深入贯彻创新、协调、绿色、开放、共享五大新发展理念，探索和打造适合秦巴山脉区域的农业产业绿色发展模式，在振兴农业与农村经济，促进农村居民增收的同时，确保区域生态环境良好与永续发展。"绿色发展特区"具体有以下几方面意义。

1. 农业（产业）绿色发展的窗口

由于秦巴山脉的"中央水库"、"生态绿肺"和"生物基因库"的三大生态功能的巨大重要性决定了这个区域只有"绿色发展"一条道路可选，农业产业乃至其他第二、第三产业也别无选择，只有绿色发展模式才有前途。在如此严酷的条件下建立"绿色发展特区"意义重大，一是具有极高展示度，全国看得见，全世界看得见；二是表明党中央和国家坚持农业绿色发展的决心与意志力，表明全国人民绿色发展的愿望；三是农业绿色发展做了多年，说得多做得少，无展示、无说服力；四是我国已经到了向绿色发展转型的关键时期，已经到了不转不行、非转不可的地步；五是一旦成功，全国乃至全世界不但学得快，而且传得快，有利于农业绿色发展深入各个角落，深入每个人的心里，社会影响效应与产业带动效应独一无二。

2. 农业（产业）绿色发展的试验田

农业产业绿色发展已经成为我国现代农业发展的方向，促进农业产业向绿色发展转型已经到了刻不容缓的地步，而加快绿色发展步伐的当务之急就是打造区域尺度试验，设立绿色农业技术与产品竞技的"拳击台"，为农业产业绿色发展提供"种子选手"，也为这些"种子选手"提供"就业"（推广应用）的"毕业证"。秦巴山脉区域作为"农业绿色特区"的主要优势，一是起点高，比赛规则严格，近乎苛刻（生态高地的地位无法撼动）；二是平台级别高，是"地球三姐妹"（秦巴山脉与阿尔卑斯山脉、落基山脉）之一，对全国乃至全球的影响力大；三是比赛结果的权威性极高，凡是在秦巴山脉区域的试验田"胜出"拿到"毕业证"的技术与产品（包括政策、制度与机制等），也绝对能走遍天下。

3. 扬"地理区域"之长避"片区分割"之短

保持秦巴山脉的生态功能的整体性，才能更好地保护秦巴自然资源，实现永续利用。因此，成立"绿色发展特区"就能更好地贯彻和实施这一发展思路。秦巴山脉区域涉及五省一市，各片区之间发展不均衡，导致有关国家政策与指导方针贯彻的差异化与差距化发展，不利于秦巴山脉区域生态环境保护的整体化，不利于农业产业绿色发展标准及贯彻实施的一致化，不利于环境保护与农业产业发展的协调化，不利于专门针对秦巴山脉区域的相关政策的深入化，不利于调动秦巴山脉区域各级政府与人民保持发展农业绿色产业的积极性，不利于深度破解当下农业产业发展面临的问题，不利于秦巴山脉区域农业产业全面升级与农业产业绿色发展的推广和应用等。由于秦巴山脉区域不可缺少和别无选择的绿色发展需求，为了进一步深入开展秦巴山脉区域农业产业绿色发展实践，特此申请在秦巴山脉区域建立"绿色发展特区"。

（三）"绿色发展特区"主要任务

（1）设立"绿色发展特区"组织机构，成员由最高行政首长（建议国务院副总理兼任）和五省一市的第一行政首长组成，负责"绿色发展特区"的重大方针政策的制定和落实；五省一市设立"绿色发展特区"机构［建议挂靠省（市）政府办公厅或农业农村厅］，负责上情下达、下情上达及相关政策与行动方案的落实；各地级市（区）与县（市）设立"绿色发展特区"办公室［建议挂靠政府或农业农村局，第一行政首长由市（县）长或局长兼任］，负责相关政策与行动方案的全面落实。

（2）制定有利于生态环境保护的政策，建立有利于农业（产业）绿色发展的制度，构建有利于环境与产业协调发展的长效机制。

（3）开展国家与区域性农业（产业）绿色发展项目试验和试点，主导实施国家与区域性农业（产业）绿色发展行动方案。

（4）开展农业（产业）绿色发展区域评价、片区评价、阶段评价和年度评价，编制"绿色发展特区"报告（主要为年度报告）。

（四）"绿色发展特区"首要关键任务

"绿色发展特区"首要关键任务是盘活农户承包地资源、盘活集体用地资源和盘活宅基地资源。由于土地要素属于基础资源，也属于产业发展的核心要素，历史上每一次土地改革都极大地促进了农业产业的发展，这一次针对农业产业绿色发展需要来调整土地制度，符合历史发展进程，因而也是必要的农村改革尝试。另外，由于土地又是敏感要素，具有牵一发而动全身的效应，为了慎重推进农村土地改革，成立"绿色发展特区"，既是农业产业发展的需求，同时也赋予其一定的历史使命。

农业生产力主体要素包括土地、劳动力、资金与技术等，按照马克思生产力与生产关系理论，在生产要素结构、数量及质量具备的前提下，生产关系也要发挥重要作用。就秦巴山脉区域的实际情况而言，唯一的充足的生产要素土地闲置浪费，劳动力进城了、资金流没了、农业技术荒废了，导致农业生产力大大降低，农业产业水平不进反退。

以秦巴山脉区域农业产业绿色发展为目标，从生产要素的情况考虑，要解放生产力，首先需要盘活土地资源。农村有农户承包地、集体用地和宅基地三类土地资源，需要逐一盘活，为农业产业绿色发展提供必要条件。农户承包地存在的主要问题是粗放经营与弃耕，起因于劳动力进城务工，农业沦为"副业"或"累赘"，导致部分农村粮食产量降低现象长期得不到遏制，挤压区域甚至国家粮食安全。因此，农户承包地非盘活不可；否则农业产业绿色发展无从谈起。其次是集体用地。农村普遍存在不少的林地、草地与池塘等尚未承包到户，长期处于"沉睡"的状态，通过出租或经营方式，盘活这些资源创造价值能够壮大村集体经济，带动农民增收，对农业产业绿色发展的潜在功效极大。农业农村部数据显示，截止到2017年1月，四川省有20%左右的村是没有集体经济收入的空壳村，全省村平均经营性收入只有几万元；全国农村集体经济账面资产2.86万亿元，村平均近500万元。再次是宅基地。由于农村空心化引起的宅基地闲置与荒芜问题普遍存在，大多人已在城里买房，回乡定居的可能性不大。由村集体出面，可以将这类宅基地统一规划转租给有乡下置产的城里人，并作为村集体收入的一部分，为农村产业绿色发展积累资金。农村置产禁止占用耕地，原则上只允许老宅基地改造；如果重新规划，需要将原来的宅基地复垦。

盘活农村土地资源，将会产生一系列的连锁反应，这些都有利于农业产业绿色发展，有利于乡村振兴。首先是承包地经营权的集中，有利于发展农业规模化经营，能够吸引资金、劳动力、技术、信息、市场等优质资源流向农村，助推农村全面发展。集体用地出租能够壮大村集体经济，有利于农村基础设施（如道路、供水等）、社会服务（如养老、娱乐等）及防止返贫和巩固扶贫成果等，通过撬动社会资本盘活集体经济也有利于减轻国家负担，尽早推进农业农村的现代化发展，有利于提升农村社区的吸引力，有利于改善生活环境与投资环境，吸引更多的投资，有利于农村与农业产业发展。宅基地的盘活能够吸引城里人到乡下"安居""乐业"，还能把资金、人才、技术、理念等一并带到乡下，有利于壮大农村与农业产业经济，将对农业产业（绿色）发展有很大的潜在贡献。我国农村宅基地和农房的闲置比例基本达到10%~15%；有的地区农村宅基地和农房的闲置比例甚至更高，达到30%以上，成为空心村。

目前，秦巴山脉区域盘活农村土地资源的主要障碍因素包括土地承包权分割、集体用地的承包方案、宅基地转租期限等。由于土地承包权属于农户，获得经营权需要一定的成本，有时候甚至是较大成本，增加了农业产业经营的风险，对于本来就属于微利行业的农业，没有资金很难坚持，资金太少也不行。这个现象对经营者不利，对国家也不利。因此，目前的产权制度存在"一利两弊"问题，需要深入解困，否则，将长期制约农业产业的发展与升级。集体用地大多属于偏远且低质资源，面临的主要问题包括以下几方面。一是投资期长且收效慢，吸引力不够；二是外界了解不够，资源不透明；三是村干部缺乏经营头脑，不善管理，承包方案纠纷多,甲乙方风险大;四是国家关于这一块资源缺乏管理经验与监管机制。宅基地有偿转让是发展的趋势,转让过程中的宅基地确权、新规划宅基地的占补平衡、合同纠纷、合法性、双方利益,尤其是农民利益、市场机制、村集体规范管理及国家有序监管等方面还存在较大问题,尽管在一些省、市已经开始了尝试,但经验教训都有以上问题,希望通过秦巴山脉区域国家农业(产业)绿色经济特区的试验田找到解决途径,一经成功再推向全国。

四、结语

关于成立"绿色发展特区"的想法始于中国工程院重大咨询项目"秦巴山脉绿色循环发展战略研究"(一期与二期)执行期间,期初,这个想法只是个念头,甚至像千方夜谭,因此研究团队一直未敢提出。一期结束后,结合二期的研究任务,在继续深入秦巴调查与研究的基础上,这个想法一直挥之不去,经常出现快闪,"行与不行""提还是不提"等思想斗争频繁交错,对此也思考更多了。在反反复复中,在多次徘徊后,决定还是提出来,供大家商讨。秦巴山脉区域的生态功能的绝对重要性,决定了只有绿色发展一条路可走,其中的任何产业都必须无条件服从生态优先战略,因此,明确提出秦巴山脉产业绿色发展,彻底打破徘徊与等靠幻想,只有破釜沉舟才更有利于贯彻绿色发展战略。农业绿色发展已经很多年了,但没有非常具有说服力的案例,存在显示度不高、说服力不强、热度不够、焦点不亮、题目不醒目也吊不起秦巴山脉区域的"胃口"等问题。于是,研究团队就提出了"绿色发展特区",考虑到秦巴山脉区域的实际情况,特别强调了这是个虚拟特区,无独立行政单元功能。特区对我国的贡献是有目共睹的,特区的经验与效应至今还在深刻地影响我国社会经济建设,借助特区成功的经验想让我国农业绿色发展打个翻身仗,彻底解决"看的少"、"说的多"、"光说不练"和"落不了地"等疑难杂症,通过秦巴山脉区域这个"窗口"和这块"试验田",特区将成为我国农业产业绿色发展的一个明确的抓手,也将在我国树立起农业产业绿色发展的一面旗帜,并将引导全国农业产业绿色发展。只要秦巴山脉的农业产业绿色发展模式取得成功,其他地方也就没有理由行不通。

成立"绿色发展特区"是一件好事,是利国利民的大好事,但同时也是把秦巴山脉区域置于"火上烤",其中的滋味只有真正参与过特区建设的人才能体会到。因此,做好特区,没有退路。

由于我们只是做农业的,也因此只提了成立农业产业"绿色发展特区",并想以此抛砖引玉,引起共鸣,最终成立"绿色发展特区"。

中国农业科学院
2019 年 4 月 20 日